Koch, Schnitzen GRUNDKURS

Das Schnitzer-Buch

von Kurt Koch

ISBN 3-924 952-25-6

schnitzen - Grundkurs,
<eine systematische Einführung>

Alle Rechte vorbehalten. Nach dem Urheberrecht sind auch für Zwekke der Unterrichtsgestaltung im privaten, gewerblichen und öffentlichen Bereich die Vervielfältigungen, Speicherungen, das Kopieren und Übertragungen des ganzen Werkes oder einzelner Text- und Bildabschnitte nur nach vorheriger schriftlicher Vereinbarung mit dem Autor gestattet.

Die Verarbeitungs- und Anwendungsempfehlungen erfolgen nach bestem Wissen. Da kein Einfluss auf die Ausführung einzelner Arbeiten besteht, lassen sich aus den Empfehlungen keine Ansprüche ableiten. Die einschlägigen Unfallverhütungsvorschriften sind zu beachten. Auch die Übersetzung und Benutzung im fremdsprachlichen Bereich bedarf der Erlaubnis des Autors.

Die Anschrift des Autors und Verlegers lautet:
Kurt Koch
D-67685 EULENBIS
Im Steineck 36, Tel. 06374-993099, Fax 06374-993098
Internet: eMail:info@Koch.de-http://www.koch.de

Copyright Kurt Koch, D-67685 EULENBIS
Fotos, Zeichnungen und Satz KURT KOCH

Zum Schnitzen der

GRUNDKURS
von Kurt Koch

11. Auflage

Vorwort

Liebe Schnitzerfreundinnen und
liebe Schnitzerfreunde,

Sie haben die elfte Auflage dieses Buches in Händen. Ich wünsche Ihnen Freude damit. Viele tausend Schnitzbegeisterte vor Ihnen waren froh endlich *das* Lehrbuch zum Schnitzen gefunden zu haben. Ich hoffe und wünsche es geht Ihnen ebenso.

Das Buch **GRUNDKURS** bringt mit dieser Auflage zu Ihrem Vorteil viele Änderungen. Der Inhalt ist umfangreicher geworden, die bewährte Lernmethode ist aber im Grunde gleich geblieben. Neu hinzugekommenes Wissen ist verarbeitet und wertvolle Erfahrungen sind zu Ihrem Vorteil an geeigneter Stelle eingebracht.

Sicherlich wird es von unseren Schnitzerfreunden gerne vernommen, daß es fast gleichzeitig nun auch eine englische und französische Übersetzung gibt. Das Interesse und die Nachfrage ist da. Vielleicht finden Sie es mal bei passender Gelegenheit eine gute Geschenkidee in USA, in Canada, England, Neuseeland, Australien, Südafrika, Indien, Kenia usw. das Buch zu verschenken. Sie können es bei mir beziehen.

Nun, nach der Fertigstellung des Werkes, denke ich mit Dankbarkeit an die vielfältigsten Unterstützungen und Anregungen, die ich weiterhin zur Fortführung meines *Schnitzer-Lern-Programmes* erhalten habe. Mit großer Freude erfüllen mich die zahlreichen Zuschriften von Schnitzerfreunden, denen das Buch den Einstieg in den lange geträumten Traum als Hobby-Schnitzer ermöglicht hat. Ich freue mich schließlich mit allen, denen ich damit nicht nur zu einer sinnvollen, sondern auch zu einer äußerst befriedigenden Hobbytätigkeit mit dem Naturwerkstoff Holz verhelfen konnte.

Bei der Erstveröffentlichung des *Schnitzen*-GRUNDKURS lagen Detailbereiche meines kompletten Schnitzerangebotes noch in der Vorbereitung. Heute steht Ihnen das fertige Konzept, mein komplettes Programm, entweder bei mir direkt oder über den

Fachhandel zu Verfügung. Fordern Sie sich jedes Jahr die neuesten technischen Unterlagen und Informationen aus meinem Hause an. Lassen Sie sich von meinen Schnitzerspezifischen technischen Hilfsmitteln begeistern und verwöhnen.

Zu allem stehen nun neue moderne Schulungsräume mit Übernachtungsmöglichkeiten - praktisch unter dem gleichen Dach - zur Verfügung. Verlangen Sie darüber nähere Informationen. Bringen Sie Interesse und den Willen mit das **Schnitzen** zu erlernen, dann dann kann ich Ihnen den Erfolg garantieren. Kurse finden das ganze Jahr über statt. Sie sind jederzeit herzlich willkommen. In mittlerweile vielhundertfach bewährter Weise können Sie bei uns soweit lernen wie *Sie* es vorgeben. Nichts unterliegt hier der Geheimhaltung oder Verschleierung. Beachten Sie zukünftig besonders meine neuen Fachzeitschriften **SCHNITZER-KOLLEG.** Lassen Sie sich ein Muster schicken!

An dieser Stelle möchte ich besonders und immer wieder meiner lieben Frau Anne-Marie Koch-Lavagne und meinen Kindern Monika, Florian und Pascal für die tatkräftige Unterstützung, sowie die vielfach aufopferungsvolle Geduld recht herzlich danken.

Allen Freunden und Mitarbeitern sei ebenso aufrichtig gedankt; ohne ihre Hilfe hätte ich mein weitgestecktes Ziel für´s Schnitzen und das Holzbildhauen nicht erreichen können.

Meine lieben Schnitzerfreundinnen und Schnitzerfreunde, ich wünsche Ihnen weiterhin viel Freude beim Schnitzen.

Ihr Kurt Koch

Ich darf an dieser Stelle noch eine herzliche Einladung aussprechen. Besuchen Sie uns im Schnitzerzentrum in EULENBIS. Meine Familie, meine Mitarbeiter und ich werden Sie immer gern willkommen heissen. Auf der nächsten Seite finden Sie eine Skizze wie Sie uns finden.

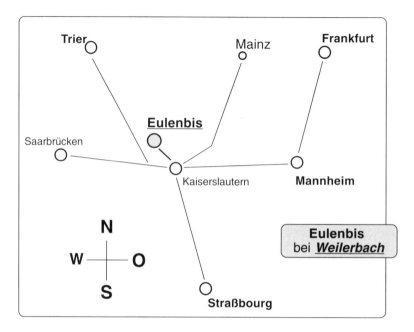

Bahnstation ist **KAISERSLAUTERN Hauptbahnhof**,
EULENBIS liegt ca. **17 km** in nordwestlicher Richtung,
EULENBIS gehört zur Verbandsgemeinde **WEILERBACH**.
EULENBIS hat ca. **500** Einwohner.
EULENBIS liegt auf einem ca. **400 m** hohen Berg.
EULENBIS liegt im Pfälzer Bergland.
EULENBIS hat die Postleitzahl **67685**.
EULENBIS hat die Telefon-Vorwahlnummer **06374**.
EULENBIS hat keinen Durchgangsverkehr.
EULENBIS ist nur über eine Kreisstraße erreichbar.
EULENBIS ist also ein sehr ruhiges Dorf, ist die Ruhe selbst.
EULENBIS ist ein schönes Dorf.
EULENBIS liegt ca. 60 km von Frankreich entfernt.
EULENBIS liegt inmitten einer lieblich-romantischen Landschaft
EULENBIS liegt fast am Rande des Pfälzer Waldes.
EULENBIS ist Teil eines Landschaftsschutzgebietes.
EULENBIS ist Teil eines Vogelschutzgebietes.
EULENBIS ist die Heimat seltener Pflanzen in viel Natur.
EULENBIS bietet gesunde Erholung mit kreativer Tätigkeit.
EULENBIS grüßt Sie und erwartet Sie!

Inhaltsverzeichnis

1. Kapitel

		Seite
2.0	Lehrplan und Angebote	14
2.4	Der intensive Schnitzkurs	18
2.5	Spezial- und Fachausdrücke	19
2.6	Zubehör aus der KOCH-Schnitztechnik	20
3.0	Unfallverhütung	31
4.0	Betreuung in jeder Lernphase	33

2. Kapitel
Holz - Wissenswertes über Holz

1.0	Allgemeines - eine kurze Übersicht	38
2.0	Begriffe und Fachausdrücke	42
3.0	Wie entsteht Holz?	51
3.1	Anatomie des Holzes	51
4.0	Holzlagerung und Holztrocknung	55
4.1	Feuchtigkeitshaushalt	55
4.2	Trocknungszustand u. Umgebungsklima	56
4.3	Relative Luftfeuchtigkeit	57
4.4	Holzfeuchtigkeit - Darrgewicht	57
5.0	Formveränderungen	61
5.1	Rundholz - der Stamm	61
5.2	Veränderungen an Schnittbeispielen	63
5.2.1	Veränderungen am Brett	64
5.2.2	Veränderungen am Vierkantholz	65
6.0	Stabilisierung der Holzform	67
7.0	Verleimen	68
7.1	Der Verleimvorgang	68
7.2	Platten verleimen	71
7.3	Blocks verleimen	73
7.4	Druckwerkzeuge	74
8.0	Holzerkennung	75

3. Kapitel
Arbeitsgeräte

1.0	Schneidwerkzeuge	76
1.1	Bildhauerbeitel	76
1.5	Grundformen u. Vielfalt der Schnitzwerkzeuge	78

		Seite
1.5.1	Die Grundschneidenformen	78
1.5.2	Grundformen der Beitel	79
1.5.4	Sonderausführungen von Schnitzbeiteln	80
1.5.5	Stahlzusammensetzungen	81
1.5.7	Härtung der Stähle	81
1.5.8	Das Ausglühen	82
1.6	Bezugsquellen	84
2.0	Bildhauerklüpfel	85
3.0	Schleifwerkzeuge	86
4.0	Schleifscheibe	87
5.0	Schärfen	87
6.0	Lagerung u.Transport Schnitzwerkzeuge	88
6.4	Das Karussell	91
7.0	Beitelhefte	91
8.0	"Bildhauersteine"	92
9.0	Die Kugelgelenk-Einspannvorrichtung	92
10.0	Der Schnitztisch	92
11.0	Licht am Arbeitsplatz	93
12.0	Polierbürste	93
13.0	Beize	94
14.0	Wachsen	94
15.0	Leim und Leimen	94
16.0	Zwingen	95
17.0	Stemmeisen	95
18.0	Maschinelle Hilfsmittel	95

4. Kapitel
Schnitzwerkzeuge schärfen

1.0	Stumpfe Schneidwerkzeuge	96
1.1	Der Schneidenwinkel	96
2.0	Schleifen-Schärfen, Allgemeines	101

5. Kapitel
Praktische Übungen

Seite

1.0	Beitelhaltungen - Werkzeugführungen	132
1.1	Grundregeln zur Beitelführung	136
1.6	Die Werkzeugauswahl	148
2.0	Die praktischen Übungsstücke	149
2.1	Vier geometrische Figuren	153
3.0	Übungsstück Nr. 2.	172
4.0	Übungsstück Nr.3	195
5.0	Rückblick	213

6. Kapitel
Oberflächenbehandlung

1.0	Allgemeine Betrachtungen	216
2.0	Die Beize - Ihre Wirkungsweise	217
3.0	Wir beizen mit Wachsbeize	222
3.2	Figuren beizen	227
3.3	Reliefs beizen	231
3.4	Zweimal beizen	232
3.5	Nachwachsen	232
3.6	Helles beizen	233
3.7	Sondereffekte	233
4.0	Probleme der Qualitätseinbußen	234
4.5	Harzflecken	235
4.6	Stahlwolle	235
4.7	Starker Gerbstoffgehalt	235
4.8	Druckstellen und Stapelflecken	235
5.0	Möglichkeiten, Ergänzungen	236
5.1	Wässern	236
5.3	Bleichen	237
5.4	Patinieren	237
6.0	Ausbessern	237
6.1	"Flüssiges Holz"	238
6.2	Kitten	238
7.0	Oberflächenbehandlungen	238

1. Kapitel
Das Koch-Schnitz-System
ein methodisches Lernprogramm mit Zukunft.

1.0 EINFÜHRUNG

Sie haben ein schönes Hobby ausgewählt. Ich will Sie auf dem Weg zu Ihrem Wunschziel tatkräftig unterstützen.

Das Hobby *<schnitzen>* ist im Rahmen der vielfältigen Freizeitangebote eine Beschäftigung die bedeutend über den durchschnittlichen Anforderungen und Ansprüchen liegt. Das Ausfüllen einer persönlichen Freiheit in Freizeit, mit zugleich sinnvoller wie kreativer Tätigkeit, erbringt aber auch nachweislich ein gesundes Gefühl glücklicher Erfüllung.

*Genau das ist ja **auch** vorrangig Sinn und Zweck.*

Keiner braucht mit quälender, selbstzerstörerischer Hartnäckigkeit einem Ziel nur deshalb anzuhängen, weil es der Nachbar, Freund oder ein ehrgeiziges Familienmitglied unbewusst oder bewusst fordert. Das wäre dann kein sinnvolles Ausfüllen persönlich verfügbarer Lebenszeit in Freiheit. Und der tiefere Sinn eines Hobbys sollte vor allem in der Erfüllung eines Wunschtraumes liegen. Auf keinen Fall darf es aber zum Alptraum werden.

Ist der Wille und das Interesse einmal da, sind mit diesen beiden Eckpunkten die wichtigsten Voraussetzungen für eine erfolgreiche *<Nebenkarriere>* vorhanden. Das viel beschworene Talent lassen wir bewusst aus dem Spiel, es ist keinesfalls *<die>* Triebfeder, Wegweiser oder auch Garantiekarte zum Erfolg. Insbesondere im Hinblick auf das Schnitzen bewertet gar mancher dieses dehnbare Fabelwort viel zu gewichtig.

Ich möchte Sie überzeugen, und auch jahrelange Erfahrung hat es mir bestätigt, dass Sie mit den Machtfaktoren "*INTERESSE*" und "*WILLE*" auf dem allerbesten und allernächsten Weg zum Erfolg sind.

Ganz klar, dass es damit allein nicht getan ist. Es wird schliesslich <d e r> gebraucht, der bereit ist jedermann möglichst uneingeschränkt sein Wissen, seine Erfahrung, und seine Fähigkeit Wissen zu vermitteln, zur Verfügung zu stellen. Davon hat es traditionell in der Geschichte des Schnitzens und Holzbildhauens wahrhaftig nicht viele gegeben. Dagegen hat man in kleinen Fachzirkeln, im engen Familienkreis, in reglementierenden Zünften und Ständen, in wirtschaftlich verflochtenen Interessengruppen usw, die Weitergabe der "*Geheimnisse*" gehegt und gepflegt.

Ich möchte Ihnen das Gefühl geben, ja die Versicherung, dass Sie mit der Hilfe meiner Organisation und den vielfältigen Hilfs- bzw. Lernmittel ebenfalls schnitzen lernen werden - so weit und so gut wie Sie es wollen. Sie können jede gewünschte Fachrichtung einschlagen und sich auch gegebenenfalls so weit perfektionieren, dass Sie es mit einschlägigen Fachleuten aufnehmen können. Wohlgemerkt aber: den Weg können wir Ihnen zeigen, den besten Weg. Aber ihn gehen, das heisst ÜBEN, das müssen Sie selbst besorgen. Ihr Wille und Ihr Interesse ist sozusagen der Motor - wir liefern den Treib- und Schmierstoff mit dem Fahrplan.

Um beim zeitgemässen Wortschatz zu bleiben: <*Entsorgen Sie Ihre Selbstzweifel*> - Sie brauchen deshalb nicht gleich die Sondermüllverwertung anzurufen. Das schaffen Sie auch ganz alleine. Nämlich: Es gibt keine <*zwei linken Hände*>, die vielgerühmte <*Begabung*> muss nicht nachgewiesen werden, Sie müssen keine "*Kanone*" im Zeichnen sein, die <*Vorstellungskraft*> kann man sich mehr oder weniger perfekt aneignen. Wir stehen dafür mit meinem System und meiner Erfahrung für Sie zur Verfügung.

Da wäre noch die andere Gattung Mensch zu bewerten, die als die <*lieben Mitmenschen*> vom Dienst, voller Unverstand die oben genannten Unterstellungen gar manchem schon gewohnheitsmässig - vielleicht gar nicht mal so bös gemeint - immer wieder ins Gedächtnis hämmern. ("***Du*** *willst schnitzen lernen?*" Ein langgezogenes Fragezeichen hängen sie noch dran.) Wenn der Wunsch, kreativ tätig zu sein dann doch noch in Ihnen schlummert, dann wecken Sie ihn auf. Das ist dann ein sicheres Zeichen dafür, dass der *WILLE* und das *INTERESSE* nicht verschwunden oder ausgemerzt sind. Darauf können Sie nun erfolgreich bauen.

Ich möchte Ihnen als <*ehrlicher Partner*> die Hand reichen. Sie können und werden schnitzen lernen, wenn Sie auch ehrlich mit mir sind und vor allem mit sich selbst. Sie werden es lernen, wenn Sie meine Anleitungen befolgen und diese nicht nur als oberflächliches Beiwerk bewerten, behandeln oder beiseite schieben. Sie werden sich als "*Mensch*" bestätigt fühlen oder, wenn erforderlich, wiederentdecken. Auch diese Zusicherung gebe ich Ihnen.

Schliesslich werden Sie aber trotzdem das Schnitzen nicht "*im Handumdrehen*" lernen. Es kommt nicht von allein, es fliegt nicht auf einen zu. Sie müssen üben; die Praxis bringt den Lernfortschritt. An unseriösen Versprechungen wie: ...*leicht*, ...*schnell*, ...*in ganz kurzer Zeit*, ...*ganz einfach* usw. beteilige ich mich nicht. Ihr ehrlicher Partner will ich sein!

Sie brauchen "*Lern-Zeit*". Dass diese sinnvoll angelegt, erfolgversprechend geplant und eingeteilt wird, dafür steht in vorderster Linie mein "**KOCH-SCHNITZ-SYSTEM**" mit Büchern, Videos, Anleitungen, Übungsstücken, Vorlagen und anderem mehr. Sie können dem weitläufigen Berufsbild "*Holzbildhauer*" oder auch "*Schnitzer*" nahe kommen, so weit wie Sie es wünschen - wir, meine Mitarbeiter und ich, unterstützen Sie dabei.

Sie sollen auch nicht Ihren bisherigen beruflichen Werdegang für Ihre Entscheidung schnitzen zu lernen zugrunde legen. Sicher wird es mancher, der bisher auf die eine oder andere Art mit der Holzverarbeitung zu tun hatte, leichter haben mit der technischen Seite des Holzschnitzens zurecht zu kommen. Aber bei weitem nicht alle. Im Gegenteil, gar mancher muss sich zeitaufwendig von bisherigen - und festeingefahrenen - Gepflogenheiten trennen.

Schließlich darf ich Ihnen auch noch aus meinem Erfahrungsschatz mitteilen, dass es auch gar nicht selten umgekehrt ist und sich in "*Sachen Holz Unvorbelastete*" beim Schnitzen erstaunlich gut zurechtfinden. Rasche Fortschritte bei ihnen nehmen dem "*gestandenen Holzwurm*" oft rasch den Glauben an seinen sicher geglaubten, fest eingeplanten Vorsprung.

Dann wäre da noch der ganz wichtige Punkt der finanziellen Belastung anzusprechen. Sie brauchen eine vernünftige Grundausrüstung zum "*Einsteigen*". Diese soll unbedingt so ausgelegt sein, dass Sie darauf auch noch nach Jahren zurückgreifen können; nichts soll provisorisch oder nach einiger Zeit veraltet sein. Hier an dieser Stelle auch schon meine Warnung vor dem "*Probierset*", der "*Schnupperausrüstung*" oder dem "*billigen Angebot*" vielleicht aus dem Kaufhaus. Das geht 100 %-ig "*in die Hose*". Doch davon mehr im Kapitel 2.7, wo ich Ihnen die Werkzeuge vorstelle.

Als finanzielle Anlage brauchen Sie nicht mehr als ein Briefmarkensammler, Sie brauchen nicht so viel wie jener der sein Auto mit allen möglichen Extras bestückt oder - noch ein Vergleich - ein normaler Zigarettenraucher. Damit will ich beileibe nichts sagen gegen Briefmarkensammler, Autofetischisten und Raucher, denn schliesslich wissen besonders letztere gut was sie jährlich an "*Scheinchen*" gegen die Ozonschicht pusten. Ich will lediglich einen "*Investitionsbedarf*" veranschaulichen.

Ich schlage Ihnen konkret vor - auch und nicht nur in diesem Buch - was Sie für den Einstieg brauchen. Sie können es auch telefonisch mit mir oder einem meiner kompetenten Mitarbeiter besprechen. Wir sagen Ihnen auch konkret was Sie entsprechend Ihrem Entwicklungsstand für die Zukunft brauchen werden. Und wir sagen Ihnen auch was Sie nicht unbedingt benötigen, was aber als feine Technik Erleichterung, Verbesserung, Sicherheit, Schnelligkeit, bessere Qualität oder irgendeine spezifische Hilfestellung bringt. Sie allein entscheiden dann über die Anschaffung.

Schnitzen, eine sehr individuelle Formgebung in Holz, befriedigt immens. Ziehen Sie die Lernphase durch. Ich garantiere Ihnen hohe Befriedigung, viel glückliche Zeit.

> *"Schnitzen ist eine Selbstverwirklichung in Harmonie mit der Natur".*

2.0 LEHRPLAN UND ANGEBOTE

2.1 SIE INTERESSIEREN SICH FÜRS SCHNITZEN

Nutzen Sie unsere Katalogunterlagen. Sie bieten umfassende Informationen zum Schnitzen selbst und zur begleitenden Technik. Fragen Sie unverbindlich - schriftlich, telefonisch oder direkt bei einem Besuch in unserem Schnitzer-Zentrum - nach den Einzelheiten unserer Angebote für Schnitzer. Schon hier werden Sie sehen, dass meine Mitarbeiter und ich Sie gerne UND EHRLICH beraten. Sie können alles, was zum Schnitzen oder Schnitzenlernen gehört von uns haben. Ge-heimniskrämerei gibt es bei uns nicht.

Um zunächst einmal ein Gefühl für "*die Schnitzarbeit*" grundsätzlich zu bekommen, biete ich Ihnen die Möglichkeit einen fertig und korrekt angeschliffenen Musterbeitel zu beziehen. Diesen schicken wir dann zusammen mit einem Stück <*Schnitzerholz*> zum Probieren. Ein Unkostenbeitrag soll unsere Kosten decken.

Übrigens gehört solch ein Musterbeitel zu jenen, die Sie immer wieder in einem "*Schnitzerleben*" benötigen.

So lernen Sie schon einmal kennen was wirkliche <*Werkzeugschärfe*> bedeutet, so wie sie der Schnitzer benötigt - nämlich Rasiermesserschärfe. Aus unseren technischen Unterlagen können Sie erfahren, dass ich speziell für die Schnitzer ein ungewöhnlich einfaches Konzept zum <*scharfmachen*> entwickelt und perfektioniert habe. Jedermann kann damit wirkliche Rasiermesserschärfe zuwege bringen ohne Vorkenntnisse auf diesem Gebiet zu haben.

2.2 Schnitzen lernen auf parallelen Wegen

Das vorliegende Buch gibt Ihnen detaillierte Anleitungen für die ersten drei Übungen. Hier etwas *GRUNDSÄTZLICHES*: Diese

drei Übungen sollte jeder machen, auch wenn er schon Vorkenntnisse irgendwelcher Art hat. Diese drei Übungsstücke sind immens wichtig, wenn Sie mit meiner Methode
"IM SCHNITZSYSTEM KOCH"
lernen oder weitere Fortschritte machen wollen.

Diese drei Übungen sind so etwas wie eine gut durchdachte Grundlage auf der sich schliesslich immer wieder weitere Übungen oder <das Schnitzen schlechthin> aufbaut. Sie bilden oder fördern das Augenmass für Winkel und Formen, die Sauberkeit erfährt ihren hohen Stellenwert, die Vorstellungskraft in die dreidimensionale Ausarbeitung wird hier trainiert, die symmetrische Darstellung ist gefordert, besonders wird auch das Auswählen und der Einsatz der richtigen Beitel geübt sowie das Aufspüren der Schnitte - falsch oder richtig - in die Faser, quer zur Faser, längs zur Faser usw. Das Erfassen der Schnittzusammenführung, die Lage der Schnittkanten, die saubere Auskerbung im Verbund mit der Formgebung und für vieles Andere, Wichtige wird die Grundlage gelegt.

Durch diese Übungsstücke lernen Sie die gemeinsamen Grundbegriffe, so dass wir im weiteren Verlauf immer auch "*die gleiche Sprache*" sprechen, *WIR* uns verstehen. Alle bauen so auf dem gleichen "*Fundament*" auf. Es gibt keine Lücken, wenn Sie in Zusammenarbeit mit uns Ihr Lernziel ansteuern. Der Erfolg - Ihr Erfolg - hängt in höchstem Maße von der Gewissenhaftigkeit ab, mit der Sie diese Übungsstücke fertigstellen.

Das Holz erhalten Sie auf Wunsch von uns, wenn Sie den Start alleine wagen. Die einzelnen Schnittvorgaben sind in diesem Buch beschrieben und kommentiert. Dazu können Sie sich meinen Video-Film bestellen und die Schnitte in Grossaufnahme verfolgen. Die effektivste Methode ist natürlich ein Schnitzkurs in meinem Schnitzerzentrum. Hier können wir Sie begleiten, Ihnen ganz genau die Aufmerksamkeit widmen, die Sie benötigen, um auf dem kürzesten Wege die erste Etappe - den **GRUNDKURS** aufzuarbeiten.

Die Erfahrung hat gezeigt, dass die Grundkursübungen 2 und 3 auch eine geschätzte Dekoration darstellen. Sie sind hochbegehrt als Geschenkidee in der Familie oder im Freundeskreis.

Meine persönliche Empfehlung: Tun Sie sich etwas Gutes an, machen Sie die dritte Übung mindestens zwei Mal - besser drei Mal. Das was Sie vorher nur unbefriedigend verwirklicht haben, verbessern Sie danach mit Ihrer neuen Erfahrung. Sie werden ob eines solchen Entschlusses dankbar sein.

2.3 VIDEO - Meine audiovisuelle Methode zum Schnitzenlernen

Die Angaben im Buch, die Fotos, die Anleitungen und Kommentare sind zwar fachlich und didaktisch korrekt. Der "*Lehrmeister*" darin ist aber symbolisch gesehen <stumm>. Sie müssen ablesen was er Ihnen zeigen und sagen will.

Im Video ist es so, als hätten Sie sich Ihren Lehrer gegen eine feste Gebühr gekauft. Nicht nur irgendeinen Lehrer, sondern einen mit ganz besonderen Eigenschaften. Die Technik "*Video*" selbst kann unbestritten als der fortschrittlichste und modernste Weg der breiten und spezifischen Wissensvermitt-lung angesehen werden. Nur die Verbindungen: Lehrbuch-Video - praktischer Kurs in meinem Schnitzerzentrum, kann zum Schnitzen lernen eine noch besser abgerundete Lehrmethode darstellen. Doch darüber im nächsten Abschnitt.

Zunächst einmal in etwas aufgelockerter Form was so mein Video-Unterrichts-Film alles kann. Er zeigt Ihnen zunächst in perfekter Technik und durchweg in Grossaufnahme *d a s* in der praktischen Vorführung, was hier im Buch steht. Darüber hinaus kann ich Ihnen im Film selbstverständlich über die praktischen Anleitungen bedeutend mehr Einzelheiten und Arbeitseinblick bieten, als im Buch allein.

Schliesslich sind Sie beim Durcharbeiten dieses Buches ausschließlich auf Ihre aktive Anteilnahme angewiesen. Im Film dagegen "*lassen Sie mich machen*". Ich biete Ihnen <*Aktion*> und Sie lernen durch passives Zuschauen. Und wenn Sie mich nicht mehr sehen und hören wollen - nun dann gibt es dieses Knöpfchen - weg bin ich und lasse Sie so lange in Ruhe bis Sie wieder Zeit, Lust, Laune, Interesse usw. haben. Dann bin ich wieder bei Ihnen auf dem Bildschirm.

Ich vergesse nichts, ich wiederhole auf Anforderung - wenn es sein muss Minuten- oder auch Stundenlang ohne zu murren und ohne Mehrkosten, das was Sie besonders interessiert. Ich kann (auf Knopfdruck) laut oder leise reden oder auch nur stumm meine Vorführung absolvieren - alles ganz nach Ihrem Wunsch, Sie haben mich "*vollkommen in Ihrer Hand*", Sie sind mein "*Meister und Gebieter*", Sie können jederzeit über mich verfügen und das immer wieder <*per Knopfdruck*>. Ist das nicht ein(e) Versuch(ung) wert?

Es geht noch weiter - es kommt nur auf die vorhandene Technik an: Zauber aus <*Tausendundeiner Nacht*> können zu jeder Tages- oder auch Nachtzeit in die Wohnstube bzw. den Hobbykeller geholt werden. Nehmen Sie Ihr kleines Zauberkästchen (vulgär Fernbedienung genannt) und lassen Sie mich "*huddele*", lassen Sie mich mittels "*Schnellvorlauf*" im Zeitraffertempo klotzen.

Stoppen Sie mich, lassen Sie mir mein Wort, meine Kommentare, im Halse gefrieren. Lachen Sie mich aus, wenn ich quieke wie in einem Micky-Maus-Film oder beim Langsam-Vorlauf knurre und brummele als müsste ich mir jeden Buchstaben einzeln aus dem Halse ziehen.

Staunen Sie was ich andererseits noch kann, denn wer würde es sich nicht wünschen "*Draufschnitzen*" zu können? Eine ausgebrochene Ecke einfach vergessen machen indem man das Stück wieder draufschnitzt? Dieses Kunststück kann ich Ihnen auch an Ihrem Video-Bildschirm vorführen und auch so schnell wie Sie wollen. Der Rücklauf machts möglich.

Nun ja, dann holen Sie zum "*Gegenschlag*" aus und zeigen was Sie noch so "auf - oder sollte ich sagen: im Kasten haben?" Sie können (durch Farbtonverstellung) mich grün ärgern, mich blau anlaufen lassen oder knallrot Ihrer Gattin (oder auch Freundin) präsentieren. Ein Traum für jeden Schüler - ein Horrortrip für jeden Lehrer. Mir macht's nichts aus. Alles ist im Preis inbegriffen.

Ich mache Ihnen das Angebot und mache all das mit, wenn Sie sich meinen Video-Film anschaffen. Und nebenbei lernen Sie schnitzen. Sie lernen nicht "*im Schlaf*" wie es manche Angebote heute gibt, Sie müssen trotzdem üben. Aber eines kann ich Ihnen versprechen: Sie werden Spass haben beim lernen. Probieren Sie's; holen Sie aus Ihrem Gerät und aus mir das Beste heraus. Zu Ihrem Vorteil!

2.4 Der intensive Schnitzkurs

Liebe Schnitzerfreunde, bei meinen intensiven Schnitzkursen in meinem Schnitzerzentrum hört der Spass - zumindest teilweise - auf. Da kann ich höchstens einen roten Kopf kriegen, wenn es uns mal nicht gelingen sollte in kurzer Zeit all diese Kenntnisse effektiv zu vermitteln, so wie wir es uns vorgenommen hatten.

Bei den intensiven Schnitzkursen kann ich zwar auch nicht draufschnitzen - ebensowenig meine Mitarbeiter. Aber was wir machen hat System, Methode und es bringt Erfolg. Wenn wir mal ausnahmsweise im Zeitlupentempo schnitzen, dann nur, damit Sie die Vorführung besser verfolgen können und davon profitieren. Wenn wir etwas erklären und vorführen gibt es kein Gequieke und keinen Schlafwagenton. Wir versuchen einfach für Sie und für uns keine Zeit zu verlieren.

Sicherlich wiederholen wir auch geduldig - beinahe wie im Fernsehen-Video - nur nicht ganz so oft, aber doch so oft bis wir sicher sind, dass auch Sie sicher sind.

Ja und dann haben wir noch so eine Gepflogenheit im Unterschied zum Video. Wenn wir "*dabei sind*" lassen wir uns nicht so einfach abschalten. Wir versuchen für Ihre Zeit das Beste aus dem Kurs zu machen. Das heisst jetzt auch wieder nicht, dass wir einer Kaffeepause mit ein bisschen Kuchen abgeneigt wären. (Dank auch jenen Kursteilnehmern die sich bisher in dieser Tugend für immer und ewig in die Herzen meiner Mitarbeiter eingraviert haben. Ich selbst bin eigenartig - ich esse keinen Kuchen. Dafür rauche ich hin und wieder eine schwarze Zigarre!!)

Dann wäre da *n o c h* ein gravierender Unterschied zum Video-Fernsehen. Für Nachtarbeit sind wir kaum zu haben - na sagen wir's mal frei heraus: Weder ich noch meine Mitarbeiter mögen Nachtarbeit - in der Schnitzwerkstatt. Fit sein für den nächsten Kurstag ist uns wichtig.

Dagegen sind wir - nicht nur bei schlechtem Wetter - schon mal bereit bei einem gezielten Wochenendkurs die eine oder andere wertvolle Handreichung am Sonntag zu machen. Die Begeisterung auf den Video-Filmen lässt dabei, ungeachtet des Wochentages, nicht nach.

Doch das alles können Sie ja einmal mit uns durchexerzieren. Wir sind für Sie im Video und in meinem Schnitzerzentrum, in meiner Schnitzerschule da. Dass Sie "*es lernen werden*", dafür garantiere ich.

Lassen Sie sich Informationsmaterial schicken. Schildern Sie uns Ihre Möglichkeiten. Es gibt immer mal wieder eine Gelegenheit Ihnen entgegenzukommen. Zudem sollten Sie unsere Tradition kennen: Bei uns gibt es keine Geheimnisse!

2.5 Spezial- und Fachausdrücke

In diesem Grundkurs, audiovisuell und auch in meiner Schnitzerschule beim Kurs, gebe ich Ihnen die <*Spezial- und Fachausdrücke*> nur so weit wie angebracht vor. Sie sollen sich zunächst voll und ganz auf die praktische Einführung in Ihr neues Hobby konzentrieren können.

Für den völlig unvorbelasteten Anfänger habe ich Fachausdrücke dergestalt eingebaut und öfter wiederholt, dass ein "*Büffeln*" oder stures auswendiglernen entfallen kann. Dem "*vorbelasteten*" Anfänger - "*Holzwurm von Hause aus*" - mag dies oder jenes etwas überflüssig oder zu ausführlich vorkommen. Lassen Sie grosszügig Nachsicht walten. Bitte haben Sie Verständnis.

Ich gehe davon aus, dass ein wachsendes praktisches Können von sich aus das Interesse für die Fachausdrücke der Fachwelt steigert. Neue Welten öffnen sich. Bis dahin versuche ich für jedermann leicht allgemeinverständliche bzw. einleuchtende Begriffe anzuwenden.

2.6 Zubehör aus der KOCH-Schnitztechnik
MEHR UND BESSER

Technisches Zubehör biete ich nur an und empfehle es, wenn es für Sie zum Vorteil ist. Dort wo ich die traditionelle Technik für den Hobbyschnitzer als hemmend oder gar nachteilig empfand, habe ich Neues entwickelt. Es hat sich mittlerweile überzeugend in der einschlägigen Fachwelt durchgesetzt. Die einzelnen technischen Details erfahren Sie aus meinen Prospekten und Katalogen oder Sie schreiben bzw. telefonieren mit uns.

Wir sind in der Lage Ihren Hobbyraum so auszustatten wie Sie es wünschen oder können. (Das "*Können*" kann sich sowohl auf die finanziellen als auch auf die räumlichen Möglichkeiten beziehen.) Ihre individuellen Vorstellungen werden voll berücksichtigt. Wir werden auch garantiert so ehrlich sein, Ihnen abzuraten, wenn wir der Überzeugung sind, dass eine Ausrüstung nicht zu Ihnen passt. Wir werden Ihnen stets die bessere, sinnvollere und auch die kostengünstigere Lösung vorschlagen.

Aus unserem Angebot können Sie ohne Nachteil mit einer Mindestausstattung beginnen, sich fortlaufend ergänzen oder verbessern bzw. vervollkommnen. Schliesslich werden Sie im Rahmen meiner Lern-Methode auch den Vorteil geniessen, dass Sie rasch selbst feststellen können, wann und vor allem *WAS* präzise fehlt. Zu jeder Zeit stehen aber meine Mitarbeiter und ich mit Rat und Tat zur Verfügung.

Nicht jedes Zubehör ist immer <*unbedingt*> erforderlich. Oftmals kann es aber eine Voraussetzung und Garantie für eine befriedigende Entwicklung der Schnitzertätigkeit sein. Es gibt im Jahr eine Menge Gelegenheiten sich etwas schenken zu lassen. Überraschungen können gut und recht sein. Sie bergen, zumindest im Spezialfach Schnitzen, das Risiko eines Fehleinkaufs. Sicher tauschen wir auch um. Es ist aber immer mit Umständen für Sie und Kosten allgemein behaftet.

Lassen Sie es nicht so weit kommen, dass Ihre schenkungswilligen Lieben irgendein Dutzend-Angebot wahrnehmen und besonders beim Nichtfachmann keine Messer oder Beitel besorgen. Sicher können Sie die Aufmerksamkeit Ihrer Lieben schon reichlich vor dem "*grossen Ereignis*" auf mein Angebot oder Ihre speziellen Wünsche und Bedürfnisse lenken. Lassen Sie bei uns anrufen; wir beraten gern jeden Geschenkwunsch oder können einen "*Geschenkgutschein*" ausstellen, den Sie dann nach Ihrem Bedarf einlösen.

2.7 Schnitzbeitel - Erstausstattungen

An meinem Lager führe ich stets mehr als 1000 in Abmessung und Form verschiedene Schnitzbeitel und Schnitzmesser. Jeder Versand, jede Lieferung kann in kürzester Frist, nach dem Eingang einer schriftlichen oder telefonischen Bestellung, erfolgen. Niemand braucht in der Regel wochenlang auf seine Werkzeuge zu warten. (Ich hoffe, dass dies auch von der Post gelesen wird)

Sie können wählen zwischen zwei namhaften Markenfabrikaten und meinen Eigenen, unter meiner Regie hergestellten **KOCH-SUPER-SCHNITZBEITELN**. Bei den Markenfabrikaten handelt es sich um altbewährte Herstellungsmethoden und Stähle. Bei meinen, den **KOCH-SUPER-SCHNITZBEITELN** ist alle Erfahrung in neue Formen, Gewichte, Oberflächengestaltung, Stähle, Härtung und Griffe eingegangen. Sie halten die Schneide um ein vielfaches länger als die Traditionellen.

Alle Werkzeuge sind in einem 12-seitigen Katalog in allen Einzelheiten, mit Original-Schneidformen-Grösse, mit allen Preisen und technischen Beschreibungen aufgeführt. Sie können daraus leicht Ihre Schnitzwerkzeuge auswählen.

Um als Hobbyschnitzer zu beginnen empfehle ich Ihnen aber sich auf die Erfahrung meiner Mitarbeiter und mich zu verlassen und mit der empfohlenen *Grundausstattung* zu starten. Sie wird schliesslich logisch ergänzt durch das erste und zweite *Ergänzungsset*. Sowohl die Grundausstattung mit 10 Beiteln, als auch das 1. Ergänzungsset mit 14 Beiteln und das 2. Ergänzungsset mit vier Spezialbeiteln wird vollumfänglich immer gebraucht. Ein ganzes Schnitzerleben sind diese Schneidwerkzeuge von Nutzen und bilden praktisch die Basis Ihrer Beitelauswahl.

VON ENTSCHEIDENDER WICHTIGKEIT ist, daß alle Schnitzwerkzeuge von professioneller Qualität sind. Entscheidend für Ihre zukünftige Schnitzertätigkeit, ja für Ihre Entwicklung im Schnitzen ist, dass Sie gleich mit professionellen Werkzeugen starten. Vorteilhaft ist es auch, wenn Sie mit der Standardlänge beginnen und nicht mit den verkürzten Ausführungen, das bedeutet ca. 100 bis 115 mm Schaftlänge anstatt ca. 65 - 90 mm. Wenn Sie mit der Standardlänge lernen, können Sie problemlos auf kürzere Versionen "*umschalten*". Wenn Sie mit kurzen Versionen lernen brauchen Sie einen neuen Lernprozess um sich auf längere Versionen umzustellen.

Die längeren Versionen müssen nicht teurer sein als die kürzeren. Die Arbeit sie herzustellen ist schließlich die Gleiche. Die Stahlkosten fallen bei dem geringen Längenunterschied kaum spürbar in´s Gewicht. Sie sind aber allemal teurer als die "nichtprofessionellen Spielzeuge".

Eeine wesentliche Einschränkung muß ich aber verantwortungsvoll machen und daher meine eindringliche Warnung: Jedes vermeintlich "billige" Werkzeug ist in der Regel viel zu "*teuer*". Sie haben richtig gelesen: Es kann hinausgeworfenes Geld sein. Das professionelle Werkzeug dagegen ist richtig angelegtes Geld. (Da wäre ja der Profi schön doof, wenn er sich mit "*teuren*" Werkzeugen eindecken würde anstatt die "*Superangebote*" auszunutzen. Und um wieviel mehr braucht doch gerade der noch nicht im Schnitzen versierte Hobby-Schnitzer die Unterstützung des perfekten Werkzeuges.)

Mittlerweile, und nach ca. 10 Jahren einschlägiger Erfahrung, ist diese Auffassung bestätigt, ja ohne Ausnahme von dieser meiner Regel, bestätigt worden. Machen Sie den ersten Schritt richtig, geben Sie sich ein solides Fundament auf das Sie weiterbauen können. Wenn Sie sich im Augenblick die Erstausgabe nicht leisten können, sparen Sie lieber auf einen späteren Start anstatt mit einem Fehleinkauf zu starten oder mit falschen, ungeeigneten Werkzeugen. Hier denke ich besonders an Versuche mit alten Schreiner-Stemmeisen oder gar gekürzten Küchenmessern anzufangen. (Alles schon dagewesen! Und längst die Lust verloren, in "*der Versenkung*" verschwunden.)

Meine **GRUNDAUSSTATTUNG** *besteht aus*
10 professionellen Schnitzbeiteln.
Das **ERSTE ERGÄNZUNGSSET** *aus*
14 professionellen Beiteln.
Das **ZWEITE ERGÄNZUNGSSET** *aus 4 Spezialbeiteln.*

Bild Nr. 1
DIE ZEHN BEITEL DER GRUNDAUSSTATTUNG (Bild Nr. 1)

Die technischen Bezeichnungen dazu lauten:
- Beidseits und schräg angeschliffenes Balleisen 18 mm
- Gerades Balleisen 20 mm
- Gerades Balleisen 10 mm
- Gerades Hohleisen, flache Höhlung 25 mm
- Gebogenes Hohleisen, mittlere Höhlung 14 mm
- Gebogenes Hohleisen, tiefe Höhlung 6 mm
- Blumeneisen, flache Schneidenform 10 mm
- Gerader Gaissfuss 6 mm
- Linksschräges, gekröpftes Flacheisen 12 mm
- Rechtsschräges, gekröpftes Flacheisen 12 mm

Im Regelfall wird es so sein, dass Sie spätestens nach Ausfertigung der Übungsstücke gemäss **GRUNDKURS** und **FORTGESCHRITTENENKURS** (nächstes Buch) in der Lage sind frei über den weiteren Beitelbedarf zu entscheiden. Das ist Teil der Lernmethode in meinem *SCHNITZ-SYSTEM*. Für besondere Arbeiten werden aber, nicht nur in der ersten Lernphase, immer mal wieder Zweifel aufkommen können, was denn in diesem oder jenem Spezialfall besser geeignet wäre. Dafür stehen wir natürlich bereit um Ihnen jederzeit korrekte Auskunft zu geben und Sie zu beraten.

Auch wenn Sie dann aus meinem Rohlingsangebot etwas fertigschnitzen wollen, können Sie dazu die entsprechenden Messer-

bzw. Beitellisten anfordern. Vergleichen Sie dann mit dem was bereits in Ihrem Besitz ist und schaffen Sie sich nur noch das an was eine *"Lücke füllen soll"*.

Der zweite Beitelsatz - **der 1. ERGÄNZUNGSSET** - setzt sich aus 12 Beiteln und zwei Schnitzmessern zusammen. (Bild Nr.2)

Bild Nr. 2

Die technischen Bezeichnungen lauten:

- *Gekröpftes Hohleisen, tiefe Hohlschneide*	8 mm
- *Gebogenes Hohleisen, tiefe Schneidenhöhlung*	4 mm
- *Gebogenes Hohleisen, tiefe Schneidenhöhlung*	6 mm
- *Gebogenes Hohleisen, tiefe Schneidenhöhlung*	8 mm
- *Gerades Hohleisen, mittlere Schneidenhöhlung*	4 mm
- *Gerades Hohleisen, mittlere Schneidenhöhlung*	6 mm
- *Gerades Hohleisen, mittlere Schneidenhöhlung*	8 mm
- *Gerades Hohleisen, mittlere Schneidenhöhlung*	12 mm
- *Schräges Balleisen*	8 mm
- *Ziereisen mit tiefer Höhlung*	2 mm
- *Linksschr{ges, gekröpftes Flacheisen*	6 mm
- *Rechtsschr{ges, gekröpftes Flacheisen*	6 mm
- *Schmales Schnitzmesser, schräge Schneide*	
- *Schnitzmesser mit gerader Schneide*	

BITTE BEACHTEN SIE

beim Beitelkauf, daß diese entweder gar nicht oder nicht fachmännisch angeschärft sind. Sicher werben manche Hersteller mit "*vorgeschärft*" oder "*maschinenscharf*" oder mit "*scharf*" oder auch mit "*fertig angeschliffen*" bzw. "*arbeitsfertig geschliffen*". In der Regel ist das für Sie keine verbindliche Garantie für wirkliche korrekte Schärfe, wie sie ein Schnitzwerkzeug, einerseits in Verbindung mit einer perfekten Fase und andererseits mit dem richtigen Schneidenwinkel, haben muss.

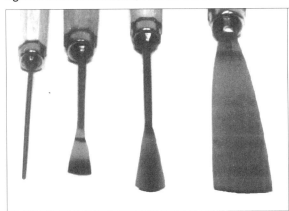

Der dritte Beitelsatz - der **2. ERGÄNZUNGSSET** - besteht aus vier Schnitzbeiteln. (Bild Nr. 3.)

Bild Nr. 3

Die technischen Bezeichnungen lauten:
- *Ziereisen mit tiefer Höhlung*   1,5mm -
- *Verkehrt gekröpftes Flacheisen*   14 mm
- *Blumeneisen mit Schneidenform 7*   16 mm
- *Flacheisen gerade, extrem flache Schneide* 35mmm

Damit soll keinem Hersteller eventuell Unlauterkeit im Wettbewerb unterstellt werden. Es leuchtet aber ein, wenn man bedenkt, dass der Werkzeughersteller sich auf die Herstellung der Werkzeuge konzentriert, mit seinen Fachleuten für Schmieden, Polieren, Härten usw. Er beschäftigt ja keine Schnitzerprofis.

Weitergehend sollte man auch daran denken, dass es im Grunde gar keinen universell gültigen Anschliff <*nach Schema F*> geben kann. Abgesehen davon, dass einige Profischnitzer eigene Vorstellungen haben und nicht einmal die Fähigkeiten des Kollegen auf diesem Gebiet voll anerkennen, gibt es noch weitere Gesichtspunkte. So möchte der eine Ornamente schnitzen, dann sind die Formschliffe von Grund auf vielfach abweichend von einer Norm. Dann gibt es Hersteller bei denen für verschieden harte Hölzer - bedingt durch Material und Herstellung - verschiedene, also angepasste Schneidenwinkel angeschliffen werden müssen.

Lassen Sie also diesen mehr werbewirksamen Hinweis eines Herstellers ausser Betracht. Nehmen Sie mein Angebot an und lassen Sie sich die Beitel von mir bzw. meinen Fachleuten 100%-ig korrekt und wirklich rasiermesserscharf anschärfen. Auch für komplizierteste Formen und kleinste Abmessungen rechnen wir dafür 15 % als Kosten zum Werkzeugpreis. Dafür haben Sie volle Garantie. Wenn Sie Sonderwünsche zum Schärfen haben, teilen Sie uns dies bei Ihrer Bestellung mit.

Schließlich versehen wir die fertig geschliffene Schneide mit einem einfachen aber wirkungsvollen Schutz - dies nicht nur um Ihre Haut und Muskeln vor Schaden zu bewahren, sondern auch die sehr empfindliche Schneide. Ein kleiner Zusammenstoß mit einem anderen Werkzeug und schon haben Sie einen Schaden der nur durch Nachschärfen behoben werden kann.

Wir schleifen und schärfen auch als Dienstleistung, ganz gleich welche Marke und ganz gleich welche Schäden der Beitel aufweist. Nur sollten Sie dann bei ausgeglühten Werkzeugen uns entweder mitteilen, wie weit das Werkzeug ausgeglüht ist oder Sie lassen es so wie es ist, damit wir die Anlauffarben selbst erkennen können. So können wir Ihnen garantiert perfekten und dauerhaften Schliff liefern.

Das sollten Sie übrigens immer dann machen, wenn durch eigene, vielleicht etwas ungeübte oder sonst unzulängliche Versuche die Schneide oder der Winkel verformt ist. Wenn Sie uns solche Werkzeuge zuschicken, berechnen wir die aufgewendete Zeit.

2.8 Schleifen und Schärfen

Dieses Thema behandeln wir ausführlich im 3. Kapitel. Nur so viel vorweg: Schleifen ist eine Tätigkeit, die, ähnlich einer Spezialtätigkeit innerhalb eines Berufsbildes, erlernt werden muss.

Schärfen dagegen - herkömmlich "abziehen" - braucht nicht mehr erlernt zu werden seit es meine Schärfscheiben gibt. In nur wenigen Sekunden, ohne grosse Lernzeit, kann jeder eine rasiermesserscharfe Schneide herstellen.

2.9 Schlagwerkzeuge

Das Standardwerkzeug dafür ist der Klüpfel mit einem ungefähren Gewicht von 500 gr. Für schwere Arbeiten kommt ein schwerer Klüpfel von ca. 800 gr. zum Einsatz. Zu Ihrer Ausrüstung sollte zu Beginn schon ein Klüpfel 500 gr. zum Einsatz kommen; er sollte Teil der Grundausstattung sein.

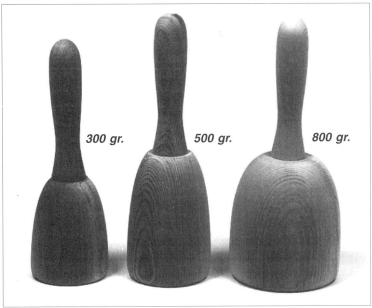

300 gr.   *500 gr.*   *800 gr.*

Bild Nr. 4

Bild Nr. 5
Der Fäustel

Dann biete ich Ihnen noch den Bildhauerfäustel an. Er wiegt ca. 900 gr. und passt gerade in die Hand - er bildet sozusagen mit der geschlossenen Hand eine verstärkte Faust. Er wird nicht zum "draufhauen" verwendet, sondern im Gegenteil um gezielt und dosiert zu schlagen. Sozusagen ein Ersatz für die Unsitte mit dem Handballen oder der geöffneten Hand, mittels Schlagen und Stossen, den Beitel in's Holz zu treiben.

2.10 Die Einspannvorrichtung

Angesichts der jahrhundertealten Misere mit der Figurenschraube - übrigens vergleichbar mit den herkömmlichen Abziehsteinen beim Schärfen - habe ich ein neues Konzept entwickelt und auch patentieren lassen. Meine Kugelgelenk-Einspannvorrichtung vereinigt in sich alle erdenklichen Vorteile zum Bearbeiten einer Figur oder eines flachen Schnitzbildes - Reliefs, Kerbschnitzarbeiten oder Ornamente und Bilder.

Die Arbeitserleichterung ist enorm; wir haben bis zu 25 % Arbeitszeit-Einsparung ermittelt. Seit wir an allen Arbeits- und Schulungsplätzen diese Einspannvorrichtung im Einsatz haben, sind uns zudem keine Klagen mehr über Rückenschmerzen oder Stehprobleme mehr bekannt geworden. Schliesslich kann man mit einem leichten Handgriff, innerhalb von 2 Sekunden die Vorrichtung, mit dem eingespannten Schnitzstück, in eine neue, und vor allem immer in die vorteilhafteste und bequemste Stellung bringen. Ohne Kraftanstrengung ist alles wieder unverrückbar festgesetzt.

Durch das Kugelgelenk - drehen/schwenken in Kombination mit der Versetzbarkeit der kompletten Halterung - ist das Festsetzen einer Arbeit insgesamt im vollen Bereich einer gedachten Kugel, rundum im Schwenkbereich von 360 Grad möglich. Zur Befestigung des komplertten Gerätes können Sie zwischen aufrechter, waagrechter und hängender Position wählen. Dadurch können Sie auch perfekt sitzend arbeiten (Körperbehinderte). Senkrechte Befestigung an der Wand ist möglich. Das heisst es gibt keine Stellung die Sie damit nicht einnehmen könnten.

Sie können wählen zwischen verschiedenen Ausführungen. Da ist die Standardausführung mit einer Einspannbreite bis zu 20 cm. (*Siehe Bild Nr. 5*) An dieses Gerät können mit einfachen Handgriffen Verlängerungsteile angebaut werden, so daß eine Einspannbreite von ca. 50 cm möglich ist. (*Siehe Bilder Nr. 6 und 8*) Durch recht einfaches Abnehmen des Standardteiles über dem Kugelzapfen, können Sie an diese Stelle einen <Kleinteileaufsatz> aufsetzen. (Siehe Bilder *Nr. 7 und 7a*) Mit diesem ist in einfachster Art und Weise die Bearbeitung auch kleinster Schnitzteile - wie kleine Krippenfiguren oder Puppenköpfe - möglich.

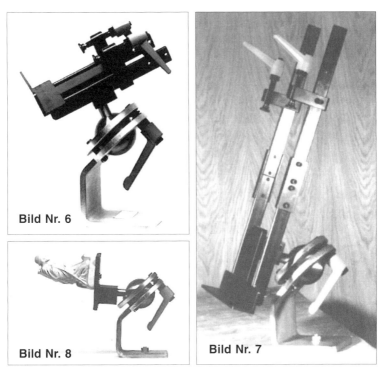

Bild Nr. 6

Bild Nr. 8

Bild Nr. 7

Bild Nr. 6: Kugelgelenk-Einspannvorrichtung Standard bis 20 cm.
Bild Nr. 7 und 9: Mit Verlängerungen für Einspannbreiten bis 50 cm
Bild Nr. 8: Einspannvorrichtung mit Kleinteileaufsatz und mit einer eingespannten, 18 cm kleinen Krippenfigur.
Bild Nr. 8: Kleinteileaufsatz ohne Zubehör.

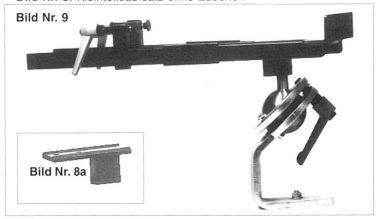

Bild Nr. 9

Bild Nr. 8a

2.11 Das Beitel-Karussel

Auch dies ist meine Entwicklung um die Schnitzarbeit zu erleichtern und sicherer zu machen. Der Markt hatte auch bisher in der Vergangenheit nichts Vergleichbares zu bieten. In der Regel bleiben die auf dem "*Schnitztisch*" deponierten Beitel nicht immer an ihrem Platz, kullern unfallträchtig herunter und werden beschädigt. Die Unordnung ist beachtlich, die Sucherei verursacht Ärger und Zeitverlust.

Auf meinem Beitel-Karussell haben auf zwei Drehebenen 36 Beitel Platz. Das Karussell nimmt weniger Platz in Anspruch als 36 Beitel verteilt auf dem Tisch. Das ganze Karussell ist leicht von einem zum anderen Platz transportierbar - im Nu ist aufgeräumt.

Die Drehebenen sind auf Filz gelagert, lassen sich dadurch leicht drehen, ohne in Schwung zu kommen und unkontrolliert zu drehen. Jeder Beitelsitz ist so geschaffen, dass jedes Werkzeug, unabhängig von seiner Grösse und Form, immer senkrecht einrutscht und auch senkrecht hängen bleibt. Mit einfachem Griff - kurz angehoben - ist es wieder einsatzbereit.

Das Karussell zum Einhängen von 36 Schnitzwerkzeugen.

Bild Nr.10

2.12 Arbeitstisch-Schnitztisch

Für den Schnitztisch habe ich auch neue Wege beschritten. Wie sich jetzt nach über 10 Jahren Erfahrung zeigt, mit durchschlagendem Erfolg. Einem festen, vollständig zerlegbaren und einfach montierbaren Unterbau, wird eine ca. 5,5 cm dicke Pappelholzplatte aufgesetzt.

Bild Nr. 11: *Der Schnitztisch - Die Tischplatte kann schwenkbar oder starr geliefert werden.*

Wir haben die traditionelle Buchenholzplatte "*verabschiedet*", weil diese als harte Unterlage dem weicheren Schnitzerholz, oft zur Unzeit, Druckstellen und Stossmarkierungen beibrachte. Grosse Vorsicht war angebracht und trotzdem wurden immer wieder Reparaturarbeiten fällig. Seit die Pappelholzplatte im Einsatz ist gab es keinerlei Probleme mehr.

3.0 Unfallverhütung

Auf mögliche Unfälle beim Schnitzen und wie sie zu vermeiden sind, kann gar nicht früh genug hingewiesen werden. Jedenfalls fühle ich mich dazu verpflichtet und auch Autorität genug.

Flapsig gesagt: Zwar sind Schnittwunden mit einem piekfein geschliffenen (*geschärften*) Werkzeug sauber und verheilen schnell. Doch was soll's? Besser sind allemal gar keine Schnittwunden. Zudem halte ich nichts von dem makabren Sprüchlein, dass man erst Schnitzer ist, nachdem man sich mal *"ordentlich geschnitten hat"*.

Meine Ratschläge zur Unfallverhütung:
- Greifen Sie **nicht** in Panik, reaktionsschnell nach einem fallenden Messer.
- Arbeiten Sie **immer** mit gutem Licht
- Versichern Sie sich, dass Ihr Werkstück immer gut **gesichert** ist
- Natürliche, unverkrampfte Stellung bei der Schnitzarbeit ist wichtig. Gebeugt oder mit Körperverrenkungen arbeiten bringt auf die Dauer Gesundheitsschäden, meist Rückenschmerzen. Meine Einspannvorrichtung bringt Abhilfe. **Die Figurenschraube bringt Probleme.**
- Versichern Sie sich, dass Griffe an Klüpfel und Beitel **sicher sitzen** - sie sollen für Ihre Hand auch nicht zu gross und nicht zu klein sein
- Benutzen Sie beim Schleifen Ihrer Werkzeuge **eine Schutzbrille**
- **NIEMALS ungesichert** gegen eine Hand oder ein Körperteil allgemein schneiden
- **Schützen Sie** bei besonderen Arbeiten gefährdete Körperteile
- Arbeitstisch **gegen wackeln** und verrutschen sichern - ein wackelnder Tisch macht Sie nervös und unsicher
- **Schauen Sie** das Werkzeug an, wenn Sie danach greifen
- Überdurchschnittlich **viele Unfälle passieren** beim Herausnehmen oder Einstecken in Tragetaschen. Diese erfüllen meist nicht die an sie gestellten Anforderungen
- Beim Beizen speziell und im Umgang mit Holzschutzmitteln allgemein die **Schutzvorschriften** und die Entsorgungshinweise beachten.
- UND NOCH EINMAL: Ist ein Schneidwerkzeug in Richtung Boden unterwegs, es fällt herab, zwingen oder trainieren Sie sich ruhig zu bleiben, auch wenn es schwer fällt. **NICHT DANACH GREIFEN** - eventuell Füsse aus der Fallrichtung wegziehen. Auch Sie schleifen das Werkzeug wieder viel schneller an als eine Sehne Zeit zum Zusammenheilen benötigt.

4.0 Betreuung in jeder Lernphase

Ich möchte, dass Sie, besonders auf den ersten Wegstrecken zum Schnitzer, das sichere Gefühl haben: *"Wenn etwas schief geht oder steckenbleibt, kann ich nachfragen und erhalte Hilfe."*

Doch bevor Sie schreiben oder zum Telefon greifen versuchen Sie sich in Selbsthilfe. Wenn ein Problem auftaucht - oder Sie glauben ein Problem zu sehen - dann gehen Sie nochmals meine Aufzeichnungen - Ihre Unterlagen durch. Wenn Sie den entsprechenden Video-Film haben, gehen Sie die Vorführungen nochmals von Anfang an durch. Vielleicht ist Ihnen in der Begeisterung doch etwas entgangen.

Versetzen Sie sich von Anfang an nicht in die Lage von Jemandem, dem man nichts mehr vomachen kann... Evtl. haben Sie Vorkenntnisse und glauben sich und Ihre Zeit zu schade die Grundkursteile nochmals durchzuarbeiten. Sie steigen dann mehr oder weniger "*seitlich*" ein.

Trotzdem bitte ich Sie recht herzlich ganz ernsthaft die einzelnen Unterrichtsteile gewissenhaft durchzuziehen. Das ist doch dann eine "*Lappalie*", wenn Sie es tatsächlich können. Sonst könnten Sie früher oder später in die peinliche Verlegenheit kommen, die viel interessanteren, fortführenden Kurse nicht mehr problemlos mitmachen zu können. Sie hätten sich vielleicht zu Beginn Ihrer (*neuen*) Lernzeit mit meinem Schnitz-System die Arbeit leicht gemacht. Hinterher, in den Fortgeschrittenen-Kursen müßten Sie sich mehr quälen. Einst unvorbelastete Kursteilnehmer und angehende Hobbyschnitzer bekämen die Chance Sie sozusagen mit "*links zu überholen*".

An dieser Stelle finde ich es angebracht schon auf die möglichen folgenden Kurse hinzuweisen. Sie sind keineswegs stur nach einem starren Schema aufgebaut. In meinem Schnitzsystem sollen Sie in jeder Lernphase zu selbständigem Schaffen geleitet werden. Ich möchte Ihre eigene Kreativität wecken, fördern und unterstützen.

In Ihren weiterführenden Schnitzübungen sollen Sie sich, trotz Anlehnung an meine Vorgaben, mit eigenem Stil und Empfinden wiederfinden. Auch Außenstehende werden dies an Ihnen entdecken. Wenn Sie das selbst bemerken, dann sprechen Sie mit uns und lassen Sie sich eventuell beraten. Sie sind dann vielleicht in eine Phase der "*Teilselbständigkeit*" eingetreten. Nun das Richtige in der richtigen Reihenfolge zu machen kann genauso wichtig sein wie der gewissenhaft durchgeführte Grundkurs. Schließlich haben Sie sich damit eine solide Grundlage geschaffen, auf die sich gut *"weiterbauen lässt"*.

Beachten Sie am Ende dieses Buches meine Angebote zur Weiterbildung in *dem* Schnitzbereich, den Sie sich ausgewählt haben. Wir können Ihnen helfen zu jedem gewünschten Endergebnis zu gelangen. Vielfach bestehen schon fertig ausgearbeitete Kurspläne mit Büchern und Video-Unterrichts-Filmen. Fordern Sie jedes Jahr unsere neuesten technischen Informationen und gegebenenfalls Kurspläne an.

4.2 Die Rolle des Rohlings beim Schnitzen lernen

Starten Sie nicht zu früh mit dem Ausschnitzen eines Rohlings. Vor allem nicht während des Grundkurses. Nehmen Sie keinesfalls einen Rohling bei dem Sie nur noch "*den Staub abzublasen brauchen*". Das ist Selbstbetrug und endet in Frustration, in der Sackgasse.

Andererseits empfehle ich ab einer gewissen Lernphase und unter Berücksichtigung des angestrebten Lernzieles, zur rechten Zeit einige Rohlinge fertigzuschnitzen. Wenn Sie sich das figürliche Ausarbeiten, das freie Ausarbeiten von Skulpturen zum Ziel gesetzt haben, dann helfen Ihnen zumindest fünf bis sieben ausgewählte Rohlinge den Weg zum Ziel zu verkürzen. Sie erarbeiten sich, ohne lange Umwege, ein besseres Gefühl für Formen und Proportionen.

Zu meinen Rohlingen erhalten Sie serienmässig Fotos mit wichtigen Detailaufnahmen. Auf Wunsch erhalten Sie auch eine komplette Werkzeugliste speziell für Ihren Rohling. Ebenso können Sie eine zusammengefasste Schnitzanleitung erhalten. Als Vorlage zum Ausschnitzen des Gesichtes können wir Ihnen von genau dem gewünschten oder verlangten Gesicht einen Gipsabdruck überlassen. Möglich ist auch sich in meinem Schnitzer-

Bild Nr. 12: *Das Schnitzerzentrum von der Waldseite gesehen.*   **Bild Nr.13:** *Vorderansicht*

Bild Nr. 14: *Mein Schnitzerzentrum bietet besondere Förderprogramme für die Jugend. Für Interessierte gibt es auch Ferienkurse ab dem 12. Lebensjahr.* **Schnitzer-Kollegs** *mit dem ABC des Schnitzens.*

Bild Nr. 15: *Teilansicht eines Unterrichtsraumes.*

zentrum "*das halbe Gesicht ausschnitzen zu lassen - die eine Gesichtshälfte*". Hilfestellungen können und wollen wir Ihnen jedenfalls in jeder Lernphase geben.

4.3 Schwierigkeitsgrade bei meinen Rohlingen

Alle in meinem HOLZBILDHAUERKATALOG abgebildeten Figuren und Reliefs enthalten in einem Punkte-Wertsystem die Angaben zum Schwierigkeitsgrad beim Fertigschnitzen.

Ein Punkt bedeutet: SEHR EINFACH
Zwei Punkte bedeuten: EINFACH
Drei Punkte bedeuten: MITTELSCHWER
Vier Punkte bedeuten: SCHWIERIG
Fünf Punkte bedeuten: SEHR SCHWIERIG

4.4 Unsere Dienstleistungen beim Fertigschnitzen

Manche Schnitzerfreunde möchten schon mal den einen oder anderen Rohling fertigschnitzen, auch wenn sie sich im Ausschnitzen von Gesichtern noch nicht sicher fühlen. Das muß aber nicht der einzige Grund sein, wenn sie von meinem Angebot Gesichter fertigzuschnitzen Gebrauch machen wollen.

Ich biete also an, die Gesichter allein, und auch auf Wunsch die Hände und Füsse, in meiner Schnitzwerkstatt perfekt ausschnitzen zu lassen. Tabellen mit Preisangaben befinden sich in meinen "*Holzbildhauerkatalog*".

4.5 Schnitzmodelle aus Ihrer Kreation

Nicht nur die Modelle aus meinem Bildhauerkatalog sind in meinem ständigen Angebot. Ständig werden neue entwickelt und ausgefeilt angeboten. Aus Kostengründen sind aber bei weitem nicht alle lieferbaren Figuren und Reliefs abgebildet. Fragen Sie bitte nach, wenn Sie gerne einen Rohling hätten, den Sie aber nicht in meinem Katalog finden können. Vielleicht ist es möglich Ihnen ein ähnliches Modell anbieten.

Andererseits fertigen wir gerne auch Modelle nach Ihren Vorstellungen, wenn sich in unserer Auswahl nichts Passendes findet. Lassen Sie sich auf jeden Fall ein Angebot machen. In einem solchen Falle müssen Sie aber oft mit durchschnittlich höheren Kosten rechnen. Oftmals teilen wir diese mit unseren Schnitzerfreunden und Kunden. Es ist für uns im Hause auch interessant, wenn wir an Ihrer Kreativität teilhaben und sie unterstützen können.

4.6 Innendekorationen

Es muss nicht immer eine geschnitzte Figur oder ein Relief sein. Wohnräume kann man wunderbar dekorativ mit geschnitzten Ornamenten verzieren. Dazu zählen Möbel, Raumteiler, Regale, Balken, Gesimse, Rahmen, Garderoben, Kamine und vieles andere mehr. Anregungen finden Sie dazu in meinem Vorlagenbuch: "**ORNAMENTE UND VERZIERUNGEN**", 500 Originalgrosse Zeichnungen.

Darüber hinaus stehen Ihnen meine Mitarbeiter und ich auch für Beratungen gerne zur Verfügung. Wir machen Ihnen selbstverständlich auf Wunsch gerne Vorschläge für Holz, die Oberflächenveredelung oder Motive.

"**Der Clown**",
ein Beispiel aus meinem Modellangebot.

Schwierigkeitsgrad:
3 Punkte

Das Original ist 48 cm hoch

Bild Nr. 16

2. Kapitel
HOLZ - WISSENSWERTES ÜBER HOLZ

1.0 Allgemeines - eine kurze Übersicht

Holz ist ein Naturwerkstoff der in einem phantastischen Arten- und Sortenreichtum (noch) auf unserer Erde vorkommt. Die erstaunliche Vielfalt seiner Eigenschaften machen es direkt oder indirekt zum begehrten Grundstoff in fast allen Lebens-und auch Produktionsbereichen. Der Schnitzer ist zu 100 % auf es angewiesen - wir brauchen es als unseren Freund. Es ist wichtig so viel wie möglich über es zu wissen, es so gut wie möglich zu kennen und zu verstehen.

Der Schnitzer muß Holz erkennen, es identifizieren können. Dementsprechend ordnet er seine Eigenschaften ein und kann für seine individuelle Schnitzarbeit sein ganz spezielles Holz auswählen. Das gehört, nicht nur, zur künstlerischen Gestaltungsfähigkeit. Jeder Holzart kann man tabellarisch bestimmte Eigenschaften zuordnen. Aus der Summe dieser lässt sich umgekehrt in der Regel die Holzart und evtl. auch Herkunft bestimmen.

Ich werde in kurzen Abhandlungen das näher bringen, was Sie als Schnitzer über Holz wissen sollten. Es kann, zumindest in diesem Buch nicht vollumfassend sein. Es wäre auch vermessen dies zu erwarten, denn schließlich muß sich manchmal sogar ein Fachmann mit 40-jähriger Berufserfahrung vor neuen Problemen verbeugen. Holz ist immer ein lebender Werkstoff und wie das Leben selber überrascht es uns immer wieder.

Es ist nicht üblich Holz so einzuordnen wie es z.B. mit Metallen oder Mineralien gemacht wird, nämlich nach seinem spezifischen Gewicht, seinem Dehnungsverhalten unter Temperatureinfluß, Schmelzpunkte, Zugfestigkeit und Anderes mehr. Holz wird mehr eingeordnet nach allgemeinen Regeln, die sich stärker nach seinen sicht- und fühlbaren Eigenschafen richten,z.B. hartes, weiches, dunkles, helles Holz, lang- oder kurzfaserig, elastisch oder spröd, beständig oder leicht verrottend, usw.

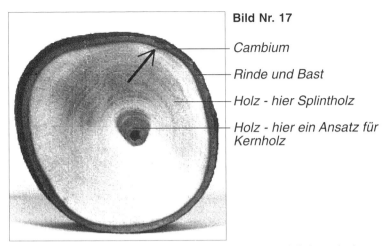

Bild Nr. 17

Cambium

Rinde und Bast

Holz - hier Splintholz

Holz - hier ein Ansatz für Kernholz

Zelle um Zelle wird Holz aufgebaut - es ist richtiges Leben. Wasser, Nährstoffe, Mineralien, Metalle, Salze, Luft und Licht werden dazu gebraucht. Jede Zelle entsteht im CAMBIUM, einer ganz dünnen Schicht zwischen Rinde und Bast einerseits und der Holzmasse andererseits. Im Schnitt wird nach innen etwa 10 mal mehr Holz erzeugt als nach aussen schützende Rinde.

Die einzelnen Zellen werden zu einer äußerst widerstandsfähigen Faser zusammengebaut, dem LIGNUM. Es ist das Widerstandsfähigste was die Natur überhaupt hervorbringt und kann von keiner Bakterie verzehrt werden. Erst nachdem es Pilze zersetzt haben (daher auch die Verfärbung) ernähren sich Bakterien und andere Lebewesen davon. So werden die wichtigen Bausteine dem Kreislauf der Natur wieder zugeführt.

Mehrheitlich wird die Faser der Länge nach aufgebaut. Unter anderem zur Belüftung, werden auch sehr kompakte Zellaufbauten, strahlenförmig von innen nach aussen erzeugt. (die Markstrahlen)

Zwischen den einzelnen Zellen werden "*Kanäle*" - < *Wasserleitungen*> -entwickelt, über die der Flüssigkeitstransport zwischen den Blättern und den Wurzeln stattfindet. Dazu werden noch andere Hohlräume eingelagert; man nennt sie Thyllen. In ihnen werden Stoffe abgelagert die schliesslich beachtlich die Festig-

Bild Nr. 18

Aufbau der Jahresringe, hier am Beispiel der Robinie (In Deutschland unzutreffend als "Akazie" bekannt.)

"Stirnfläche" mit dem "Stirnholz"

In unseren Breiten wächst jedes Jahr rund um den Stamm eine bestimmte Schicht zu - der <Jahresring>. Jeder für sich ist wiederum unterschiedlich aufgebaut. Das erste Holz in der wiedererwachten Wachstumsphase im Frühjahr wächst schneller. Es ist meist heller und weicher.

Während des Sommers, in Richtung Herbst, verlangsamt sich der Wachstumsprozess. Das nun erzeugte Holz ist dichter zusammengebaut, es erscheint dunkler. Im Winter ist das Wachstum eingestellt.

Mit zunehmendem Alter verfüllen sich die mehrere Jahre zurückliegenden Nahrungstransportwege mit Gerbstoffen, Säuren, Mineralien, Metalloxyden und ähnlichem. Bei vielen Hölzern tritt dadurch eine massive Verfärbung ein. Man bezeichnet diesen inneren Teil des Stammes dann als <Kernholz>. Der äußere, noch nicht "verfüllte" Teil des Stammes bleibt heller; es ist das <Splintholz>. Bei einer ganzen Reihe von Holzarten ist als Nutzholz nur "Kernholz" zu verwenden. (Beispiel Eiche)

Die Menschen haben sich bis vor einiger Zeit bedauerlich wenig Zeit genommen um das Leben der Bäume zu verstehen. Erst in jüngster Zeit, aufgeschreckt durch flächendeckendes Absterben der Wälder, begann man sich ernsthaft Gedanken über die Lebensgrundlagen der Bäume zu machen. Man stellte mehr erstaunt fest, dass unser Leben, der Menschen Leben und Gesundheit von der Gesundheit und damit vom Leben der Bäume direkt abhängt. Man begann sie als <Gradmesser> unserer Umwelt, unserer Gesundheit anzusehen. Das Schlagwort: "*Erst stirbt der Wald, dann der Mensch*" traf dann doch so ziemlich den Kern der Sache.

Versetzen wir uns einmal an des Baumes Stelle. Machen wir uns klar, dass er an seine Umwelt gebunden ist. Er kann nicht weg, er muß mit ihr leben und wird natürlich von ihr, von den Bedingungen seiner Umwelt geprägt. Ein Wirbeltier oder Vogel kann auswandern, wenn die Umwelt seiner Lebensart nicht mehr entspricht.

Diese <Prägung durch die Umwelt> schlägt sich auch im Aussehen und der Charakteristik des Holzes nieder. Seine Struktur, sein <Innenleben> wird von vielerlei Umständen geprägt. Eine Eiche z.B. ist u.a. klar gekennzeichnet von ihrem Standort und näheren Umgebung. Zu den Einflüssen zählen der Standort in der Ebene oder am Berghang, hier Nord- oder Südseite, Einzelbaum oder im Wald mit gleichen oder im Verbund mit anderen Arten (Mischwald), feuchter oder trockener Standort, weicher oder felsiger Untergrund usw. Schließlich, abgesehen von dem was der Mensch dem Baum antut, muß er sich noch gegen die vielfältigsten Krankheiten und Insekten wehren. Wenn wir nicht mehr an ihn denken, an die Natur, wird sie uns - wird das Leben uns vergessen.

Doch kommen wir wieder zu unserem Ausgangspunkt zurück. Als Schnitzer brauchen wir Holzkenntnisse, wir müssen den <Baum> kennen lernen. Dann können wir auf die Verwendungsmöglichkeiten des Holzes, Anwendungsbereiche, Bearbeitungsweise, Pflege und dergleichen schließen. Doch um mehr und mehr die Eigenschaften eines Holzes zu entdecken, dazu müssen wir es bearbeiten und so weit wie möglich die Erfahrungen anderer verwerten.

Das Thema selbst ist sehr umfangreich. Die Vielfalt ist hier nur angedeutet worden. Es gibt eine Menge Fachliteratur. Bei Interesse und Anfrage nenne ich Ihnen gerne Einschlägiges.

2.0 Begriffe und Fachausdrücke

2.1 Quer- oder Hirnschnitt
Wenn Sie ein Holz senkrecht zur Holzfaser durchsägen, erhalten Sie den Quer- oder Hirnschnitt. Die Schnittfläche kann nun auch als "*Stirnfläche*" oder "*Stirnholz*" bezeichnet werden. (Siehe Bilder Nr. 17 und Nr. 18)

2.2 Jahresringe
Beim Durchsägen eines Stammes oder Astes sehen Sie im Querschnitt aussen die Rinde und innen meistens verschieden farbiges Holz. Die sichtbaren Ringe sind unterschiedlich gefärbt. Je ein Ring wächst pro Jahr hinzu. Jeder Ring hat einen helleren und einen dunkleren Teil. Der helle wächst im Frühjahr und der dunkle im Spätjahr. Der Übergang vom <*Frühholz*> im Frühjahr zum <*Spätholz*> im Spätjahr ist fließend und nicht sprungartig. Erst dort wo das Spätholz aufhört, gibt es oft einen markanten Übergang zum anschliessenden Frühholz.

Das Frühholz ist in der Regel lockerer im Aufbau und dadurch weicher, das Spätholz härter und kompakter. Dieses gilt insbesondere bei den Nadelhölzern. Bei den Laubhölzern können je nach Holzart sehr grosse Unterschiede auftreten. Bei manchen sind die Jahresringe gut sichtbar, bei anderen fast nicht zu erkennen.

Wenn Sie die Jahresringe vom Mittelpunkt nach außen zählen, können Sie das Alter des Baumes bestimmen. Das Bild, die Ausbildung der Jahresringe, erzählt praktisch die Lebensgeschichte des Baumes. Sein Schicksal, seine Lebensumstände, freundliche oder widrige Lebensbedingungen können heute dadurch mit hoher Präzision nachempfunden werden.

2.2.1 Jahresringe und Härte
Es gibt natürlich einen Zusammenhang zwischen der Härte des Holzes und der Stärke - der Dicke der Jahresringe.

Nadelholz:
Dünne Jahresringe, dichter beieinanderliegend ergeben ein härteres Holz. Grosse Jahresringe, weiter auseinanderliegend, bedeuten weiches Holz.

Laubholz:
Es ist genau umgekehrt wie beim Nadelholz. Je dichter die Jahresringe zusammenliegen, um so weicher ist das Holz. Je weiter die Jahresringe, je gröber und unregelmässig die Jahresringe ausgebildet sind, desto härter ist das Holz.

Bei diesen Regeln ist die jeweilige spezifische Härte eines Holzes zu berücksichtigen.

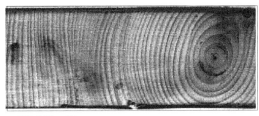

Hirnholzschnitt bei Lindenholz. Die Jahresringe sind recht weich gezeichnet, bisweilen regelrecht unsichtbar.

Bild Nr. 19
Bild Nr. 20

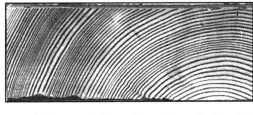

Hirnholzschnitt beim Nadelholz "Kiefer". Die Jahresringe sind klar voneinander abgegrenzt und gut sichtbar. Die hell gezeichneten Jahresringanteile sind im Frühjahr rasch gewachsene Holzteile. Die dunklen Anteile sind als Spätholz im Spätjahr, Richtung Herbst hinzugewachsen.
Der Übergang vom Früh- zum Spätholz ist nicht gerade fließend.
Der Übergang vom Spät- zum Frühholz ist hart, übergangslos.

Bild Nr. 21

*Holzmuster "Eiche"
Die Jahresringe sind ziemlich fein, das Holz relativ weich.*

Äussere Schicht vom Pilz befallenes Splintholz.

Bild Nr. 22: *Die Jahresringe sind grob, das Eichenholz ist hart.*

Bild Nr. 23: *Das Eichenholz ist hier längs der Faser aufgeschnitten. Eine grossflächige, relativ leblose Strukturzeichnung wird sichtbar. Das Holz ist sehr hart.*

Bild Nr. 24
Der schnelle Wuchs dieser Eiche macht das Holz sehr hart. Die Verwirbelung nahe einer Narbe erschwert zudem die Bearbeitung.

Bild Nr. 25
Auch dieses Eichenholz ist sehr hart weil es schnell gewachsen ist; es hat jedes Jahr eine dicke Schicht - Jahresring - Holz zugelegt.

2.3 Kern und Splint

Manche Bäume zeigen zwischen Rinde und dunklerem innerem Teil eine hellere Schicht Holz. Hier handelt es sich um <Kernholzbäume>. Der dunklere innere Teil ist der <Kern>. Der hellere Mantel ist der <Splint>.

Bei den meisten Laubholzarten ist der Splint minderwertig. Er ist weicher und vielfach recht anfällig gegen Pilzbefall. Als Nutzholz kommt er daher nicht in Frage. Der Kern ist dagegen sehr viel widerstandsfähiger, härter und auch attraktiver im Aussehen. Das Warum werde ich im weiteren Verlauf nocheinmal behandeln.

Bild Nr. 26

Bei diesem Holzmuster handelt es sich um Pflaumenholz. Sowohl das Kernholz - der dunklere innere Teil - als auch das Splintholz - der hellere, äussere Teil - ist sehr anfällig für Pilze. Es wird rasch zersetzt. Der Nährstoff transportierende Splintteil ist bereits stark geschrumpft und dadurch gerissen.

Hier einige Beispiele für heimische Holzarten:
EICHE, KIRSCHBAUM, ERLE, ULME, NUSSBAUM, WEIDE, PAPPEL,
LINDE, ESCHE, KIEFER, LÄRCHE, DOUGLASIE, FICHTE

Beispiele für exotische Hölzer:
PALISANDER, MAHAGONI, POCKHOLZ, LIMBA, EBENHOLZ, TEAK,
OLIVE, OREGON-PINE

2.3.1 Gleichfarbige Hölzer

Ausser den Kernholzbäumen gibt es noch die Reif- oder Splintholzbäume. Bei den "*Reifholzbäumen*" haben wir zwar einen Kern, der aber nicht anders gefärbt ist als der Splint. Nur bei einer Schnittprobe können wir unter Umständen im Kern eine grössere Härte als im Splint erkennen.

Beispiele: BIRNBAUM, BUCHE, LINDE, FICHTE

<*Splintholzbäume*> haben keinerlei Farb- und Härteunter-schiede zwischen dem äusseren und inneren Holzteil.

Beispiele: BIRKE, ERLE, SPITZAHORN, WEISSBUCHE

Meistens sind die Merkmale und Unterschiede fließend, so daß es auch einem Fachmann schwer fällt die genauen Definitionen zu finden. Außerdem sollten wir uns daran erinnern, daß das Naturprodukt Holz ausserordentlich vielfältig ist. So können bisweilen die einfarbigen Hölzer - <*Reif- und Splint-holzbäume*> - zweifarbig vorkommen. Dann spricht man bescheiden von Farbfehlern, vom falschen Kern.

2.4 Aussergewöhnlicher Wuchs

Er kann durch äussere Einwirkungen hervorgerufen oder beeinflusst werden. (Siehe Abbildung Nr. 24)

2.4.1 Wimmerwuchs

Er liegt vor, wenn die Holzfasern nicht in der gewohnten Ordnung linear verlaufen, sondern eher wir Negerhaar gekräuselt oder gewellt sind. (Siehe Abbildung Nr. 27)

2.4.2 Drehwuchs

Vom Drehwuchs spricht man, wenn der Stamm korkenzieherähnlich gewachsen ist.

2.4.3 Verwirbelungen

Alle genannten Eigenschaften wie sie in den Abschnitten 2.4 bis 2.4.3 genannt sind, ergeben beim Schnitzen u.U. größte Schwierigkeiten. Das Holz eignet sich nicht zum Schnitzen.

Zuweilen sind es auch geschwulstähnliche Verwachsungen, die den Charakter des Holzes verändern.

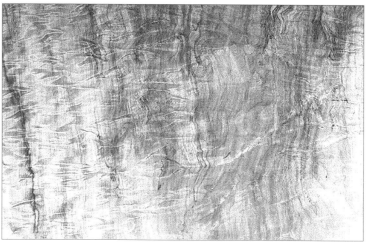

Bild Nr. 27   *Verwirbelungen in der Holzstruktur.*

2.5 Gewicht - Härte
Gewicht und Härte des Holzes stehen in engem Zusammenhang. Mit grösserem Gewicht erhöhen sich in der Regel die Härte, Dichte, Festigkeit und Haltbarkeit.

2.6 Holzgewicht
Durch den Zellenaufbau des Holzes gibt es viele Hohlräume. Sie können durch Feuchtigkeit und organische Stoffe mehr oder weniger angefüllt sein und beeinflussen dadurch das Gewicht. Je leichter das Holz, um so mehr Hohlräume hat es. Schweres Holz hat weniger Hohlräume.

Würde man Holz allgemein zusammenpressen bis nur noch reine Holzmasse vorhanden wäre, dann erhielte man ein Durchschnittsgewicht von ca. 1,5 kg. Ansonsten gibt es Gewichte, bezogen auf 1 Kubikdezimeter trockenes Holz, die zwischen 0,15 als Leichtestem und als Schwerstem 1,38 kg schwanken. Balsa-Holz ist das leichteste, hat also die am weitesten geöffneten Poren und Strukturen. Schlangenholz ist am Schwersten. Für trockenes Lindenholz ergibt sich im Mittel *ein Gewicht (nach Tabelle)* von ca. 0,53 kg pro Kubikdezimeter.

2.7 Bohlen und Bretter
Als Brett bezeichnet man parallel zur Stammachse aufgeschnittene Stammteile bis 40 mm Dicke. Ab 40 mm bis zu 80 mm dicke Ware bezeichnet man als Bohle.

2.7.1 Mittelbrett oder Herzbohle
Diese Ausdrücke verwendet man für Bretter oder Bohlen, die aus der Stammitte herausgeschnitten werden.

Bild Nr. 28: *Herzbohle*

2.8 "Arbeiten des Holzes"
Darunter versteht man das Reissen, sich Verwerfen, Schwinden und Quellen des Holzes.

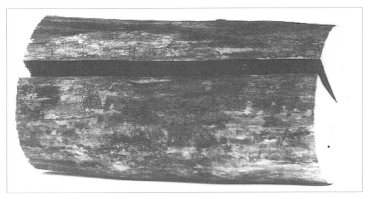

Bild Nr. 29: *Ein typischer Riss geht von aussen bis zur Markröhre. Er entsteht beim Austrocknen eines Stammes.*

2.9 Blaufärbung
Blaue Flecken, blaue Streifen oder ganze Stammteile in blau werden durch Pilzbefall verursacht. Die Qualität, besonders die Festigkeit des Holzes wird daurch vermindert. Nicht selten haben diese von Pilzen hervorgerufenen Verfärbungen auch gelbe oder grünlich-gelbe Farbtönungen.

2.10 Fehler
Als Fehler bezeichnet man im Holz: Äste, Risse, Werfen, Fehlfarbe, Windschiefwerden, Pilzbefall, Insektenbefall usw.

Bild Nr. 30: *Dieses Stück Erlenholz ist sowohl von Pilzen als auch von Insekten befallen.*

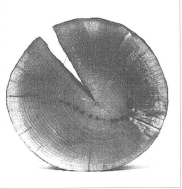

Bild Nr. 31: *Typischer Pilzbefall beim Birkenholz*

Bild Nr. 32: *Insektengänge im Zentrum, Pilzbefall rechts.*

2.11 Linke und rechte Holzseite.
Die *<linke Holzseite>* ist bei Balken, Bohlen, Dielen und Brettern immer die dem "**Herz**", (Markröhre) dem Zentrum des Stammes entgegengesetzte Seite, also *<außen>*.

Die rechte Holzseite ist die dem "*Herz*", (Markröhre) dem Zentrum des Baumes zugewandte Seite. (Bei Balken, Bohlen, Dielen und Brettern)

Bild Nr. 33

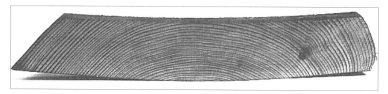

Bild Nr. 34: *Obere Seite = links, untere Seite = rechts.*

2.12 Markröhre

In der Stammitte ist eine kleine Röhre mit Mark - einer korkähnlichen Masse - gefüllt. Sie wird oft fälschlicherweise als "*Kern*" bezeichnet.

Bild Nr. 35: *In der Mitte ist die Markröhre gut sichtbar.*

2.13 Poren

Poren sind als offene Gefäße am Querschnitt des Holzes sichtbar. In ihnen zirkuliert die Nährflüssigkeit der Laubhölzer. Sie sind gut sichtbar bei der Eiche, Esche, Robinie (Der Volksmund bezeichnet Letztere als "*Akazie*") u.a.

Bild Nr. 36: *Freiliegende Poren im Eschenholz*

2.14 Schwund
Wenn sich durch Feuchtigkeitsabgabe der Rauminhalt des Holzes verringert, spricht man von "*Schwund*". Er wird in Prozenten errechnet und ist bei den Holzsorten verschieden. Im gleichen Kapitel, Abschnitt 5.0 könnenSie unter <Form*veränderungen*> weitere Einzelheiten nachschlagen.

****

Wenn Sie bis hierher durchgehalten und versucht haben sich mit einiger Theorie "*herumzuschlagen*", gratuliere ich Ihnen und verspreche bald den interessanteren und praktischen Teil zu behandeln.

3.0 Wie entsteht Holz?

3.1 Anatomie des Holzes
Der Stamm baut sich von aussen nach innen wie folgt auf:

- außen die "*Rinde*" oder "*Borke*"
- darunter die "*innere Rinde*" oder "*der Bast*"
- darunter das "*Kambiu*m" oder auch Zellteilungsschicht genannt.
- im Innern die "*Holzmasse*" - und im Zentrum der "*Markstrang.*"

Holz wird von einem Zellgewebe gebildet, dem "*Kambium*". Es liegt zwischen Holz und Bast. Dieses Kambium ist nur wenige Zellen dünn und bildet nach innen Holz und nach außen Bast. Es bildet vielfach etwa 30 mal mehr Holz als Bast.

Im Frühjahr werden flüssige Nährstoffe durch die Holzzellen zur Bildung der Blätter, Blüten und Früchte geleitet. Um diese wichtigen Transporte <*flüssiger*> zu gestalten, haben die Frühholzzellen einen entsprechend grossen Durchmesser. Gegen Herbst baut der Baum nicht mehr auf und die Saftzufuhr wird reduziert. Grosse, offene Transportwege sind nicht mehr nötig. Die in dieser Jahreszeit aufgebauten Zellen werden enger. Allmählich kommt es zum fließenden, nicht plötzlichen Übergang vom Früh- zum Spätholz. Härtere und dichtere Zellen lösen die lockeren und weichen Frühholzzellen ab. Diese dunklere Spätholzschicht eignet sich nicht mehr zum Safttransport und dient der Festigkeit und Widerstandsfähigkeit des Stammes.

In der Zeit von etwa Oktober bis Februar werden keine neuen Holzzellen gebildet. Der Baum steht aber weiterhin "*im Saft*" und beginnt im Frühjahr erneut mit dem Wachstum. Da dies ziemlich rasch geschieht, gibt es nun einen plötzlichen Übergang von dem harten Spät- zu dem neuen Frühholz. Mit Klarheit kann man nun den Beginn eines neuen Jahresringes sehen, allerdings - wie schon beschrieben - nicht bei allen Hölzern gleich.

So kann man beispielsweise bei Hölzern aus tropischen Zonen nur "Wachstumszonen" erkennen und keine Jahresringe, da das Wachstum durchweg das ganze Jahr über stattfindet. Ein Alter des Baumes ist aus diesen Wachstumszonen nicht zu bestimmen.

3.1.1 Eigenheiten aus dem Wachstum

Bei den Jahresringen der Laubhölzer <*Erle*>, <*Linde*>, <*Pappel*> und <*Weide*> ist der Spätholzanteil sehr gering. Die Jahresringe sind daher nur sehr schwer zu erkennen oder gar nicht. Demzufolge sind die Poren hier ziemlich gleichmäßig verteilt. Man sagt dann, dass das Holz eine schwache oder gar keine eigene Struktur hat. Solche Hölzer eignen sich in der Regel gut für Holzbildhauerarbeiten.

Holz ohne sichtbare Jahresringe, also ohne eigene Struktur, erlaubt es uns z.b. ohne Behinderung einen von uns gewünschten Gesichtsausdruck zu schnitzen. Durch geschickt angebrachte Schnitte geben wir mit den geeigneten Beitelformen der Oberfläche allgemein den gewünschten Effekt, die <*S t r u k t u r*>. Nach einer fehlerfreien Beizung überzeugt diese dann in vollendeter Schönheit.

3.2 Entstehen des Kernholzes

Bei fortschreitendem Alter werden die "*Wasserleitungsrohre*" oder Gefässe im Innenteil des Stammes, zunehmend von innen nach aussen vom Safttransport ausgeschlossen. Sie bleiben nun nicht leer, sondern werden durch Füllzellen und/oder Kernstoffe wie Harze, Farbstoffe, Mineralien und Gerbstoffe aufgefüllt. So entsteht das beschriebene, mehr oder weniger dunkle, Kernholz. Dieses hebt sich dann von den noch Nährstoffe transportierenden, helleren, äusseren Zellen ab.

Beim Eichenholz wird der Splint, also der äußere helle Teil, wegen seiner Anfälligkeit für Pilze, immer weggeschnitten und nur der innere, also dunklere Teil findet Verwendung. Gerade duch die farbigen Füllstoffe ist der Kern in der Regel der wertvollere, schönere und haltbarere Teil. Die Kernfärbung ist teilweise auch durch Oxydationen hervorgerufen und erklärbar. Zum Unterschied werden bei der Kiefer wegen der Gleichwertigkeit meist beide Teile verwendet. Bei der Esche schätzt man hingegen vielfach den elastischeren Splint mehr als das Kernholz.

3.3 Markstrahlen

Neben den Holzfasern die praktisch immer der Länge nach verlaufen, gibt es noch Holzteile die waagerecht im Stamm zwischen Stammitte und aussen verlaufen. Man nennt sie Markstrahlen, die sowohl dem Wassertransport, der Wasserspeicherung, dem Druck- und Spannungsausgleich und der Belüftung des Holzes dienen. Wir können sie besonders gut erkennen, wenn wir ein Rundholz in der Mitte der Länge nach, also durch "*das Mark*" spalten. Bei bestimmten Hölzern wie z.B. Eiche, kann man sie u. U. sogar einzeln herauslösen. Es sind harte, kompakte und glänzende Holzstückchen, oft in Band- oder in Keilform. Ein bestimmter Faserverlauf ist praktisch nicht zu ermitteln.

Bild Nr. 37

Bild Nr. 38,

Bild Nr. 39

Markstrahlen in verschiedenen Holzmustern. Sie sind besonders bei Eiche als "Spiegel" bekannt

Bild Nr. 40

Wird ein Stamm genau der Länge nach in der Mitte aufgeschnitten, dann nennt man dies den "*Spiegelschnitt*" - auch "*Mittel-*" oder "*Radialschnitt*". Nur bei diesem "*Spiegelschnitt*" sind diese <spiegelnden> Markstrahlen am besten zu sehen. Je weiter der Schnitt durch den Stamm von der Mitte aus nach aussen verlegt wird (Man nennt dies **TANGENTIALSCHNITTE**) um so undeutlicher sind die Markstrahlen zu erkennen.

3.4 Holzhärte

Hier sei nochmals auf den engen Zusammenhang zwischen der Härte des Holzes und seinem Gewicht hingewiesen. Je dichter die Holzzellen beisammen liegen, um so schwerer und härter ist das Holz. Umgekehrt ist es leichter und weicher, wenn die Holzzellen lockerer beisammen liegen. Bei mechanischer Beanspruchung zeigt deshalb das härtere Holz bessere Eigenschaften.

3.5 Zerstörung des Holzes

Ungeschützt wird Holz unterschiedlich von Pilzen befallen. Im Holz selbst sind Kern- und Splinthölzer unterschiedlich anfällig. Es gibt Hölzer bei denen man auf den ersten Blick den Pilzbefall nicht erkennen kann; die mikroskopisch feinen Pilze haben sich in den Zellen verteilt.

Ein Pilzbefall kann bei anschließender trockener Lagerung gestoppt werden. Die Festigkeit, die Dichte und damit das Gewicht ist aber bedeutend verringert. Die bekannten und erwarteten Eigenschaften sind nachteilig verändert. So gibt es beim Schnitzen keine saubere Schnittfläche mehr und beim Beizen kann es Flecken geben.

(Allerdings muß der Titel in die falsche Richtung weisen, denn eine <Zerstörung> findet nur im technischen Sinne statt. Er stammt aus der menschlichen "Werteeinteilung". Das Holz selbst wird durch den geschilderten Prozess wieder in den Kreislauf der Natur zurückgeführt, wenn man so will "*wieder erneuert*" - in Neudeutsch "*recycled*"!)

4.0 Holzlagerung und Holztrocknung

4.1 Feuchtigkeitshaushalt

Holz braucht als Teil einer Pflanze Wasser zum Leben. Im Innern haben wir beim stehenden, dickeren Stamm die bereits unbrauchbaren, verstopften Leitungssysteme, während in den Zellen des jungen Teils - nach außen hin - weiter die in Wasser gelösten Nährstoffe hochsteigen können. Es ist daher ganz logisch, dass sich beim Trocknen die inneren Teile des Stammes anders als die Äußeren verhalten.

Schließlich gibt es im äußeren Teil Zellen und Leitungen voller Flüssigkeit, während es nach Innen zu doch mehr festere Bestandteile sind. Dadurch ergibt sich beim äußeren Teil auch ein "*stärkeres arbeiten*" als zur Mitte hin. Das Holz schrumpft hier mehr und ist auch umgekehrt dadurch in der Lage, in den entstandenen und ausgetrockneten Hohlräumen, wieder mehr Flüssigkeiten aufzunehmen und zu speichern.

Ist das Holz einmal getrocknet, dann paßt es sich durch und über die Luft in seinen Hohlräumen dem Feuchtigkeitsgehalt der umgebenden Luft an. Das bedeutet: Ist der Luftfeuchtigkeitsgehalt hoch, versucht das Holz im gleichen Verhältnis Wasser aufzunehmen. Sinkt der Feuchtigkeitsgehalt der Luft, gibt das Holz wieder Wasser an die Luft ab. Es besitzt also die Eigenschaft, sich in seinem Feuchtigkeitszustand der Umgebung anzupassen. Dieser Zustand wird als "*Holzgleichgewichtsfeuchte*" bezeichnet.

4.2 Trocknungszustand und endgültiges Umgebungsklima

Je nach Verwendung und Aufgabe die das Holz zu erfüllen hat, wird es getrocknet. Es muß erreicht werden seinen Trokkenzustand weitgehend dem durchschnittlichen, zukünftigen Klima seiner Umgebung anzupassen. Holz das für Musikinstrumente bestimmt ist, wird auf extreme Werte von 5 % bis 7 % Feuchtigkeitsgehalt heruntergetrocknet. Beim Bauholz genügt ein Wert von ca. 15% bis 20%, und für Fenster und Türen ist ein Wert von 12% bis 16% angebracht. Diese Werte beziehen sich auf unser mitteleuropäisches Klima

Bei diesen Werten ist also der Feuchtigkeitsgehalt des Holzes an Mittelwerte des Umgebungsklimas angepasst. (Siehe auch nächstes Kapitel "*Relative Luftfeuchtigkeit*".) Dadurch wird erreicht, dass sich die Schwankungen, Maß- und Formveränderungen im fertig bearbeiteten Holzprodukt, hervorgerufen durch die umgebende Luftfeuchtigkeit/Lufttemperatur, nach oben und unten in erträglichen Grenzen halten.

Wie kommt man aber auf abgestimmte Werte? Dazu muß in den folgenden Kapiteln erst einmal Klarheit über die Begriffe Luftfeuchtigkeit" und "*Holzfeuchtigkeitsgehalt*" geschaffen werden.

4.3 Relative Luftfeuchtigkeit

Die relative Luftfeuchtigkeit kann zwischen 0 und 100 Prozent liegen. Die Aufnahmekapazität der Luft für Feuchtigkeit ist strikt von der Temperatur abhängig. Ganz einfach: je wärmer die Luft, um so mehr Wasser kann sie aufnehmen, und umgekehrt, je kälter sie ist, um so weniger Wasser nimmt sie auf.

Dazu einige Beispiele:
Bei 0 Grad Celsius kann die Luft maximal 4,8 Gramm Wasser pro Kubikmeter aufnehmen, gleich 100% relativer Luftfeuchtigkeit. Was darüber hinaus an Wassergehalt in einem Kubikmeter Luft vorhanden sein könnte, wäre nur als feine Wassertröpfchen, als Nebel denkbar, denn mehr als 4,8 Gramm Wasser (bei 0 Grad C) = 100%, kann die Luft nicht aufnehmen.

Weitere Beispiele:
-40% relative Luftfeuchtigkeit bei 0 Grad C entspricht 1,92 Gramm Wasser pro Kubikmeter Luft.

- Bei 25 Grad Celsius entsprechen 50% Luftfeuchtigkeit 11,5 Gramm Wasser pro Kubikmeter Luft.

- Die gleiche Wassermenge pro Kubikmeter Luft haben wir etwa bei 30% rel. Luftfeuchtigkeit aber bei 35 Grad Celsius.

- Dagegen bedeuten bei etwa 35 Grad Celsius 40 Gramm Wasser pro Kubikmeter Luft 100% rel. Luftfeuchtigkeit. (Ungefähr ein Schnapsglas voll!)

- Nehmen wir aber diese 40 Gramm Wasser und geben sie einem Kubikmeter Luft bei 50 Grad Celsius bei, dann haben wir gerade noch ca. 50% rel. Luftfeuchtigkeit.

Sie sehen, daß mit zunehmender Temperatur die Wasseraufnahmefähigkeit - der Durst - der Luft überdurchschnittlich steigt.

4.4 Holzfeuchtigkeit - Darrgewicht

Bei der Feststellung der Holzfeuchtigkeit wird das
"DARRGEWICHT"
zugrunde gelegt. Das "*Darrgewicht*" des Holzes ist das Ge-

wicht des Holzes in absolut trockenem Zustand. Die **PROZENT-ANGABEN FÜR DIE HOLZFEUCHTIGKEIT GEHEN IMMER VOM DARRGEWICHT AUS.** So erklärt es sich, dass ein Holz z.B. 200% Holzfeuchtigkeit besitzen kann. Es hat dann 200 Gewichtsanteile Wasser und 100 Gewichtsanteile Holz, also 2 Teile Wasser bei einem Teil Holz

.Hier einige Angaben zum stark unterschiedlichen Feuchtigkeitsgehalt von frisch geschlagenem Holz:

- **Eiche**   ca. 80 - 90%
- **Nussbaum**   ca. 50 - 60%
- **Linde**   ca. 100 %
- **Kiefer**   Kernholz ca. 30 - 40%
                  Splintholz ca. 130 - 200 %
-**Tanne**   Kernholz ca. 30 - 40%
                  Splintholz ca. 130 - 200 %

Die grossen Unterschiede erklären sich wieder aus dem lebenden Werkstoff Holz, in dem eben auch die Wasserverteilung nicht gleichmässig ist. So treten Unterschiede bereits zwischen den einzelnen Stämmen gleicher Holzart auf, aber auch im gleichen Stamm, z.B. zwischen Wurzel und Zopf. (Der Zopf ist das dünnere, obere Ende eines Stammes.)

Holz verändert bei Aufnahme oder Abgabe von Feuchtigkeit immer auch seine Form. Trockenes Holz wird in feuchter Umgebung Wasser aufnehmen und quellen. Feuchtes Holz wird in trockener Umgebung Wasser abgeben und volumenmäßig schwinden. Es spielt dabei eine untergeordnete Rolle, ob es sich bei dem Holz um nur wenige Jahre oder jahrhundertealtes Holz handelt. (Auch die sagenhafte 350-jährige Eiche aus dem sagenhaften Gebälk eines renovierungsbedürftigen sagenhaft alten Klosters "*arbeitet*" noch.)

Zum Messen der Holzfeuchtigkeit werden verschiedene Methoden und technische Geräte verwendet. Die Elektronik erleichtert und beschleunigt uns beträchtlich den Aufwand zum Auffinden der genauen Holzfeuchtigkeit.

Es ist unumstößlich, daß im Holzfeuchtigkeitsbereich zwischen 0 und 30% Veränderungen - auch Formveränderungen entstehen. Es ist daher wichtig den vorstehenden Punkt 4.2 eng auszulegen.

4.5 Lufttrocknung Holz

Zum Trocknen wird ein frischer Stamm immer in Bretter, Dielen und Bohlen aufgeschnitten. Diese werden niemals direkt auf den Boden - Erde, Beton, Pflaster - gelegt, sondern auf einer geraden Unterlage gut 30 bis 40 cm über dem Boden gestapelt. Es darf auch zu keiner Berührung mit Planzen kommen. Dazu legt man auf der Länge in einer Ebene ungefähr alle 80 cm jeweils ein gleich dickes Lättchen.

Auf die ausgelegten - in jeder Lage stets gleich dicken Lättchen werden unbedingt nur gleich dicke Bretter, Dielen oder Bohlen Seite an Seite gelegt. An beiden Stammenden sollen die Lättchen so nahe wie möglich außen liegen. (Am Schnittende) Genau über die vorherige Lage der Lättchen werden die nächsten gelegt. Auf diese Weise ist es möglich, unter Beachtung der Gesamtstabilität, meterhoch aufzuschichten. Das oberste Lättchen *muß* unbedingt genau senkrecht über dem zuunterst, zuerst gelegten Lättchen zu liegen kommen.

Kein Brett, Diele oder Bohle darf ohne Zwischenraum, ohne Lättchen aufgelegt werden. Jedes Brett, Diele oder Bohle muß vor dem Ablegen von jedem Schmutz und ganz besonders von Sägespänen freigekehrt werden. Auf diese Weise geschichtet, kann die Luft jedes einzelne Brett oder Bohle beidseitig erreichen. Manche Holzart muß unter Dach, im Schatten, aber luftig gelagert werden. Im Zweifelsfalle schadet diese Lagerart keinem Holz. Andere Arten können dem Wind und Wetter, zumindest zeitweise ausgesetzt bleiben. Direkte Sonneneinstrahlung sollte immer und in jedem Fall vermieden werden.

Bei fachgerechter Lagerung erreichen wir in unseren Breiten, und bei unserem Klima, eine Trocknung bis ca. 14 - 16% Holzfeuchtigkeit. Eine Faustregel besagt: pro Zentimeter Holzdicke (Schnittdicke) gleich ein Jahr Trockenzeit.

Es ist ratsam den Stapel alle 2 Jahre umzusetzen. In Kauf zu nehmen ist, dass es an den Enden aller Bretter, Dielen oder Bohlen 10 - 20 cm Abfall gibt. Er kann verringert werden indem man die Schnittstellen z.B. mit Ölfarbe anstreicht. Dadurch wird der hektisch - ungehemmt - stattfindende Feuchtigkeitsaustausch über die offenen Poren der Stirnholzfläche abgebremst.

Die Entfernung der Rinde ist immer zu empfehlen, da sich darunter Ungeziefer und Schädlinge allgemein einnisten und oft großen Schaden anrichten können. Siehe Bild Nr. 44.

4.5.1 Künstliche Holztrocknung

Luftgetrocknetes Holz erreicht im Schnitt etwa 15 % Feuchtigkeitsgehalt. In der Kammer künstlich getrocknetes Holz, kann fast auf beliebige Werte heruntergetrocknet werden. Die Regel liegt bei ca. 10%. Es ist dies heute vor allem eine Kapitalfrage, denn künstlich getrocknetes Holz steht innerhalb von Tagen oder spätestens innerhalb von Wochen zur Verfügung. Die Lagerhaltung reduziert sich auf ein Minimum. Die Energie zum Trockenprozeß kann zumindest teilweise aus dem anfallenden Holzabfall eines Sägewerkes gewonnen werden.

Bei der künstlichen Trocknung werden zudem noch Pilze und Insekten vernichtet; einem Wertverlust ist damit vorgebeugt. Bei Nadelhölzern können ausserdem unliebsame Harzeinschlüsse (*Harzgallen*) nach außen gebracht werden. Bei richtiger Beachtung von vier Hauptfaktoren bleiben bei der künstlichen Trocknung die Eigenschaften der meisten Hölzer erhalten. Die Voraussetzungen hierzu sind:

- Wärme zum Verdunsten der Feuchtigkeit
- Feuchtigkeit zum Durchfluß der inneren Holzfeuchte
- Luftbewegung zum Wegtragen der feuchten Luft
- Heranführung von vorgewärmter frischer Luft

Besondere Bedeutung hat das Anwenden der Feuchtigkeit im richtigen Moment und über die richtige Zeitspanne. Solche Trockenanlagen und Trockenkammern müßen nach einem ganz genauen Plan beschickt werden, dergestalt, dass zumindest der Raum gleichmässig ausgefüllt ist. Ebenso wie bei der Lufttrocknung müßen die Bretter, Dielen oder Bohlen gleichmäßig geschichtet werden. Grössere Dickenunterschiede der Trockenware ergibt ungleiche Qualität.

Während es bei der Lufttrocknung kein Problem ist ungleich dicke Ware auf einen Stapel zu bringen - jede Schicht aber gleich dicke Ware - muss bei der Beschickung einer Trocken-kammer ungleich präziser vorgegangen werden.

In der Trockenkammer sitzt gleichlange und gleichdicke Ware. Der zirkulierenden Luft darf keine Chance gelassen werden sich duch größere Abstände, Löcher oder Freiräume unverrichteter Dinge "*durchzuschleichen*" - sozusagen den "*Weg des geringsten Widerstandes zu gehen*". Gleichmäßige Qualität wird nur durch gleichmäßige Beschickung erreicht.

Omas Backofen hat absolut keine Chance. Dort könnte man das Holz nur dörren und seine speziellen Eigenschaften, die gerade für den Holzschnitzer so wichtig sind, zerstören.

Die Lufttrocknung ist für das Schnitzerholz Linde vorzuziehen, weil sich nach einer Kammertrocknung eine gewisse Spröde einstellt. Der Charakter wird entscheidend verändert. Damit rotzdem bei der Lufttrocknung tolerierbare Feuchtigkeitswerte erreicht werden, sollte das Holz in der kritischen - feuchtkalten - Jahreszeit, vor dem Bearbeiten tage- oder gar wochenlang in temperierte oder auch schwach beheizte Räume gebracht werden.

5.0 Formveränderungen

Alle Veränderungen des Holzes wie reißen, quellen, schwinden, windschiefwerden, werfen usw. nennt man generell "*arbeiten des Holzes*". Ich habe schon kurz angedeutet, daß durch Feuchtigkeitsaufnahme das Holz quillt und durch -abgabe schrumpft. Das kann recht unterschiedlich ausfallen. Schlimme Verhaltensweisen sind vermeidbar, wenn man sich an gängige Regeln hält.

5.1 Rundholz - der Stamm

Betrachten wir den Querschnitt, das Stirnholz des Stammes.

Diese runde Schnittfläche schrumpft in zwei Richtungen und **DABEI UNTERSCHIEDLICH STARK**. Als Regel und Mittelwert nimmt man *10% längs der Jahresringe*, also im Umfang. **Etwa die Hälfte davon** schwindet in der Regel die Strecke von außen zur Markröhre - also quer über die Jahresringe. Die erste Richtung nennt sich <*tangential*> und die Senkrechte dazu - von aussen nach innen - <*radial*>.

Die Beachtung dieser Daten zählt mit zum Wichtigsten überhaupt, wenn Sie Holz bearbeiten wollen.

Der Schwund in der Längsrichtung des Stammes ist vernachläßigbar gering, er liegt bei etwa 0,01 %.

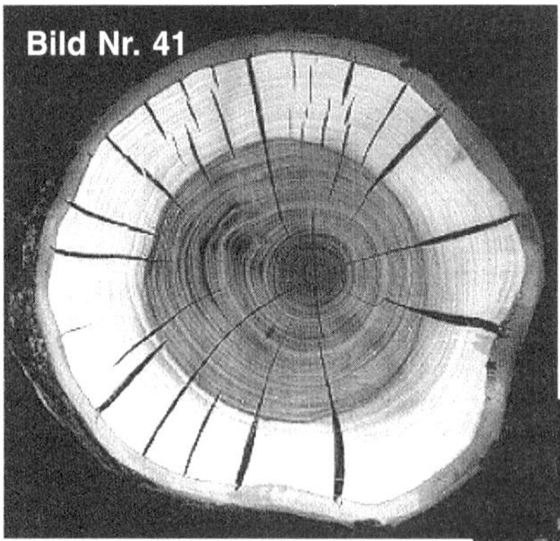

Bild Nr. 41

Pflaumenholz; *Querschnitt durch einen Stamm. Der hellere äußeren Teil ist der Splint, der dunklere innere Teil ist das Kernholz. Das Schrumpfen längs den Jahresringen bewirkt reißen. Das Schrumpfen von aussen nach innen ergibt keine Risse, da die Spannung durch die vorhandenen Risse bereits weitgehend aufgehoben ist.*

Querschnitt durch einen Eichenstamm nach längerer Lagerung. Das Splintholz, auf dem Bild ist es heller strukturiert, ist bereits stark vom Pilz befallen. Das Holzgefüge hat dadurch seine innere Festigkeit eingebüßt. Eine auftretende Spannung wird im bereits stark zersetzten und dadurch aufgelockerten Gefüge keine Kraft mehr enrtfalten können. Schwammig weich gibt die angegriffene Holzmasse ohne Rißbildung nach. Der Kern ist weitgehend gesund. Eine erste "Spannungsentladung" ist als Riß bereits erkennbar.

Bild Nr. 42

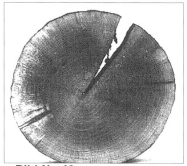

Bild Nr. 43:
Die Spannung im getrockneten Stamm hat sich durch Rißbildung entladen

Bild Nr. 44:
Korrekt gestapeltes Holz für natürliche Trockenung.

Bei jedem Holz schwinden die jüngeren Jahresringe - also die außen - mehr als die älteren, inneren Jahresringe. Kernholz schwindet wesentlich weniger als das Splintholz. Schliesslich sind "*Kernholzzellen*" bereits verfüllt, dadurch weniger aufnahmefähig für Wasser. Splintholz kann dagegen über die noch offenen und nicht verfüllten Zellstrukturen recht schnell Feuchtigkeit austauschen. Auch dadurch ist es oft erklärbar, dass eine fertige Relief-Schnitzerei zunächst sich krümmt - verwirft - um sich nach einiger Zeit meistens in die gewünschte Lage zurückzubilden, sich sozusagen der "*Disziplin*" der angeleimten Nachbarhölzer anzuschliessen.

Hartholz "*arbeitet*" heftiger als Weichholz. Angenommen Sie haben es jetzt noch mit einem Holz zu tun, dessen Wuchs unregelmässig ist, und wenn z. B. die Markröhre ausserhalb der Stammitte liegt, dann wird es noch schwieriger. Zudem können sie dabei noch unterschiedlich hartes Holz durch unterschiedlich dichte Jahresringe haben - das gibt manche Probleme zusätzlich.

5.2 Veränderungen an Schnittbeispielen

Ein Rundholz, ein Stamm, wird der Länge nach in der Mitte durchgeschnitten. Nach dem Trocknen wird die Schnittfläche nach außen gewölbt sein, also konvex. Dies ist ganz einfach zu erklären und nachzuempfinden: Wie beschrieben schrumpft das Holz längs der Jahresringe 10%, radial dagegen nur etwa den halben Wert. Die aussen liegenden Jahresringe schrumpfen zudem stärker und schneller. Aus dem gleichen Grund übrigens reisst ein Stamm, ein Rundholz allgemein der Länge nach auf.

Oft gehen die Risse im Stamm nicht mal bis zur Mitte, dem Zentrum des Stammes, weil die äusseren, jüngeren Jahresringe mehr als die innen liegenden schrumpfen. Deshalb die Mahnung: Wenn Sie volles Holz aus dem Stamm, verarbeiten wollen, dann reißen Sie es zum Trocknen in der Mitte der Länge nach auf. Achten Sie beim Trockenvorgang auf die Dicke und die davon abhängige Trockenzeit. Nicht vergessen: Rinde entfernen.

5.2.1 Veränderungen am Brett

Die <Herzbohle>, das Mittelbrett - siehe Punkt 5.2 - wird nach dem Trocknen auf beiden Seiten leicht nach aussen gewölbt sein, also beidseitig konvex sein. In der Mitte haben Sie schließlich mehr eine Schrumpfung radialer Art und außen mehr und mehr tangential, also längs den Jahresringen.

Ein Brett, Diele oder Bohle das zwischen außen und dem Stammmittelpunkt herausgeschnitten ist, wurde durch einen Tangentialschnitt gewonnen. Es höhlt sich immer nach außen in Richtung Rinde, **NACH LINKS**. Es liegt eine konkave Krümmung vor.

Bild Nr. 45:
*Die weiter aussen liegende Schnittfläche ist gehöhlt geformt = **konkav**. Die innere Schnittfläche gewölbt = **konvex***

Die innere Schnittfläche, in Richtung Stammitte, wird immer eine konvexe Krümmung erhalten, also einen Buckel. Es ist die **RECHTE SEITE**. Verfolgt man den Lauf der Jahresringe und setzt die geringere radiale Schrumpfung dazu, dann erkennt man die Hauptgründe dieses Verhaltens.

Sie sollten aber auch immer die beiden nächstgewichtigen Gründe genau in Betracht ziehen: Jüngere Jahresringe - außen auf der linken Seite - schrumpfen mehr als die älteren Jahresringe innen - auf der rechten Seite.

5.2.2 Veränderungen am Vierkantholz
Ein quadratisch geschnittenes Vierkantholz, das außerhalb der Mitte, also tangential geschnitten wurde, ist nach dem Trocknen entweder rechteckig oder rhombisch. Alles wird klar, wenn Sie die Jahresringe verfolgen und die radiale Richtung damit vergleichen.

5.2.3 Veränderungen am Rundholz
Ein besonders ärgerliches Beispiel ergibt das Drechseln einer Walze oder eines Deckels aus dem tangentialen Bereich eines Rundholzes. Nehmen Sie beispielsweise vor der Trocknung einen Durchmesser von 100 mm . Nach der Trocknung haben Sie tangential 10% und radial 5% verloren. Sie haben jetzt eine Ellipse mit einer kleinen Achse von 90 mm und einer großen Achse von 95 mm.

Drehen Sie aber ein Stück aus dem Herzen, mit der Markröhre im Zentrum, so wird es nach den vorher beschriebenen Regeln reißen. Zu guter Arbeit führt ein Weg: *Trockenes Holz.*

Sie wissen aber jetzt aus dem bisher Beschriebenen, daß die Form sich durch Feuchtigkeitsaufnahme und -abgabe verändert. Bringen Sie diese Überlegungen immer in Ihre Planungen ein.

5.2.4 Veränderungen längs der Faser
In der Längsrichtung schrumpft das Holz im allgemeinen kaum merklich. Trotzdem ist es eine Tatsache, die bei Nichtbeachtung unangenehme Überraschungen bringt.

5.2.5 Unregelmässige Veränderungen

Aus den bisherigen "*REGELmässigkeiten*" lässt sich ableiten, daß Äste, Wimmerwuchs und ähnliche Unregelmäßigkeiten auch ein unregelmäßiges Schrumpfen während des Trockenvorganges bewirken.

5.2.6 Extreme Veränderungen

Wenn Sie z.B. ein Brett, Diele oder eine Bohle einseitig extremen Bedingungen aussetzen, so erhalten Sie auch extreme Veränderungen während des Trockenvorganges. Legen Sie beispielsweise ein Brett auf einen feuchten Untergrund, während die Oberseite ungeschützt der Sonne ausgesetzt ist, dann kann sich u.U. sogar vorübergehend die "*rechte Seite*" des Holzes nach innen wölben (konkav ausbilden). Unter den gleichen Umständen ergeben sich aber mit einem trockenen Untergrund ebenfalls extreme Veränderungen.

Bild Nr. 46
Unkorrekt gestapeltes Holz

Bild Nr. 47
Eine besonders gefährdete Stelle im Holz, der Asteinschluss

Übrigens können Sie den gleichen Effekt erzielen, wenn Sie ein Wandrelief direkt, ohne Zwischenabstand, an eine Wand hängen. Unterschiedlichen Veränderungen in unterschiedlichen Richtungen und unter verschiedenen Voraussetzungen ergeben im Holz Spannungen, die sich durch "*Rißbildung lösen*" - wie der Fachmann lakonisch bemerkt.

Bei einem Asteinschluß ist der Schwund des Astes (*Querschnitt*) und des umgebenden Holzes (*Längsschnitt*) ungleich. Es entsteht eine Spannung, die sich durch Rißbildung löst.

6.0 Stabilisierung der Holzform

Die letzten beiden Punkte 4 und 5 geben uns Aufschluß darüber was das Holz von sich aus so alles kann und muß. Auf der Basis dieser Erkenntnisse wollen wir es jetzt weiter behandeln, damit es sich so verhält wir wir es im Einzelfall gezielt von ihm erwarten. Wir wünschen uns vor allem die Eigenschaft der Formstabilität bei unversehrtem Äußeren.

Mittlerweile wissen wir aber auch, dass es niemals eine vollkommene Beruhigung in Stabilität geben kann. "*Der lebende Werkstoff*" wird sich immer wieder den ihn umgebenden Bedingungen anpassen. Wenn wir aber im voraus mit unseren Kenntnissen erahnen können oder auch wissen wie es sich verhalten wird, dann machen wir uns diese Eigenschaften zunutze. Wir "*bauen Sie in unsere Überlegungen und Berechnungen mit ein*". Das ist enorm wichtig.

Das Holz muß als Grundvoraussetzung regelgerecht und in bestmöglicher Form getrocknet werden. Ich wiederhole nochmals: Naturgetrocknetes, luftgetrocknetes Holz erreicht in unseren gemäßigten Breiten bis 15 % und künstlich getrocknetes Holz ca. 10 % Feuchtigkeitsgehalt. Naturgetrocknet nimmt man beim Laubholz pro ZENTIMETER Dicke ein Jahr Trockenzeit. (Übrigens können wir Schnitzer bei geeigneter Leimtechnik mit dem "*naturgetrockneten Feuchtigkeitsgehalt*" recht gut leben.)

Wie das Holz auch vorher geschnitten wurde - Bretter, Dielen, Bohlen, Kanthölzer oder auch gespalten - das Herz, die Markröhre *MUSS IMMER HERAUS ODER OFFEN LIEGEN*. Es ist von untergeordneter Bedeutung, ob Sie diese Teile im grünen- im frischen Zustand - oder erst nach der Trocknung herausschneiden.

Je kleiner ein Stück Holz, um so weniger Spannung kann sich aufbauen, also um so geringer ist die Gefahr der Rißbildung. Das beste Beispiel ist das Furnier. Diese ganz dünne Schicht Holz hat keinerlei Chance *"mit seiner Arbeit der Umgebung seinen Willen aufzuzwingen"*. Ein weiteres Beispiel ist auch die Tischlerplatte, die aus vielen kleineren Holzstücken - Stäben - zusammengesetzt ist. Diese und die Spanplatten dienen dann oft als stabile Unterlage für ein Furnier. Beide Seiten müssen allerdings in gleicher Weise, wenngleich nicht unbedingt mit dem gleichen Holz, beschichtet werden.

7.0 Verleimen

Eine bestmögliche Stabilität für ein größeres Stück Holz kann - nach dem Trocknen und Lagern - nur das Zusammenleimen mehrerer relativ kleiner Holzstücke bringen. Natürlich müssen die zu verleimenden Stücke gut und korrekt zueinander passen, sauber sein und so geglättet (*gehobelt*), dass sie fugenlos aufeinander passen.

7.1 Der Verleimvorgang

Wenn durch Leimen Holz dauerhaft, elastisch, fest und sauber verbunden werden soll, ist *VON ENTSCHEIDENDER BEDEUTUNG,* daß drei Hauptvoraussetzungen erfüllt werden: 1. Druck, 2. Zeit und 3. Temperatur. Jede der drei Komponenten kann innerhalb gewisser Grenzen variiert werden. Aber eine Komponente beeinflußt immer die andere. Die Grenzen sind dort wo die Mindest- und Höchstwerte einzuhalten sind.

So sind bei den gängigen, heutzutage zur Anwendung kommenden Kaltleimen *"Mindesttemperaturen"* für die Verarbeitung vermerkt. Diese sind sowohl beim Lagern als auch beim Leimvorgang einzuhalten; sie sind auf den Gebinden oder Abpackungen vermerkt. Genauso sollte man die Mindestverleimdrücke notieren. Doch diese richten sich nach der Holzart, nach der Oberflächenbeschaffenheit der Leimfläche und nach der Art der zur Anwendung kommenden Druckmittel. Von diesen spezifisch zur Anwendung kommenden technischen Daten ist dann direkt die Leimzeit abhängig.

Haben Sie z.B. eine relativ niedrige Temperatur, also nicht weit von der vorgeschriebenen Mindesttemperatur entfernt, dann können Sie noch so sehr den Druck erhöhen, Sie werden einfach wesentlich mehr Zeit brauchen als bei einer sommerlichen Temperatur von ca. 25 Grad Celsius. Bei diesem Wert bindet der Leim allerdings - unabhängig vom Druck - meist rasch ab. Bringen Sie also die Verleimflächen nicht rasch genug mit dem richtig Druck zusammen, dann sind vorzeitig in den wichtigen Holzporen schon Leimpartikel abgebunden, gehärtet und verhindern dann ein tieferes Eindringen, eine fachgerechte Verleimung. Das Werk wird Ihnen nicht gelingen und keine Freude machen. Der Faktor *ZEIT* hängt dementsprechend mehr mit dem Faktor *TEMPERATUR* zusammen.

Der *DRUCK* ist erforderlich um den Leim in die feinen Holzporen zu pressen. Nur dadurch ergibt sich kein unzulängliches "Kleben", sondern durch ungezählte Verzahnungen und Verkettungen, direkt unter der Verleimfläche, eine sehr intime Verbindung. Man kann dann den Zustand als eine Art Kopie der Natur bezeichnen, eine *"Verwirbelung nach Art der natürlichen Holzfasern"*.

Verbindungen mit angetrocknetem Leim oder bei zu geringem Druck oder in zu kurzer Zeit ergeben ein *"Pappen, Verpappen oder Verkleben"*. Dazu darf es unter keinen Umständen bei einer geforderten dauerhaften Holzverbindung kommen. Die Verbindung würde sich schon bei geringer mechanischer Beanspruchung lösen.

Besonders im Winter, bei kaltnasser Witterung in den Übergangszeiten, müssen die zu verleimenden Stücke tagelang bis zu einigen Wochen in beheizte oder zumindest temperierte Räume. Das Holz paßt sich so einerseits an die zukünftigen Umgebungsbedingungen mehr an und die Voraussetzung für ein Gelingen des Leimens wird geschaffen.

Die zu verleimenden Flächen werden vorteilhaft mit einem Pinsel gleichmässig dick mit Leim eingestrichen. Bei grösseren Flächen und warmer Witterung lassen Sie sich helfen, um die technische Abwicklung zu beschleunigen, um dem vorzeitigen Antrocknen vorzubeugen. Der zur Verwendung kommende Pinsel *darf keinerlei Metallteile aufweisen,* da sonst eine Verfärbung des Leims eintreten kann.

Großsporige, weiche Hölzer sind mehr aufnahmefähig; sie werden vorzugsweise auf beiden Leimflächen bestrichen. Bei feinporigen und harten Hölzern wird nur auf einer Seite Leim aufgetragen. Wichtig ist, dass der Leim überall leicht aus den Verbindungsstellen hervorquellen soll. Nur so sind Sie sicher, dass 1. der Druck ausreicht, 2. ausreichend Leim aufgetragen ist und 3. der Leim noch nicht vorzeitignachteilig abgebunden hat.

Praktisch alle Kalt- oder Weißleime sind nach dem Aushärten farblos. Sie können zwischen vier Basis-Eigenschaften wählen: B-1, B-2, B3 und B-4. (<**B**> steht für Beanspruchungs-gruppe = **DIN**) Es sind auch Qualitätsmerkmale. Bei dem Leim mit der Bezeichnung B-4 haben Sie die widerstandsfähigste Verbindung. Sie ist auch seewasserfest und weitgehend säurebeständig.

Wenn Sie bei uns bestellen, dann liefern wir **B-3 Leim**, den Gleichen, den wir für alle Qualitätsarbeiten verwenden. Sollten Sie einmal ganz besondere Anforderungen an den Leim stellen, dann verlangen Sie **B-4-Verleimung. B-3 Leim** ist nur bedingt wasserfest. Bei Problemen oder Zweifeln schreiben oder telefonieren Sie mit uns. Wir werden Sie wie immer gern beraten.

(Achten Sie auf den kleinen aber entscheidenden Unterschied: Der Leim trotzt *"Wind und Wetter"*. Wird es Ihr Holz auch können?)

Vorsorglich möchte ich aber hier einer Legende zuvorkommen. Man raunt sich Wunderdinge vom "*Propellerleim*" zu. Ganz gleich was er alles so können soll. Jedenfalls stimmt es nicht, daß er alles schadlos zusammenhält. Wenn Sie damit unsachgemäß verleimen - die elementaren Regeln beim Holz zusammenpassen nicht befolgen, nicht einhalten - oder zu frisches Holz verwenden oder das Holz nicht fachgerecht vorbereiten oder die Oberfläche nicht richtig nachbehandeln, dann hält keine Kraft dieser Welt diesen Werkstoff Holz zusammen, auch nicht der beste "*Wunderleim*". Zwar wird dann in der Regel die Leimfuge

NICHT *"aus dem Leim gehen"*. Die Spannungen lösen sich dann aber im Holz selbst, es gibt Risse oder andere Destabilisierungen.

Nach dem Schnitzen und vor dem Beizen müssen alle Leimstellen peinlich genau gesäubert sein. Achten Sie besonders darauf an Reparaturstellen. Keinesfalls dürfen irgendwelche Reste auf der Oberfläche bleiben. Die Beize bewirkt, dass die Leimflecken oder -reste eine helle bis weisse Farbe annehmen. Ebenso sind unsachgemäss verleimte Fugen als helle bis weisse Streifen sichtbar - wenn also die Leimfugen nicht fugenlos dicht aufeinanderpassen.

7.2 Platten verleimen

Aus den Herzbrettern, -dielen oder -bohlen (*dem Radialschnitt*) muß das Herz, der Teil mit der Markröhre herausgeschnitten werden. Vollkommen rundum oder annähernd halbkreisförmig sichtbare Jahresringe dürfen an den Stirnseiten der Schnitte nicht sichtbar sein.

Die Schnitte, die ausserhalb der Mitte liegen - beim <*Tangentialschnitt*> - müssen der Länge nach mindestens einmal in der Mitte getrennt, also in mindestens zwei Streifen geschnitten werden. Bei breiteren Brettern können auch mehrere Streifen geschnitten werden. Je kleiner die Streifen, um so stabiler wird die Verbindung, um so geringer wird die Gewalt der wirksamen Spannungen.

In der Regel ist die Verbindung am sichersten, wenn Sie nur Tangentialschnitte unter sich und nur Radialschnitte fachgerecht miteinander verbinden. Für eine sichere Arbeit bringen Sie nur **LINKE SEITE** gegen **LINKE SEITE** oder nur **RECHTE SEITE** gegen **RECHTE SEITE**. Am wichtigsten ist dies bei den Tangentialschnitten.

Bei diesen sollten Sie nämlich ganz besonders auf den Lauf der Markstrahlen achten. Dies ist leicht bei Hölzern mit gut sichtbaren Markstrahlen und mühsam bei solchen bei denen die Markstrahlen nur schwer oder gar nicht zu erkennen sind. Bei diesen müssen Sie sich die direkte Linie in Richtung Markröhre denken. Jedenfalls sollen die Stücke im Idealfall so zusammengefügt werden, daß die Markstrahlen - sichtbar oder nur gedacht oder auch gezeichnet - in ihrem Verlauf an der Verbindungsstelle nicht geknickt werden.

Ideal ist es, wenn sie von einem Brett, Diele oder Bohle zum gefügten Nachbarstück, zumindest im mittleren Teil der Materialdicke, in einer geraden Linie verlaufen. Schauen Sie sich das genau an, lernen Sie den Sinn verstehen und nach einer Weile klappt das auch wunderbar. Sie können sich das Schema vorher ja ein wenig aufzeichnen. (Siehe Fotos Nr. 48 u. 49) Wenn dann die Dicke der Jahresringe der zusammengefügten Stücke noch gleich oder annähernd dick sind, dann ist es die beste Voraussetzung für eine dauerhafte und problemlose Verbindung.

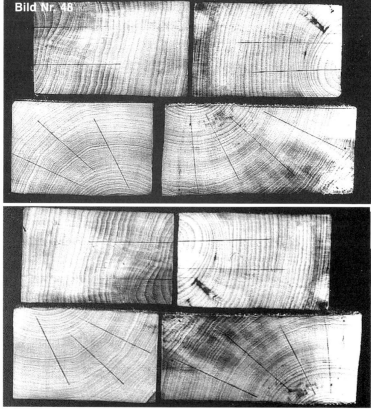

Bild Nr. 49

Noch eine kurze Rückschau: Radialstücke und Tangentialstücke harmonieren nicht zusammen, weil unterschiedlich intensive Schrumpfungsprozesse ablaufen und dadurch Verformungen und Risse auftreten. Bitte nachsehen unter Punkt 5.21 - nur einige Seiten zurück. Kommt es aber an einer Leimstelle zu unterschiedlichen Schrumpfungen, dann hilft auch der beste Leim nichts, dann geht dicht daneben das Holz auseinander.

(Bei Bild Nr. 48 u. 49 sind die Markstrahlen markiert)

7.3 Blocks verleimen

Die Vorbereitungsarbeiten müssen grundsätzlich so verlaufen wie beim Verleimen von Brettern, Dielen und Blocks. Die Flächen müssen sauber, glatt und trocken sein. Auch hier muß das "*Herz*" peinlich genau herausgeschnitten werden - im Zweifelsfall immer etwas mehr als ein bisschen zu wenig. Das Brett, die Diele oder die Bohle müssen vorher wie zum Verleimen von Platten aufbereitet werden.

Nur eines dürfen Sie nicht: *RECHTE SEITE AUF RECHTE SEITE AUFLEIMEN* **bringt Verdruß.**

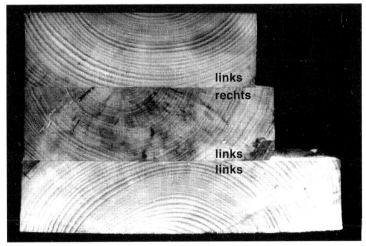

Bild Nr. 50: *Ein Block ist korrekt verleimt*

Radialstücke kommen auf Radialstücke. Andererseits kommt nach Möglichkeit immer *LINKE SEITE AUF LINKE SEITE,* was natürlich nur bei der Verleimung von jeweils zwei Teilen geht. Bei mehr als zwei Lagen kommen zwei Stück links auf links und die restlichen LINKS AUF RECHTS.

Wenn Sie Radialstücke auf Tangentialstücke leimen oder gar abwechselnd fügen, dann ergeben sich unkalkulierbare Spannungs- und Schrumpfungsabläufe. Risse sind unabwendbar.

7.4 Druckwerkzeuge

Der Verleimvorgang erfordert Druckwerkzeuge. Das Variabelste ist die Zwinge oder Schreinerknecht genannt. Sie ist problemlos und rasch auf verschiedene Längen einstellbar. NEHMEN SIE UNBEDINGT HANDWERKERQUALITÄT! Wenn Sie beim Einkauf auf "Sonderangebote" zurückgreifen, ist mit be-

Bild Nr. 51 *So sollen die Druckwerkzeuge beim Verleimen eines Blocks gesetzt werden. Handwerkerqualität benutzen!*

deutendem Ärger zu rechnen. Die Ergebnisse sind fehlerhaft bis miserabel. Die Handwerkerqualität zahlt sich aus. (Siehe Foto Nr. 51.)

Beim Verleimen nicht an Zwingen sparen. Sie brauchen auf einer bestimmten Fläche eine ganz *"bestimmte Menge"Druck"*, kräftiges Andrehen ist dazu unbedingt wichtig. Evtl. legen Sie Holzreste als Schutz gegen Druckmarkierungen dazwischen. Besonders empfindliche Stellen sind die Kanten und Ecken. Sie müssen relativ weit aussen <*gefaßt*> sein. Bei Blocks mit mehr als zwei Schichten Holz und dann ganz besonders bei Hartholz, müssen die Zwingen praktisch dicht an dicht gesetzt werden. Jedenfalls so dicht, dass Sie gerade noch Platz haben um mit Ihren Händen jeden Griff kräftig zu packen und fest zudrehen zu können.

Bessere Ergebnisse bringen Druckluftwerkzeuge, grosse Spindeln und hydraulisch betriebene Pressen. Sie sind aber für den Hobbyschnitzer eine meist unrentable Anschaffung. Schauen Sie sich noch einmal meine Ausführungen unter Punkt 7.1 zur Wichtigkeit des Druckes beim Leimvorgang an.

8.0 Holzerkennung

Es bedarf wohl keiner besonderen Erwähnung, daß das Erkennen einer Holzart von besonderer Bedeutung ist. Allerdings ist es auch nicht erforderlich sich als Hobby-Schnitzer um eine vollumfängliche Kenntnis zu bemühen. Die wichtigsten Schnitzerhölzer zu kennen sollte jeden interessieren. Ansonsten dürfen Sie sich auf uns verlassen. Sie können eine Vielzahl von Hölzern, korrekt getrocknet und verleimt und genau auf Mass geschnitten, von uns beziehen. Wir schicken Ihnen gern Preisliste und technische Unterlagen zu unsererm vielfältigen Holzprogramm.

Sollten Sie sich jedoch auf diesem Spezialgebiet detaillierter einarbeiten wollen, empfehle ich Ihnen geeignete Fachbücher mit guter Eignung auch für den Nichtfachmann. Entsprechende Literatur können Sie von Ihrem Fachhändler oder auch direkt von mir zu beziehen.

3. Kapitel
Arbeitsgeräte

1.0 Schneidwerkzeuge

1.1 Bildhauerbeitel
Etwas mehr als 1000 verschiedene Formen und Abmessungen stehen zur Verfügung. Meist sind sie ohne Heft und Angel ca. 120 - 125 mm lang. Andere, kürzere sind ca. 90 - 100 mm lang. Die Breiten variieren zwischen 1 mm und 80 mm.

1.1.1 Sonderausführungen zum Schnitzen
Von Hersteller zu Hersteller verschieden werden Sonderausführungen von Beiteln angeboten. Sie sind dann für mehr oder weniger spezielle Arbeiten vorgesehen. Zu dieser Gruppe von "*Spezialwerkzeugen*" gehören auch einige Ausführungen die nur dem Namen nach <*interessant*> sind. Bei der praktischen Anwendung kann man auf sie verzichten. Einige Weitere kann man getrost vergessen.

Alles was interessant ist, alles was wirklich praktisch ist und eine Erleichterung darstellt, zeige ich dann in meinen *VIDEO-UNTERRICHTSFILMEN*. Das <*warum*> und <*weshalb*> wird dann aufschlußreich kommentiert. Im einzelnen hier im Buch darauf einzugehen macht wenig Sinn und bringt in der Praxis nichts.

1.2 Schnitzbeitel in kurzen Ausführungen
Grundsätzlich arbeitet man mit beiden Ausführungen gleich gut. Die lange und die kurze Version sind aus dem gleichen Stahl und handgeschmiedet - nur: als professionelle Beitel müssen Sie ausgewiesen und garantiert sein. Ich wiederhole mich hier gern, wenn ich Ihnen von Billigware aus dem "*Nicht-FACHHANDEL*", zu Ihrem Vorteil, abrate.

Beim einzelnen Schnitzer - aus dem Hobby-Bereich oder als Profi - kommt es mehr unbewusst darauf an womit er gelernt hat.

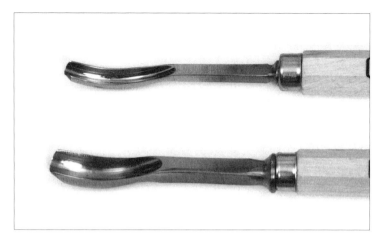

Bild Nr. 52: *Kurze Schaftausführung - hier gekröpfte Hohlbeitel*

Dabei bleibt er in der Regel. Doch ein Gesichtspunkt ist da wichtig: Wenn man mit einer kurzen Beitelausführung lernt, fällt es einem hinterher ungewöhnlich schwer, sich mit den längeren Versionen abzufinden, man kann nicht automatisch mit jeder Ausführung gut arbeiten. Hat man dagegen mit der längeren Version gelernt, kann man automatisch auch perfekt mit den kurzen Ausführungen arbeiten.

Ich habe ständig alle denkbaren Schnitzwerkzeuge in allen Abmessungen in der langen Ausführung für sofortige Lieferung am Lager. Für kurze Ausführungen kann es hin und wieder zu Lieferzeiten kommen.

1.3 Schnitzmesser

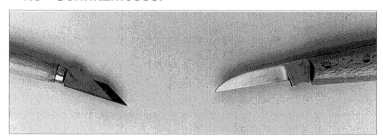

Bild Nr. 53 *2 Muster aus der Serie der "Kerbschnitzmesser*

Ich führe am Lager das komplette Standardsortiment von 11 verschiedenen Messern. Sie sind zum Kerbschnitzen wichtig. *TECHNISCHE BEMERKUNG*: Die Anwendungsbereiche überschneiden sich z.T.. Bestimmte Bildhauerbeitel können sich bestens für Kerbschnitzarbeiten eignen, so wie sich einige Schnitzmesser sauber und rationell für Bildhauerarbeiten einsetzen lassen.

1.4 Schweizer Eisen - Tiroler Eisen

Beide Werkzeugtypen sind nur in den Abmessungen ab 50 mm Breite lieferbar. Sie werden bevorzugt für rationelles, grobes Vorarbeiten von Schnitzstücken eingesetzt. Sie sind aber auch praktisch besonders beim Strukturieren von Flächen bei Reliefs, Schriftentafeln u.ä.. In meinen Video-Filmen zeige ich Ihnen wiederholt auch dafür praktische Anwendungsbeispiele.

Das *SCHWEIZER EISEN* ist ohne Angel ca 90 - 100 mm lang, Das *TIROLER EISEN* ca. 150 mm. Beide Ausführungen sind sehr stabil, handgeschmiedet, in sechs verschiedenen Stichbildern und in den Breiten von 50, 60, 70 und 80 mm ab meinem Lager sofort lieferbar. Mein Spezial-Werkzeugkatalog gibt Ihnen jede Auskunft; fordern Sie jedes Jahr die neuste Ausgabe an.

Bild Nr. 54:

oben Tiroler Eisen

unten Schweizer Eisen

1.5 Grundformen und Vielfalt der Schnitzwerkzeuge

1.5.1 Die Grundschneidenformen:

Balleisen: Die Schneidenform ist gerade, sie ist einseitig oder auf beiden Seiten angeschliffen.
Stichbild Nr. 1 oder 2.

Flacheisen:	Die Schneidenform ist schwach gehöhlt. *Stichbilder: 2 1/2, 3 und 4.*
Hohleisen:	Die Schneide ist mittel bis tief gehöhlt. *Stichbilder 5, 6, 7 und 8.*
Bohrer:	Die Schneide ist tiefrund gehöhlt. *Stichbilder 9, 10 und 11.*
Gaissfuss:	Zwei gerade Schneiden laufen V-förmig in einer Spitze zusammen. Die Winkelstellung der V-förmigen Schneide kann von ca. 60 Grad bis 100 Grad reichen.

1.5.2 Grundformen der Beitel
Die Werkzeugschäfte der Beitel können:

- a- *gerade*
- b- *gebogen*
- c- *gekröpft und*
- d- *verkehrt gekröpft sein*

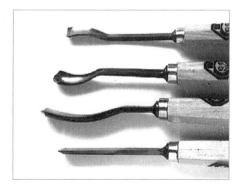

Bild Nr. 55

von oben nach unten:

1. *verkehrt gekröpfter Beitel*
2. *gekröpfter Beitel*
3. *Gebogener Beitel*
4. *Gerader Beitel*

1.5.3 Abweichende Beitel- und Messerausführungen

Schnitzmesser:	Eine Art Messergriff mit kleiner, relativ kurzer, speziell geformter Schneide.
Kerbschnitzbeitel:	Es sind vollwertige Schnitzbeitel in kurzer Ausführung, d.h. der Schaft ist nur

ca. 65 bis 90 mm lang. Sie werden nicht in allen Formen und Breiten wie die Standart-Bildhauerbeitel ange boten. Die Hohlformen beschränken sich auf: *gerade Schneide, flache Höhlung, mittlere Höhlung, tiefe Höhlung und tiefrunde Höhlung, danach noch den Gaißfuß.*

(Anmerkungen des Autors: Der Begriff "Kerbschnitzbeitel" kann von den verschiedenen Herstellern unterschiedlich interpretiert oder für ihre Werbung und Angebote abweichend bewertet bzw. genutzt werden. Ebenso existiert kein einheitliches Angebot mit Breitenangaben innerhalb eines feststehenden Bereiches. Im Zweifelsfall fragen Sie bei uns an. Wir geben Ihnen fachkundige Auskunft.)

1.5.4 Sonderausführungen von Schnitzbeiteln

1. Blumeneisen: Sie haben eine kurz ausgeformte Schneide und einen blumenähnlichen Schaft - stielähnlich, eben wie bei ei ner Blume.
- *Sie sind nur in gerader Ausführung lieferbar*
- *Es gibt sie **nicht** in gebogener, gekröpfter oder verkehrt gekröpfter Ausführung.*
- *Sie gibt es nur in den Breiten 2 mm bis 20 mm*
- *Sie sind nur in den Stichbildern 1 bis 8 lieferbar.*

2. Schweizer Eisen: Der Schaft ist ca 90 bis 100 mm lang
- *Es gibt sie nur in gerader Ausführung*
- *Es gibt sie nur in den Breiten 50, 60, 70 und 80 mm*
- *Es gibt sie nur in den Stichbildern 1 bis 7*

3. Tiroler Eisen: Der Schaft ist ca. 150 mm lang
- *Es gibt sie nur in gerader Ausführung*
- *Es gibt sie nur in den Breiten 50, 60, 70 und 80 mm*
- *Es gibt sie nur in den Stichbildern 1 bis 7*

(Schweizer und Tiroler Eisen siehe Abbildung Nr. 54,)

Für einige speziell geformte und ausgearbeitete Beitel sind z.T. recht unterschiedliche Spezialausdrücke gebräuchlich. Unabhängig von Schneiden- und Messerformen kann es für Sonderaufgaben spezielle Beitelformen mit Sonderbezeichnungen geben. Fantasievoll wie ihre Namen kann auch ihr Einsatz werden.

1.5.5 Stahlzusammensetzungen

Der berühmte Damaszenerstahl, für das noch berühmtere Damaszenerschwert war aus Kohlenstoffstahl. Mit geringen veredelnden Legierungszusätzen werden seine Eigenschaften noch aufgebessert. Das kann u.a. Chrom sein.

1.5.6 Stahlbearbeitung

Die von mir angebotenen und vertriebenen Marken-Schnitzbeitel sind alle handgeschmiedet. Ihre grobe Form erhielten Sie vor dem präzisen Formschleifen durch Stück-für-Stück-schmieden. Erfahrene Fachleute zeichnen sich hier bei der gebotenen schonenden Formgebung aus.

1.5.7 Härtung der Stähle

Eine Richtlinie besagt, dass zwei Drittel der Schaftlänge zu härten ist. Unsere Markenbeitel sind ca.drei Viertel der Schaftlänge gehärtet, also über das erforderliche Maß hinaus.

Aus meiner eigenen Produktion biete ich jeden KOCH-SUPER-SCHNITZBEITEL zu 100% durchgehärtet - von der Angelspitze bis zur Schneide (oder umgekehrt). Ein Durchbiegen kommt nicht mehr in Frage. Meine dünnen und schmalen Werkzeuge werden nicht krumm. (Näheres entnehmen Sie meinem Buch *"Werkzeuge schleifen und schärfen")*

Als zusätzlicher technischer Leckerbissen sind sie elastisch im Griff befestigt - unlösbar, im Gegensatz zu den herkömmlichen Befestigungsarten, wo eine konische Metallangel in eine Holzbohrung eingedrückt ist.

Die Härte der Beitel beträgt *ca. 61 Grad Rockwell* - das ist die international gebräuchlichste Härte-Mess-Methode. Höhere Rockwellgrade sind nur noch mit Spezialstählen, wie z.B. HSS erzielbar. Bei Kohlenstoffstahl beginnt über der Marke 61 einhalb die Gefahr des Ausbrechens. Unter der Marke 60 1/2 hält das Werkzeug die Schneide nicht oder es legt sich um. Diese Angaben setzen natürlich immer die einwandfreie Legierung (Mischung) besonders mit Kohlenstoff voraus - qualitativ und quantitativ.

Der Härtevorgang läuft in modernen, elektronisch kontrollierten Verfahren ab. Das optimal Machbare ist auch erreichbar.

Technisch läuft das so ab: Die roh geschliffene Form wird etwa kirschrot erhitzt und durch *"Abschrecken"* ziemlich schnell abgekühlt. Danach erfolgt das *"Anlassen"*, das heisst: Der zu härtende Teil wird auf eine genau vorausberechnete Temperatur wieder erhitzt. Dann wird erneut abgekühlt. Die spezifische Härtung, z.B. 61 Rockwellgrade, ist erreicht. (Siehe meine Buch *"Werkzeuge schleifen und schärfen")*

1.5.8 Das Ausglühen

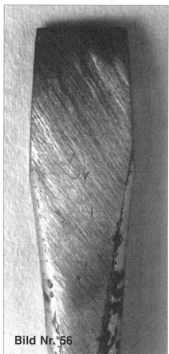

Bild Nr. 56

Wenn das so gehärtete Werkzeug, z.B. durch den Schleifvorgang, über die Temperaturmarke des *"Anlassens"* hinaus erneut erhitzt wird, gehen die erreichten Qualitätsmerkmale wieder verloren. Der Stahl wird durchweg wieder in den Zustand zurückversetzt, den er vor dem Schmieden, also im Rohstahlzustand hatte. Der Härtevorgang muss wiederholt werden oder die Stelle, die durch Verfärbung anzeigt inwieweit *"ausgeglüht"* ist, muß restlos beseitigt, sprich abgeschliffen werden. Jede noch so geringe Farbanzeige auf einem gehärteten Stahl zeugt von Veränderung der vorher vorhandenen Härtestruktur - eine Veränderung immer zum Schlechteren.

Ein blau angelaufener, ausgeglühter Schraubendreher

Sicher, wenn Sie nach dem "*Anlaufen*", dem "*Blauwerden*" und nach einer kleinen Abkühlphase wieder den farbigen Teil überschleifen, dann verschwinden die "*Einfärbungen*"; dann sieht alles so aus als wäre nie "*gesündigt*" worden. Doch der Stahl hat es nicht verziehen, er ist in der vormals verfärbten Zone weich geblieben. **Drüberschleifen hilft also <u>absolut</u> nichts etwas wiedergutzumachen.**

Nur bei bestimmten HSS-Qualitäten muß ein blauwerden nicht unbedingt die Zerrstörung der Härtestruktur bedeuten. Dieser immer hoch legierte Stahl hat Eigenschaften, die ihn von kohlenstofflegierten Stählen wesentlich unterscheidet. Deshalb ist dieser Stahl auch in der Herstellung teuer aber auch heutzutage für manche Arbeiten praktisch unentbehrlich, nicht mehr wegzudenken. Während es bei Drechselarbeiten praktisch nicht mehr ohne HSS geht, findet dieser Stahl bei den Schnitzwerkzeugen noch keine Anwendung oder spielt eine noch recht unbedeutende Rolle. Dabei denke ich besonders daran, dass Werkzeuge aus HSS weitaus länger die Schneide halten müßten. Schließlich werden sie beim Schnitzen doch wesentlich weniger als beim Drechseln beansprucht.

1.5.9 Sonderstähle

Es gibt Schnitzbeitel, hauptsächlich japanischer Machart, in einer reduzierten Formenvielfalt, bei denen ein "*Stück Schneide aus einem besonders hochwertigen Stück Spezialstahl, oder auch ein Hartmetallteil, auf einen normalen Stahlträger aufgelötet ist*". Die Schneidhaltigkeit ist höher, aber der Preis ist ein Vielfaches dessen was wir für gute Qualitäts-Schnitzbeitel zu zahlen gewohnt sind.

In Anbetracht der phantastischen Schärfmethoden, die wirklich eine phantastische Schärfe bringen, in Sekunden und ohne Problem oder Kostenaufwand, finde ich es zumindest unverhältnismäßig die verlangten hohen Preise zu zahlen. Schließlich, wenn mal ein solcher Beitel hinfällt, was die Schneide in der Regel beschädigt, dann müssen Sie ihn entweder wegschmeißen oder von einer Spezialfirma sehr kostenträchtig wieder anschleifen lassen. Ich empfehle diese Werkzeuge aus diesen Gründen nicht.

1.5.10 Schnitzwerkzeuge selbst gebaut

Mit fortschreitender Übung in der Kunst des Holzschnitzens werden Sie sehr rasch bemerken, dass es an bestimmten, schwierigen Stellen eine Erleichterung wäre, wenn Sie nun dieses oder jenes Spezialwerkzeug in Sonderausführung hätten. Ihre benötigte Spezialform könnten Sie jetzt auch erfinden, wenn Sie "*beruflich vorbelastet*" wären und Ihre Hobbywerkstatt entsprechend ausgerüstet ist. Sie könnten sich dann Ihr Spezialwerkzeug herstellen.

Hier einige Ideen in dieser Richtung: Alte Feilen, (Bruchgefahr) Gestänge eines alten Schirmes, Blattfedern eines Fahrzeuges und aufgearbeitete Kugellagergehäuse eignen sich.

1.6 Bezugsquellen

Wie vorher schon erwähnt, können Sie praktisch jeden Schnitzbeitel und jedes Schnitzmesser sofort ab meinem Lager erhalten. Ein Katalog mit kompletten Angaben können Sie anfordern; er ist kostenlos. (Bitte jedes Jahr die neueste Ausgabe anfordern!) Die Preise sind korrekt. Ich garantiere nur Topqualität. Wenn ein Fehler unsererseits oder des Herstellers, trotz der vielfachen Kontrollen, auftreten sollte, wird das Werkzeug problemlos umgetauscht. Das auch nach Jahren - denn ein Fehler ist und bleibt ein Fehler auf Lebenszeit.

Zudem biete ich Ihnen meinen Schleif- und Schärfservice an. Dadurch haben Sie die absolute Gewähr für mustergültige, perfekte Formen, Schneiden und Winkel. Sie dürfen weiterhin auf eine ausgewogene und auf Ihre besonderen Bedürfnisse abgestimmte Betreuung rechnen. Meine fachkundigen Mitarbeiter und ich lassen keine Zweifel offen u. keine unnötigen Werkzeuge zu.

Es gibt auch gute Fachgeschäfte in denen Sie Ihre Werkzeuge beziehen können. Aber *"Im Dutzend billiger"* sollten Sie niemals Werkzeuge kaufen und auch keine unbekannten Marken. Eine Zusammenstellung, eine spezielle Ausstattung mit Werkzeugen, kann sowieso nur ein Fachmann. Wenn der Verkäufer, oder jener der die Werkzeugzusammensetzung anbietet, ein gestandener und anerkannter Holzbildhauer ist, dann sollte man ihm die Fähigkeit zusprechen, für das fachlich korrekte Angebot geradezustehen. Nur, wo ist der Laden mit einem voll ausgebildeten und erfahrenen Holzbildhauer? Wenn Sie in Ihrem Fachgeschäft trotzdem kaufen wollen, dann lassen Sie sich von uns die Zusammenstellung für Sie machen. Wir helfen Ihnen auch in diesem Falle gern und kostenlos.

Bleiben Sie bei den Marken Ihres Vertrauens. Wenn Sie bei mir bleiben, haben Sie alle wünschenswerten Garantien. Es gibt Angebote die recht verlockend sind. Die meisten sind, zumindest was die Qualität angeht, als Wegwerfware ausgelegt und haben die Eigenschaft dem Schnitzer die Lust auf's Schnitzen gründlich zu verderben.

Ich werde auf dieses Thema noch verschiedentlich zurückkommen, weil man eben nicht genug davor warnen kann. Ich werde es mir auch nicht nehmen lassen immer zu Ihrem Vorteil auf diese Mängel hinzuweisen. Leider gibt es trotzdem immer wieder Schnitzerfreunde, die von einer solchen Misere "ein trauriges Lied singen können".

2.0 Bildhauerklüpfel

Ich kann Ihnen drei Grössen, in ca. 300, ca. 500 und ca. 800 Gramm, aus eigener Herstellung und in heimischem Hartholz liefern. (Siehe Bild Nr.4) Sie können ihn sich aber auch auf eigener Drechselbank herstellen. Legen Sie bei Ihrer Anschaffung Wert darauf, dass die Form nicht zylindrisch ist. Leicht elliptisch ist der Anatomie und dem Bewegungsablauf besser angepaßt. Sie vermeiden damit auch vorzeitige Verschleißvorgänge in Ihren Gelenken.

Ich biete ebenfalls, und in den gleichen Formen, einen sogenannten "sanften Hammer" an. Er ist teilweise locker mit Bleistückchen gefüllt, die erst mal ein größeres Schlaggewicht hergeben. Zum anderen wird ein Rückfedern und damit eine Beschädigung Ihrer Hand und Ellenbogengelenke verhindert. (Tennisellenbogen)

2.1 Sicheres arbeiten mit dem Klüpfel

Achten Sie darauf den Klüpfel immer aus dem Handgelenk heraus zu schwingen. Der Unterarm macht nur geringe Bewegungen mit. Der Oberarm wird so gut wie gar nicht bewegt. Nur bei schweren Arbeiten, mit grossvolumiger Spanabnahme, beispielsweise beim Arbeiten mit den Schweizer oder Tiroler Eisen, schwingt alles mit. Die <Schlagkraft> kommt aus dem Bewegungsablauf des ganzen Körpers.

Schauen Sie beim Schlagen nicht auf das Heft oder gar auf den Schlagpunkt auf dem Kopf des Heftes. Schauen Sie immer nur auf die ablaufende Arbeit. So lange Sie das nicht beherrschen sollten Sie entsprechend trainieren.

3.0 Schleifwerkzeuge

<*Schleifen*> erfordert in der Regel Übung und Erfahrung. Leider gibt es im allgemeinen Angebot der Warenhäuser bis zu Fachgeschäften ein beinahe unüberschaubares Angebot von Schleifmaschinen. Ein Gutteil davon verdient nicht einmal den Namen. Alle finden aber offensichtlich Absatz. Fast alle behaupten <*Das Richtige*> für Ihre Schleifprobleme zu haben.

"Diese *Maschinen*" schleifen mehr oder weniger, aber die <*Probleme*> bleiben. Seriösität ist in diesem Geschäft fast ein Fremdwort. So ist heute fast keine Schreinerei mehr zu finden, die nicht mindestens 3 verschiedene "*Schleifmaschinen*" hat; oft stehen vier "*herum*". Verschiedene wohlgemerkt! *"Immer wieder hab' ich aufgrund der Werbeversprechen geglaubt, jetzt das Richtige gefunden zu haben"*...so und ähnlich schütten mir oft gestandene Handwerksmeister ihr Herz aus.

Und gerade beim Schleifen mit unsachgemässer Maschine kann man so viel wertvolle Werkzeugsubstanz kaputt machen. Und teure Zeit verlieren. Entweder es ist keine saubere Fase möglich, oder der Winkel ist nicht einzuhalten, die Maschine vibriert und vor allem kleine Werkzeuge kann man nicht ruhig führen, eine gerade Schneide ist nicht hinzukriegen, man hat keine Kontrolle über den Schleifablauf und vor allem **:das Ausglühen ist damit nicht in den Griff zu kriegen:**. Der Ruin für die Werkzeugqualität.

"Schlaue Konstrukteure" bauten immer langsamer laufende Maschinen um wenigstens das Ausglühproblem zu reduzieren.

Bei manchen ist es geglückt, nur dass jetzt die Kaffeemaschine in Gang gesetzt werden muss, wenn man mit dem Schleifen beginnt - man braucht ein starkes Mittel gegen Einschlafen. Man brachte es doch tatsächlich fertig das nochmals zu erfinden und zu entwickeln, womit die alten Syrer schon vor 3000 Jahren arbeiteten, nämlich den wassergekühlten Sandstein. (Und pries ihn als "Neuheit".!)

Ich habe eine Maschine in einer anderen Dimension entwikkelt. Meine Maschine läuft extrem schnell. Dadurch bekomme ich - wie beim guten alten VW-Käfer - genügend Kühlluft um das Werkzeug und das Schleifband zu kühlen. Bei ganz normalem Andruck gibt es garantiert kein Ausglühen. Der Schleifvorgang läuft zudem innerhalb ganz kurzer Zeit völlig vibrationlos ab. Schleifwinkel und Fase lassen sich absulut perfekt einhalten. Dem Werkzeug seine Form zu geben ist in keinem Falle ein Kunststück.

Ich werde im Verlauf des zuteffenden Kapitels noch einmal genauer auf das "*Wunderding*" zurückkommen. Wenn Sie ausführlichere Unterlagen und Infos brauchen fordern Sie diese in meinem Hause oder von Ihrem Fachhändler an.

4.0 Schleifscheibe

Die Schleifscheibe zum Werkzeugschleifen, speziell zum Schnitzwerkzeugschleifen, hat ausgedient. Wenn Sie nach Ihr suchen, z.B. im Museum, finden Sie mit Sicherheit auch die dazugehörigen Probleme.

Wenn Sie mit meinem Schleifaggregat arbeiten, können Sie die Korngrössen der Schleifbänder bestens auf Ihr Werkzeug und die Stahlsorte abstimmen. Zudem haben Sie noch die Möglichkeit die Drehzahlbereiche zwischen 1500 - 3000 und 6000 U/min anzupassen. HSS anzuschleifen ist auch kein Problem.

5.0 Schärfen

Das war einmal das <*Abziehen*>. Der Begriff kommt aus der Tätigkeit, eine Schneide auf einem Stück Leder <*abzuziehen*>. Der altgediente Barbier bediente sich dieser Methode um die

Schneide seines Solinger Rasiermessers wieder für den nächsten *<Bartkunden fit zu machen>*. Er *<zog die Schneide über ein imprägniertes Leder>*. Danach bezeichnete man auch das *<Entgraten>* mit Ölsteinen, Hartarkansas, Belgischen Brocken u.Ä. als *<Abziehen>*.

Es war aber immer eine zeitraubende Prozedur, umständlich, und es war nicht immer möglich an jeder Werkzeugform die gewünschte Schärfe herzustellen. Schwierigkeiten gab es immer; der Laie hatte sie mehr, der Profi weniger - dafür war der Zeitverlust bei Letzterem weitaus kostspieliger.

Nun eine Bemerkung aus der *<Kinderstube>* des **KOCH-SCHNITZ-SYSTEMS:** Bevor ich daran ging eine systematische Lernmethode für Jedermann aufzustellen, war mir klar, daß ich das Problem mit dem *<Schärfen der Werkzeuge in den Griff bekommen und lösen mußte>*. Es ist heute so perfektioniert und vereinfacht, dass es in jeder Branche, die mit Holzbearbeitungswerkzeugen arbeitet, erfolgreich und bestens Eingang gefunden hat.

Es ist gefahrlos zu betreiben. Keiner braucht eine besondere Übung oder Lernzeit. Jede Schneide ist in lediglich Sekunden ausgebildet - wirklich rasiermesserscharf, ohne jede Nacharbeit auf der Innernseite eines Werkzeuges, und **es gibt *GARANTIERT KEIN AUSGLÜHEN.***

Mittlerweile habe ich das System so weit ausgebaut und abgerundet, daß Sie zu fast 100% keine Schleifmaschine mehr brauchen. Lassen Sie sich aus und in meinem Haus informieren. Kommen Sie vorbei, wenn Zweifel bestehen, wir beweisen es Ihnen, zeigen es Ihnen und lernen Sie auf Wunsch an. ***WIR ÜBERZEUGEN SIE!***
Doch darüber im vorliegenden Buch an qualifizierter Stelle mehr.

6.0 Aufbewahrung und Transport der Schnitzwerkzeuge

Es gibt verschiedene - sogar viele Möglichkeiten, aber keine kann als *"das Ei des Kolumbus"* bezeichnet werden. Alle haben

Vor- und Nachteile. Alle sollten jedoch so beschaffen sein, dass ein Zusammenstossen der Beitelschneiden vermieden werden kann. Schneiden sollten nirgendwo hervorschauen, und ein Herausfallen sollte nicht möglich sein. Gleichzeitig möchte aber auch der Anwender übersichtlich und leicht seine Werkzeuge finden, herausnehmen und einstecken können.

6.1 Rolltaschen

Sie sind sehr verbreitet obwohl sie sehr unfallträchtig sind - und das nicht nur bei den *"Hobby-Menschen"*.

Es gibt sie in Leder, Segeltuch und Kunststoffen (*Kunstleder!!*) In Leder sind sie recht teuer; die Einschubfächer passen vielfach nicht zu den unterschiedlich grossen Heften. Segeltuch ist auch nicht billig, ist aber bei unvorsichtiger Handhabe genausoschnell zerschnitten wie Kunststoff. Dieser wiederum hat die unangenehme Eigenschaft bei warmem Wetter lappig und bei kaltem Wetter steif, brüchig und unhandlich zu sein. Für ein unkonzentriertes Handhaben sind sie nicht geschaffen. Es gibt sie für 12, 18, 24 und 36 Bildhauerbeitel.

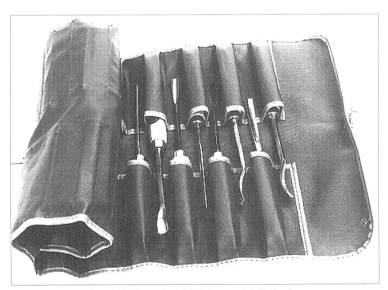

Bild Nr.57: *Eine Rolltasche für bis zu 36 Beitel*

6.2 Holzkästen

Es ist die elegantere Lösung. Ich biete sie Ihnen als einfache Kästen mit Schnappverschluß für bis zu 12 Beitel, als kleine Holzkoffer alternativ für 10 bis 24 Beitel oder als Geschenktruhen in denen in drei Etagen 24 Werkzeuge gut Platz haben. Jeder einzelne Platz ist durch Filznoppen gesichert. Noppenschaumstoff verhindert ein durcheinanderpurzeln während des Transportes.

Wenn Sie die Kästen, Koffer oder Truhen einzeln bestellen, dann verlangen Sie auch die Filznoppen. Ihre Beitel legen Sie dann wunschgemäß ein, und mit jeweils einem Tropfen Klebstoff stecken Sie die Filz-Abstands-Noppen so an die Stellen, daß ein Verrutschen der Werkzeuge nicht möglich ist.

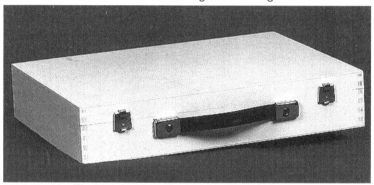

Bild Nr. 58: *Ein Holzkasten für 10 bis 12 Beitel*

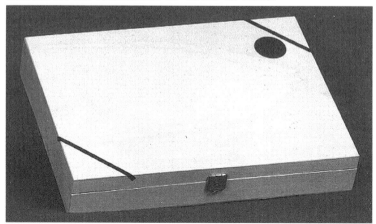

Bild Nr. 59: *Ein Beitelkoffer für bis zu 24 Beitel*

6.3 Sonstige Beitel-Transportmittel

Lose in einer Tasche ist schlecht, denn die Schneiden beschädigen sich gegenseitig. Außerdem kann ein gut scharfer Beitel (Koch-scharf) den Taschenboden glatt "*durchwandern*" und bleibt nach einem freien Fall schlimmstenfalls in einem <*Schnitzerfuss*> stecken.

6.4 Das Karussell

Mit dieser Einrichtung kullert Ihnen kein Werkzeug mehr unter den Tisch. Auf einen Blick haben Sie bis zu 36 Schnitzbeitel in zwei unabhängig voneinander drehbaren Karusseletagen stets gut griffbereit. Die Beitel können unterschiedlich bemessen sein und sind immer leicht ein- und auszuhängen. Durch eine dreistufige Bohrung stehen sie immer senkrecht in der idealen Position.

Es gibt kein Zusammenstoßen der empfindlichen Schneiden, wie auch sonst nirgens ein metallisches Teil sichtbar ist, an dem die Schneide beschädigt werden könnte. Ein kurzer Anstoß genügt um das Karussell in Drehung zu versetzen. Schnell können Sie das gesuchte Werkzeug identifizieren. Ich habe gesetzlichen Schutz für die Vorrichtung beantragt. Siehe Abb. Nr. 10.

7.0 Beitelhefte

In der Regel sind serienmäßig lieferbare Beitelhefte achteckig, farblos gelackt und in vier verschiedenen Größen lieferbar. Am Werkzeugeinsatz sind alle mit einem Metallring verstärkt. Schnitzwerkzeuge ab 25 mm Breite tragen zusätzlich auf dem Schlagkopf einen Verstärkungsring gegen Auseinanderreißen.

Die neuen, seit 1991 lieferbaren KSS - "*Koch Super Schnitzbeitel*" (meine eigene Entwicklung) haben dagegen ein Edelholzheft aus poliertem Kirschholz. Es gibt sie in drei verschiedenen Größen. Ihre Form ist ausgeklügelt "der Arbeit und den Händen" bestens angepaßt - rund, mit einer Taille, griffreudig, mit angenehm in der Hand liegenden Flächen gegen Herunterrollen, nicht achteckig. Der Arbeitsablauf kann logischer erfolgen. In den unterschiedlichsten Beitelführungspositionen liegt er immer "*bestens eingepaßt in der Hand*".

8.0 "Bildhauersteine"

Es wird sie echt bald nur noch in Museen zu besichtigen geben. Siehe Kapitel 4

9.0 Die Kugelgelenk-Einspannvorrichtung

Ein von mir entwickelter "*Spannbock*" für Figuren und Reliefs entsprang dem Gedanken, die "*(gute? uralte Figurenschraube)*" endlich abzulösen. Sie wäre schließlich auch durch noch älter werden nicht mehr besser geworden. Das Ergebnis, die Kugelgelenk-Werkzeughalterung, hat die Erwartungen und Hoffnungen noch weit übertroffen. Die Figurenschraube daneben kann man *"wirklich vergessen"*. Hatte man bisher mit ihr eine recht begrenzte Bewegungsfreiheit, so gibt der Spannbock gleich alle Bewegungsfreiheiten. Siehe Fotos Nrs. 5 bis 8.

Sie können mit einem Handgriff praktisch jede Figur oder jedes Relief um 360 Grad drehen und auch noch zusammen mit der Kopf-über-Position in fast jeder gewünschten Winkellage sekundenschnell und wirklich unbeweglich festsetzen. Es gibt dabei praktisch keine Stellung, die Sie nicht innerhalb eines gedachten kugelförmigen Raumes in kürzester Zeit und ohne nennenswerten Kraftaufwand festsetzen könnten. Die optimale Position Ihres Werkstückes suchen Sie sich aus.

Wenn der "*Spannbock*" in hängender Position befestigt ist, z.B. unter Tischplatte, können Sie problemlos im Sitzen arbeiten. Sogar für Behinderte, die querschnittgelähmt auf den Rollstuhl angewiesen sind, ist optimales Arbeiten möglich. Beim Arbeiten mit einem Relief können Sie ohne Probleme mit aufgestützen Armen wie auf einem Reissbrett arbeiten. Ebensogut hält der "*Spannbock*" das Arbeiten mit dem Klüpfel aus. Ich habe gesetzlichen Schutz dafür erhalten.

10.0 Der Schnitztisch

Auch einen Schnitztisch habe ich nach neuen Kriterien entwickkelt. Für Profis und Hobby-Schnitzer ist er gleichermaßen gut. Die Tischplatte mißt ca. 1400 x 800 mm bei einer Dicke von ca. 50 - 55 mm. Sie ist aus Pappelholz, also ein Weichholz; ein gewichtiger Vorteil wie sich in der Praxis zeigte. So trägt beispielsweise eine Lindenholzfigur keine unansehnlichen oder reparaturbedürftigen Druckstellen mehr davon, wenn es mal einen "*Ausrutscher*" oder "*Umfaller*" gibt.

Die Tischplatte ist auf Wunsch schräg verstellbar und in 5 verschiedenen Winkeln festsetzbar. Auch eine besondere Werkzeugablage kann auf Wunsch angebracht werden.

Sicherlich ist die Pappelholzplatte nach einigen Arbeitsjahren nicht mehr so glatt wie eine lackierte Buchenholzplatte. (Auch hier hinterlässt die Arbeit ihre Spuren. Ein Arbeitstisch ist ja nicht unbedingt eine Dekoration.) Doch da sollten Sie sich schon entscheiden ob es Ihnen mehr auf eine *"feine Tischplatte"* oder auf eine saubere, einwandfreie Schnitzarbeit ankommt. In meiner Schnitzerschule ist der Schnitztisch unter harten Bedingungen seit 8 Jahren im Einsatz und keiner davon ist reparaturbedürftig.

Der Tisch insgesamt wird in vorgefertigten Einzelteilen mit den Verschraubungen und Montageanleitung geliefert. Seine Befestigungsteile können jederzeit nachgestellt werden. (Siehe Abbildung Nr. 10)

11.0 Licht am Arbeitsplatz

Bringen Sie Ihre Arbeit in's rechte Licht. Eine gute Ausleuchtung ist genauso wichtig wie einwandfrei geschärfte Schnitzwerkzeuge. Bei einem falschen Schattenwurf könnte Ihnen die schönste Madonna zum Gespenst entarten.

12. Polierbürste

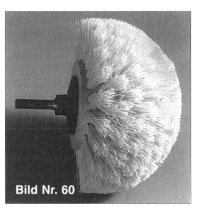

Bild Nr. 60

Wachsen und bürsten gehören zu den meisten Schnitzarbeiten dazu. Ich habe eine Polierbürste entwickelt, die in eine Bohrmaschine eingespannt, jede entsprechende Arbeit sicher und schnell bewältigt. Jede noch so tief ausgeschnitzte Kerbe und Kante wird dabei erreicht. Auch glanzlackierte Möbeloberflächen lassen sich damit "*glänzend*" und ohne jede Beschädigung oder Kratzer säubern, auch entstauben und auf Hochglanz bringen.

13.0 Beize

Für Schnitzarbeiten im Innenbereich bietet sich Wachsbeize an. Ich habe die Bestgeeignete ausgewählt, lasse Sie von einer renommierten Spezialfirma herstellen und biete sie in Halblitergebinden an. Im 6. und letzten Kapitel dieses Buches finden Sie ausführliche Beschreibungen dazu. Verlangen Sie die Original **KOCH-WACHSBEIZE.**

14.0 Wachsen

Eine gewachste Oberfläche ist "*wasserscheu*". Jeder Tropfen kann einen häßlichen Flecken hinterlassen. Dagegen kann ich Ihnen ein besonderes Schutzwachs in Einlitergebinden anbieten. Es ist dünnflüssig, trocknet nach dem dünnen Auftragen sehr schnell und ergibt eine wasserabweisende Schutzschicht, ohne den Untergrund oder die Originalfarbe zu verändern. Es wird auf eine bereits gebeizte und/oder gewachste Oberfläche mit einem Pinsel dünn aufgetragen und nach dem Trocknen nachgebürstet. Nur bei recht dunklen Beizflächen kann sich eine Farbtonveränderung ergeben.

Auch ungebeiztes, helles Holz kann man damit behandeln. Das Wachs muss dann mehrfach aufgetragen werden.

15.0 Leim und Leimen

Wenn Sie Holz dauerhaft zusammenbringen wollen, sprechen Sie bitte immer von *LEIMEN*. Ein Holzfachmann belächelt Sie mitleidlos, wenn Sie von "*kleben*" oder gar "*pappen*" sprechen. Sie haben es bereits erfahren, daß trotz der verfügbaren modernen Leime, entgegen jedem Anschein bzw. Werbung, und trotz der relativ einfachen Handhabung, der Vorgang an sich immer noch eine kleine Wissenschaft darstellt. Auf die Details ging ich bereits im 2. Kapitel bei dem Thema *"Wissenswertes über Holz"* ein.

Trotzdem nochmals Einiges zum Erinnern:
- **Weiß- oder Kaltleim** immer bei Zimmertemperaturen verar-

beiten
- Leim **nicht nahe oder gar unter dem Gefrierpunkt** verarbeiten oder aufbewahren
- Achten Sie auf die unbedingt durch und durch notwendige **Zimmertemperatur beim Holz.**
- Drei Komponenten beeinflussen sich gegenseitig: **ZEIT, DRUCK** und **TEMPERATUR**, jede ist wichtig
- Die **Leimflächen müssen sauber**, frei von Schmutz, Staub und Fett sein.
- Die vorbereiteten Leimflächen müssen **bestens einander angepasst sein.**
- Nicht zu viel Leim verwenden, jedoch so viel, damit er unter Druck geringfügig aus den **Leimfugen austreten kann.**

*Die meisten **Fehler** treten auf wenn:*

- das Holz nicht sachgemäss zusammengebracht wurde
- das Holz nicht trocken genug war
- der Pressdruck ungenügend oder ungleichmässig war
- der Leim zu alt war
- die Presszeit zu kurz war
- es zu kalt war

16.0 Zwingen

Mit Zwingen können Sie Holz festspannen, zusammenpressen, zusammenhalten usw. Schon aus dem Begriff "*Zwinge*" geht hervor, dass sie stabil sein muß. Nehmen Sie nur **HANDWERKERQUALITÄT**.

17.0 Stemmeisen

Der Schreiner oder Zimmermann braucht sie für berufsspezifische Arbeiten. Sie sind zum Schnitzen **nicht geeignet.**

18.0 Maschinelle Hilfsmittel

Wenn sie Fortschritt wirklich bringen, sind sie willkommen. Die gebräuchlichsten maschinellen Hilfsmittel sind Stichsägen, Oberfräsen und Bandsägen. Lassen Sie sich von meinen Mitarbeitern und mir beraten.

4. Kapitel
Schnitzwerkzeuge schärfen

1.0 Stumpfe Schneidwerkzeuge

Eine Grundvoraussetzung zum Schnitzen ist eine scharfe Schneide bei allen Schnitzwerkzeugen - eine wirklich rasiermesserscharfe Schneide - kompromißlos rasiermesserscharf. Ich gebe Ihnen die Technik an die Hand, mit der Sie ohne Fachkenntnisse schon nach einigen Versuchen Profi sein können.

"Ohne superscharfe Werkzeuge kein schnitzen"!

Ich empfehle Ihnen jedes Schnitzwerkzeug vor der erstmaligen Nutzung fachgerecht anzuschleifen bzw. anschleifen und schärfen zu lassen. Die Gründe habe ich unter 2.7 im 1. Kapitel bereits genannt.

1.1 Der Schneidenwinkel

Jede Schneide ist in einem bestimmten Winkel zur Längsachse des Werkzeuges ausgebildet. Die Schneide - und damit der Winkel - kann von der Längsachse einseitig ausgebildet sein oder auch nach beiden Seiten. Ist sie einseitig ausgebildet, so zählt der angeschliffene Winkel. Ist von beiden Seiten angeschliffen, so ist der Schneidenwinkel die Summe beider, von der Längsachse ausgehenden Winkel, der Schneidenwinkel.

In verschiedenen "*Schnitzerbüchlein*" wird auf einen genauen Schneidenwinkel grosser Wert gelegt. Man spricht von 17, von 21, von 23, 27 oder auch 33 Grad. Es ist eine Tatsache, daß jeder Autor einer solchen Feststellung arg in Verlegenheit kommen würde, müßte er in Einzelfällen vorführen wie diese Winkel zu kontrollieren oder auch in der Praxis anzuschleifen wären.

Nehmen wir nur ein Beispiel heraus: Ein tiefgehöhltes Hohleisen in gekröpfter Form. Da hilft alle Kunst nichts; die Längsachse ist je nach Ausführung unterschiedlich gekrümmt. Keine Winkellehre wäre da anzusetzen, zumal man ja auch zugrunde legen muß, daß alle Werkzeuge handgeschmiedet und handverschliffen sind - also innerhalb gewisser Toleranzen in den Grundabmessungen schwanken. Und **den** "*Fachmann*" möchte ich sehen, der das dann mit "*Augenmaß*" bewerkstelligen kann. Dieser schafft vielleicht mehr Annäherung an das "*Wunschmaß*", aber keine Sicherheit.

Aufgrund seiner Erfahrung dürfte er auch noch Pluspunkte haben. Dies aber nun von einem Anfänger, Einsteiger oder Hobbyschnitzer zu verlangen, ist eine Zumutung. Kurz, eine Winkelangabe für die Schneide vorzugeben und diese zum "*Schnitzgesetz*" zu erheben ist unseriös.

Andererseits braucht es einen Annäherungswert, eine Annäherung an den Idealzustand. Dieser ist aber wiederum, nicht nur wegen der aufgezeigten Formenvielfalt, sondern auch parallel zu den in Anwendung kommenden Schärfsystemen zumindest fraglich oder reine Theorie. So wird, oder wurde zumindest noch vor einigen Jahren, mit den "*Ölsteinen*" oder ähnlichen "*Abziehsteinen*" praktisch an jeder Schneide ein "*Doppel-Schneiden-Winkel"* angebracht.

War das oftmals schon für einen Profi eine nicht immer korrekt lösbare Aufgabe, so war es für einen Anfänger schlichtweg wie *"Böhmische Dörfer"*. So sollte nämlich an den zunächst angeschliffenen allgemeinen Schneidenwinkel, durch Abziehen mit dem besagten Ölstein, dicht an der Schneide, sowohl innen als auch außen an der Schneide, eine kleine Fase eingearbeitet werden. Diese verfälschte natürlich - meist in ungebührlicher und durchaus nicht nachzukontrollierender Art - den allgemein gewünschten Schneidenwinkel. Schließlich war die *"kleine Fase"* ja nur ein paar Zehntel Millimeter breit; sollte sie wenigstens sein.

Wer sollte dies an der beispielhaften Schneide eines tiefgehöhlten und gekröpften Werkzeuges kontrollieren können? Sogar an einem ganz gewöhnlichen, geraden Balleisen konnte nur ein Profi so verwegen sein, eine korrekte Winkelhaltung zu behaupten. Dabei konnte er sich auch nur an Annäherungswerte halten. Also: *"Nichts Genaues gab und gibt es da nicht".*

Trotzdem hat der Schneidenwinkel Bedeutung und er ist wichtig. Nur ist er um so wichtiger, je komplizierter ich die Arbeit des Anschärfens gestalte. Je langwieriger ich an einer einzelnen Schneide manipulieren muss, also einen beträchtlichen Zeitaufwand habe, desto penibler möchte ich natürlich darauf achten die *"richtige Schneide"* hinzubekommen - schon um nicht in kürzester Zeit wieder von der Schnitzarbeit ablassen zu müssen, um die gleiche Schneide wieder aufzubauen.

Der Faktor Zeit war also bei den *"verflossenen"* Schärfmethoden eine starke Triebfeder. Vielfach gestaltete man die Schneide etwas zu stumpf um den unverhältnismässig hohen Zeitaufwand im Tagesablauf eines Schnitzers etwas zu drücken. Denn auch unseren *"Vorfahren"* ging es mehr um's Schnitzen als dazusitzen und mit teilweisen *"Geheimmittelchen"* Schneiden wieder herzurichten. Daher dürfte auch ein etwas seltsam anmutendes Sprichwort stammen: *"Allzuspitz sticht nicht und allzuscharf schneidet nicht"*.

Sicher, wenn ich eine gewisse Grenze der Winkelbildung unterschreite, dann macht die Schneide, entsprechend dem eingesetzten Holz nicht mit. Sie müsste sich umlegen oder ausbrechen. Das bedeutet aber auch, daß es, zumindest für weiches Holz, - oberflächlich betrachtet - ein schlankerer, spitzerer Schneidenwinkel sein kann als für hartes Holz.

Letztendlich sind das aber nicht die einzigen Beurteilungskriterien. Man sollte zunächst wissen wie sich eine Schneide aufbaut und um das *<Weshalb>* eines *"guten Schnittes"* Kenntnisse besitzen. Dazu gehört in erster Linie der Aufbau der Schneide selbst, das heisst: wie sieht das letzte Zehntel Millimeter "vorne aus"? Was ist überhaupt *"vorne auf der Schneide"*, wie läuft technisch ein Schnitt in Holz ab?

Einen ganz kurzen Einblick darf ich mir gestatten. Ausführlich und technisch-wissenschaftlich erläutert ist dies in meinem Fachbuch zum **"Schleifen und Schärfen von Werkzeugen"**.

Stahl ist, wie auch andere Metalle, kein in sich so homogener Stoff, dass es auch unter dem Mikroskop keine Zwischenräume gäbe. Das Gefüge ähnelt mehr einer sehr lockeren Gitterstrucktur; einzelne *"Bausteine"* erscheinen mehr wie Kristalle. Beim Schleifen, auch beim allerfeinsten Schleifen werden Teile *"herausgebrochen oder herausgerissen"*. Nicht alle Teile lösen sich sauber aus dem gehaltenen Verbund, so dass es zu Aufwerfungen, Verzerrungen und ähnlichen Vorgängen kommt.

Die Ergebnisse nennt man volkstümlich, wenn sie an der Schneide auftreten ***"Grat"***. Zu Recht wird an einer guten Schneide der *"Grat entfernt"* und man glaubt volkstümlich, daß man erst eine gute Schneide erreicht hat, wenn aller Grat entfernt ist. Doch: **"Ohne Grat gibt es keine gute Schneide".**

Freilich beziehe ich mich nicht auf den sicht- und spürbaren Grat, sondern das was als "*Zackenstruktur*" auf der Schneide übrig bleibt und nur unter einem Mikroskop zu sehen ist. Wenn man den "*Schneidgrat*" auch unter einem normalen Vergrößerungsglas sehen kann, dann ist er untauglich. Je feiner der Grat ausgebildet ist, um so schärfer ist das Schneidwerkzeug.

Ist kein Grat mehr da, dann ist die Schneide stumpf; das sieht man auch korrekt unter dem Mikroskop. Dann gibt es noch die verschiedenen Arten wie der "*Schneidgrat*" aufgebaut ist, und davon hängt nicht nur die Schneidfähigkeit, sondern auch die Lebendauer der Schneide ab. Stehen und liegen die "*Gratzäkkelchen*" kreuz und quer, was sowohl auf die Stahlstruktur als auch auf die Schärfmethode zurückzuführen ist, dann haben wir den Fall: *Die Schneide ist minderwertig.*

Stehen aber die Gratzäckelchen in Reih und Glied, parallel nebeneinander, dann ist die Schärfe optimal und die Lebensdauer der Schneide größer. Wahlweise zwischen Hart- und Weichholz zeigt dies unterschiedliche Wirkung. Korrekt ausgebildete Gratzäckelchen in einer korrekt verarbeiteten Stahlstruktur, ergeben besonders in Hartholz ein Mehrfaches an Lebensdauer der Schneide. Je mehr sie jedoch "*verwirbelt*" sind, um so schneller sind sie nach mäßiger Schneidleistung in Hartholz aufgebraucht. Durch konstante Mehrfachbelastung - quer, schräg und längs - ermüden sie schnell und *"geben den Geist auf"*.

So gesehen war die Lösung mit Hartarkansas, Ölsteinen und Belgischen Brocken keine optimale Lösung - konnte sie nicht sein, wenngleich sie auf der Höhe ihrer Zeit das technisch Machbare darstellten. Heute geht es besser und ich bin hier der Vorreiter neuer einschlägiger Technologien. Mit meinem Schärfsystem werden die Gratzäckelchen feinst und absolut parallel ausgebildet.

Einer schlecht ausgebildeten Stahlstruktur, eventuell verbunden mit einer unzulänglichen Härtung, kann ich aber *"auch nicht auf die Sprünge helfen"*. Das ergibt auch nur Scheinergebnisse.

Die mit meinen Systemen erreichbare Schärfe ist wirklich das optimal Erreichbare und zwar bei allen Formen und Abmessungen bei Schnitzmessern. Und jetzt kommen wir nach dieser *"relativ langen aber wichtigen Einleitung"* zum Kern der Sache, der Aufgabe des Kapitels: dem **SCHNEIDENWINKEL!**

<Wir brauchen den **Schneidenwinkel** nicht auf das Grad genau einzuhalten>. Schließlich schneidet ein sehr scharfes Werkzeug immer gut, ob es nun einen Schneidenwinkel von 20 oder 25 Grad hat, ob es nun einen von 25 oder 30 Grad hat oder ob es einen zwischen 30 und 37 Grad hat. Nur ein ganz raffinierter und routinierter - sagen wir mal "*Allwissender*", unverrückbar auf seiner Position beharrender- Praktiker könnte da einen Unterschied spüren und evtl. noch nachteilig finden.

Könnte! ---

Ich selbst kann Ihnen Ergebnisse aus blinden Testreihen belegen, aus denen hervorgeht, dass derjenige, der *"kein Genie"* ist (und ich bin auch keins) die oben genannten Unterschiede nicht bewußt und wissenschaftlich verwertbar mitbekommt. Das heißt, wenn ein Werkzeug wirklich rasiermesserscharf ist, wie es mit meinen Systemen spielend leicht erreichbar ist, **dann kommt es auf ein paar Grad mehr oder weniger nicht an.**

Schließlich wäre es auch weiter schrecklich absurd, wenn man sagt: *"Für Eiche 32 Grad"* und das pauschal beispielsweise auch für ein Werkzeug mit 2 mm Breite. Weiter sind solche Zahlen absurd, weil zwischen *"Eiche und Eiche"* kollossale Unterschiede in der Härte bestehen. Es gibt Eichen die steinhart sein können, und wenn man sie denn schon bearbeiten will, dann muß auch ein stumpferer Winkel her. Solange die Schneide sich umlegt, ist sie zu spitz. Einige Male passiert, und jeder weiß aufgrund dieser Erfahrungswerte Bescheid.

Es gibt aber die Eiche, die zum Schnitzen benutzt wird, die kann u.U. die spezifische Härte eines guten Lindenholzes erreichen. Weshalb dann die Schneidenwinkel ändern? Bei Gebrauch des **KOCH-SCHÄRF-SYSTEMS** und guten Markenwerkzeugen brauchen Sie das **garantiert** nicht.

Für ganz Technologiegläubige noch:
- Bei Schnitzwerkzeugen von *1 bis ca 8 mm Breite* "bauen Sie" einen Schneidenwinkel von *ca. 17 - 23 Grad.*
- Bei denen von ca. *8 - 12 mm Breite ca. 21 - 25 Grad.*
- Bei jenen von ca. *12 - 20 mm Breite ca. 23 bis 28 Grad.*
- Bei jenen von ca. *20 aufwärts ca. 27 bis 33 Grad.*

Es ist *"kein Beinbruch, wenn es etwas mehr ist"*. Bei gebogenen oder gar gekröpften Werkzeugen darf die Schneide spitzer sein, besonders, weil damit weniger Material weggeschnitten und weniger fest mit dem Klüpfel gearbeitet wird. Gerade die Gekröpften werden weniger beansprucht.

2. 0 Schleifen-Schärfen, Allgemeines

In einem *"Schnitzerbuch"* habe ich unter anderem die *"Weisheit"* gelesen: *"Zum Schnitzen benötigen Sie scharfe Werkzeuge"*. Leider hatte aber der Verfasser in diesem "*Werk*" nicht dazugeschrieben wie man dazu kommt. Es stand auch nicht dabei was man unter scharf versteht. Der Anfänger braucht aber diese technischen Angaben - zumindest brauchbare Hinweise. Gerade und besonders, wenn er aus holzfremden Berufen kommt, kann ihm jeder selbsternannte Fachmann u.U. in einem *"Fach-Geschäft etwas vormachen - auch ein X für ein U"*.

In einer anderen *"Schnitzer-Belehrung"* waren Strichzeichnungen und "*Kringel*" als Orientierungshilfe zum Bewegungsablauf während des Schärf- und Abziehvorganges aufgemalt. Während diese "*Vorgaben*", mit viel Fantasie und einschlägiger beruflicher Vorbildung, gerade noch für ein gerades Werkzeug mit gerader Schneide annehmbar sein könnten, gab es Null Aufklärung wie das denn mit den gebogenen und eventuell tief gehöhlten Werkzeugen - oder gar gekröpften, und den verschieden geformten Gaissfüssen etc.etc. - geschehen sollte.

Ein Anbieter von Hobby-Schnitzer-Zubehör mahnte mich, doch ja keine *"schlafenden Hunde"* zu wecken und auf *"gewisse Schwierigkeiten hinzuweisen"*. Das schrecke doch nur von einem Kauf ab. Man dürfe doch einen potentiellen Kunden nicht auf mögliche Schwierigkeiten aufmerksam machen. Der solle kaufen! Was er dann mache sei seine Sache.

Wie Sie schon richtig bemerkt haben, und ich auch nachstehend noch weiter ausführe, hielt ich mich nicht an die *"guten Ratschläge"*. Ich möchte ein <*ehrlicher Partner*> sein. So können Sie bei mir alles über Schnitzen erfahren - und ehrlich.

"Schleifen und Schärfen" gehört zum Berufsbild eines Schnitzers. Ohne diese Kenntnisse, kann nicht einmal eine Gesellenprüfung abgelegt werden. Schleifen für sich, Werkzeuge schleifen, ist ein Kenntnisstand für sich, der erlernt werden muß und natürlich erlernt werden kann.

Mit <*Schärfen und Abziehen*> war es ähnlich. Zudem wurden über Jahrhunderte hinweg, bis in unsere Zeit *"kleine Kniffe"*, sogenannte *"überlieferte Geheimnisse"*, *"raffinierteste Methoden"*, *"selbstgebraute Mittelchen"* usw, bisweilen besser als Staatsgeheimnisse gehütet und bestensfalls an nächste Familienangehörige "*verraten*" - weitergegeben. Über Anschleifwinkel, Schneidenwinkel, Fase, Entgraten und ähnliche Fachbezeichnungen, wurde nur gemunkelt.

Damit habe ich Schluß gemacht. Ich habe Systeme entwickelt und patentrechtlich schützen lassen, die jedem die Möglichkeit an die Hand geben - und ich betone JEDEM - seine Werkzeuge selbst zu schleifen und zu schärfen. Keiner braucht besondere Talente vorzuweisen. Er wird besser und perfekter und genauer und gefahrloser und schneller anschleifen und anschärfen können, als es technisch je vorher der Fall war. Ich habe mit meinen Entwicklungen regelrechte technische Durchbrüche geschaffen und es ist mittlerweile auch durch die Praxis bestätigt, daß bisher gültige, gängige Lehrmeinungen umgeschrieben werden müssen.

Durch meine einfachen Schleif- und Schärftechniken wurde es erst richtig möglich das Hobby-Schnitzen einer weitaus breiteren Schicht zugänglich zu machen. Ich begrüße Sie in diesem "*Club*" und sage Ihnen zu, bei Ihren ungelösten Problemen jederzeit behilflich zu sein.

2.1 Schleifen

Schleifen ist spanabhebende Verformung bzw. Formgebung. Schnitzwerkzeuge erhalten durch das Schleifen eine Schneidenform und den Anschleifwinkel. Als Schleifwerkzeuge dienen Scheiben, Walzen, "*Steine*", Bänder und Ähnliches. Sie alle müssen auf ihrer Oberfläche - oder als Masse durch und durch - ein hartes Korngefüge haben, mit dem sie den Stahl "*abkratzen*". In jedem Fall müssen die Schleifkörner härter als der Stahl sein. Durch das "*Abkratzen*" entsteht Reibungstemperatur, die das gehärtete Stahlgefüge negativ beeinträchtigen kann. Das Werkzeug *"glüht aus"* oder *"wird blau"*, was das Gleiche bedeutet.

Wie dem auch sei, jede Verfärbung bedeutet das *"sichere Ende einer guten Schneide"*, das Ende der Härtung. Damit dies nicht geschieht, müssen Werkzeuge, die auf den bisher üblichen Schleifmaschinen, Schleifböcken usw. bearbeitet (geschliffen) wurden, in relativ kurzen Intervallen gekühlt werden. Sie werden ins Wasser getaucht, dann kann weitergeschliffen werden. Das immer wieder erneute Ansetzen am Schleifstein beeinträchtigt naturgemäss die Qualität der Schneidenausbildung. Auf der Fase bilden sich Facetten aus verschiedenen Schleifansätzen. Von einem gleichmässigen Winkelanschliff kann nicht die Rede sein.

Immer wieder griff man auf Ur-Uropas *"guten alten Sandstein"* zurück, der mit Hand oder Fuß gekurbelt, und mit Wasser benetzt, das Ausglühen verhinderte. Der Abrieb war aber in der Regel durchaus mehr auf dem Stein zu sehen als auf dem Stahl zu spüren. Fantastisch viel wertvolle Zeit geht dabei verloren.

Die Qualität der Schneidenform ist und bleibt dabei mäßig und unregelmäßig, ballig (also rundlich) und unsauber! Alle diese Nachteile war man bereit in Kauf zu nehmen, wenn nur das Werkzeug nicht ausglühte.

Allerdings wussten schon die alten Syrer, Ägypter, Griechen, Römer und Andere von den Problemen und Vorzügen. Es kann sich also nur um eine altehrwürdige Museumsmethode handeln. Im Vergleich zu meinem Schleifaggregat können andere, auch mehr zeitgemässe Schleifmethoden, alle diesen Weg nehmen.

Meine Methode ist wiederum einfach, dabei präzis, sehr schnell, elastisch und weich. Meine Maschine <*Schleifaggregat*> kühlt sich selbst und das Werkzeug. Bei völlig normalem Andruck, so wie man sich an den gewöhnlichen Schleifscheiben oder Schleifsteinen verhält, gibt es kein Überhitzen, also Ausglühen. Es ist möglich, auch große Werkzeuge, in einem Zug, minutenlang, ohne Zwischenkühlung zu schleifen. Die Schneidenform kommt dabei mit aller gewünschten und mit verblüffender Präzision zustande.

2.1.1. Der Sandstein

Er besteht aus rund behauenem oder gedrehtem, meist hellerem Natursandstein. Er wird auf einer Achse von Hand oder per Elektromotor langsam gedreht - ca. 60 - 120 U/min. Kleine Durchmesser können auch schneller laufen, sie sind auch noch schneller verbraucht. Ein einfaches System gibt kontinuierlich Kühlwasser auf den Stein. Das aufgesetzte Werkzeug kann kaum ausglühen. Damit wären schon alle Vorteile aufgezeigt.

Die Nachteile: Der Stein verformt sich, nutzt sich schnell ab. Ein wertvoller Hohlschliff ist nicht möglich. Der Schleifvorgang läuft frustrierend langweilig ab - bei enormem Zeitaufwand, die Schneidenform ist nie präzis, immer ungünstig verformt. Ich kann den Stein aus keiner Sicht empfehlen; *Sie wollen ja schnitzen und nicht nur Ihre Zeit mit Schleifen (hier Stahl abkratzen) verbringen.*

2.1.2 Künstlich hergestellter Stein

Es sind sehr harte Körner aus Keramik oder Metalloxyden, die mit einem Bindemittel in einer Form zu einem "*Stein zusam-*

mengebacken" werden. Je feiner die individuell zusammengebackenen Körner, um so feiner im Prinzip der Abrieb auf einem Stahlwerkzeug.

Je kompakter das Gefüge vor dem "*Verbacken*" zusammengepresst wurde, um so dichter liegen die einzelnen Schleifkörper beieinander. Damit wären die Hauptkennzeichen eines Schleifsteines beschrieben: *1. die Schleifkornhärte, 2. die Schleifkorngrösse und 3. die Dichte, in der die Schleifkörper zusammengepackt sind.*

Für Schnitzbeitel gilt: Der Stein soll aus lose <verbackenen> Körnern bestehen, also relativ weich sein. (Nicht zu verwechseln mit der Härte des Kornes.) Die Schleifkorngröße sollte bei Nr. 80 - 100 liegen. Der Durchmesser des Steines zwischen 120 und 150 mm. Die Drehzahl ist eng begrenzt - mehr wie 3000 U/min ist aus Sicherheitsgründen verboten, denn der Stein könnte auseinanderfliegen.

Beim Stein setzen sich während des Abriebprozesses, dem Schleifen, zwischen die einzelnen Schleifkörner Metall- und Schlackenteilchen - teilweise verbranntes Metall. Zusammen vermindern sie sehr rasch die Abriebsfähigkeit; die Reibung wird verstärkt und die daraus resultierende Temperatur sprunghaft erhöht. Fast schlagartig, von einem Moment zum Anderen, tritt eine Verfärbung des Stahles ein, die spezifische Härte ist verloren, der Beitel hält die Schneide nicht mehr.

Zum Schleifen auf dem Schleifstein brauchen Sie sehr viel Erfahrung und bekommen trotzdem nie eine perfekte Schneidenform hin. Das ständig notwendige Absetzen des Schleifvorganges zum Kühlen in Wasser bringt es mit sich, daß die einmal geführte Schleifposition in der Praxis nie wieder genau aufgefunden werden kann. Das Ergebnis: die angeschliffene Fläche (Fase) sieht wie schlecht geschliffener Edelstein aus, mit vielen unregelmäßßigen Facetten. Die Wasserkühlung fördert zudem einen Oxydationsprozeß (rosten). Der kleinste, immer wieder auftretende unregelmässige Abrieb auf dem Stein führt zu Vibrationen. Kleine, schmale Werkzeuge können dann kaum noch geschliffen werden.

Bemerkung: Das Schleifen auf dem kunstharzgebundenen Schleifstein ist zwar die heute am weitesten verbreitete Methode. Es ist dennoch eine Qual für den durchschnittlichen Hobbyschnitzer, ja ein Martyrium und nie ganz befriedigend. Ein perfekter Anschliff ist durchweg auch für den Profischnitzer ein nie ganz lösbares Problem.

2.1.3 Schleifscheibe

Auch hier sind Abriebkörper wie beim Schleifstein, aber zusammen mit einem widerstandsfähigen Gewebe in einer Scheibenform verpresst und verbacken. Sie läuft im Normalfall horizontal. Gelegentlich wird sie mit Schlitzen versehen angeboten.

Die dann sogenannte "*Sichtscheibe*" ermöglicht eine Draufsicht auf die Fase während des Schleifvorganges. Bei geraden Schneiden macht das wenigstens theoretisch Sinn, aber bei hohlen Formen, vor allem aber bei gebogenen und gekröpften Werkzeugen, gibt es unlösbare Probleme. Statt den Abrieb auf der Fase mitzuverfolgen, benötigen Sie gute Sicht auf das Werkzeug und den ablaufenden Schleifvorgang.

Genau das können Sie aber nicht, da das Werkzeug, fast komplett verdeckt unter der Scheibe geführt wird. Sie sollen *"durch die Scheibe durchsehen"* - daher der Begriff: "*Sichtscheibe*". In der Regel haben Sie nicht einmal die das Werkzeug führenden Hände im Blickfeld. Die Schneide auf der Fase zu beobachten wie sie blau wird ist ein völlig unzulänglicher, ungeeigneter bis frustrierender Vorgang.

Die Gefahr der Überhitzung ist genausowenig auszuschließen wie beim Schleifstein. Sie sehen es nur plastischer, wenn die Fase (die Schneide) blau wird. Das mehrfache Absetzen zur Zwischenkühlung ist ebenfalls erforderlich.

Bemerkung: Keine Problemlösung für den Hobbyschnitzer. Das System verhindert auch den wertvollen Hohlschliff.

2.1.4 Das Schleifband

Auf einem robusten Textilband werden Schleifkörner gleichmäßig verteilt aufgebracht und "*festgeklebt*". Je nach Antriebsart und Bandbindung - dort wo das Band zusammengeklebt worden ist - kann es gewisse Vorteile bieten. Die Ausglühgefahr, das Hauptproblem, bleibt bestehen.

2.1.5 Die ideale Lösung

Mein Schleifaggregat arbeitet mit 6000 U/min bei einem Bandlauf über zwei elastische, schräg gerillte Gummirollen. Aufgrund der hohen Drehzahlen wird durch die schrägen Rillen Luft angesaugt und in kräftigem Strom unter dem Band hindurchgeführt. Das Band wird gekühlt.

Die halb so grosse Umlenkrolle läuft 12 000 U/min. Die angesaugte Luft wird gegen eine sinnvoll geformte Vorrichtung und in Drehrichtung nach vorne gelenkt. Auf dem Weg dorthin wird sie in einer Wirbelkammer verdichtet und beschleunigt. Sie gelangt schliesslich unter einer breiten Auslaßdüse, praktisch auf dem Schleifband "*klebend*" bis zum aufgesetzten, gerade zu schleifenden Werkzeug. Die intensive Kühlung ist damit direkt an der Schneide.

Das Band läuft gegen die Schneide, dennoch ist ein Einhaken aufgrund der sehr hohen Umlaufgeschwindigkeit - ca. 120 km pro Stunde - in der Regel nicht möglich.

Der Lauf der Maschine ist vibrationsfrei. Es ist daher in der Praxis möglich eine Stecknadelspitze perfekt anzuschleifen. Durch leichtes Auswechseln der Bänder kann mit 12 verschiedenen Schleifkörnungen - von Korn 30 bis Korn Nr. 600 - gearbeitet werden. Das Band kann sich beim Anlaufen selbst den eingestellten Idealsitz suchen.

Der ruhige Lauf garantiert auch bei feinsten Schnitzwerkzeugen den perfekten Hohlschliff. Während des gesamten Schleifvorganges braucht das Werkzeug nicht, zum Kühlen in einer Flüssigkeit, abgesetzt zu werden. Die Ausbildung der Schneide ist sehr leicht verfolgbar, so daß auch zwischendurch, wegen einer Kontrolle, der Fortgang der Schneidenausbildung **NICHT unterbrochen werden muß.**

Der Antrieb erfolgt über einen 1-PS-Motor und Getriebe zum Erreichen der erforderlichen 6000 U/min. Er läuft mit Lichtstrom und ist wartungsfrei. Eine Steckverbindung zum Bandschleifgerät stellt sicher, daß Motorseits keine Vibrationen zur Arbeitsfläche übertragen werden.

Eine einfache Führungsauflage sichert mit absoluter Präzision das Wiederauffinden der Schleiffläche nach einer Unterbrechung. Durch eine weitere, zweite Führungsauflage, kann bei der Mehrzahl der Schneidwerkzeuge ein gewünschter Anschleifwinkel eingestellt und mit Leichtigkeit eingehalten werden.

Alles in Allem, das ist eine *"runde Sache"*.

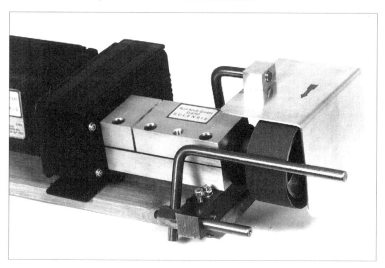

Bild Nr. 61: *Das KOCH-Schleifaggregat mit einfacher Winkelführungs-Auflage. Die Antriebseinheit ist links verdeckt.*

2.2 Schärfen

Nach der Formgebung durch Schleifen wird die Schneide geschärft. Der Schärfvorgang bewirkt die Feinausbildung der Schneide. Jede Schneide besteht - Wiederholung! - aus mikroskopisch kleinen, sogenannten *"Gratzäckelchen"*. Je kleiner diese ausgebildet sind, desto schärfer ist die Schneide und um so länger bleibt sie (Bei Holzbearbeitungswerkzeugen) scharf. Je kleiner die Gratzäckelchen ausgebildet sind, um so mehr können auf einem bestimmten Abschnitt, z.B. auf einem Zentimeter ausgebildet werden. Wenn eine Schneide keine Gratzäckelchen mehr aufweist, dann ist sie nur optisch scharf, praktisch aber stumpf. Mehr und feinere Gratzäckelchen brauchen längere Zeit, bis sie unwirksam werden, abgearbeitet sind, bis eine Schneide stumpf wird.

Gröbere, und damit weniger Gratzäckelchen auf einer vergleichbaren Schneide, sind schneller verloren. Der Beitel hält wesentlich weniger Zeit die Schärfe. Auch in einem gerade neu geschärften Zustand fühlt sich die Schneide ohne *"giftigen Biß"*.

Je mehr feine Gratzäckelchen auf das zu schneidende Material - unser Schnitzerholz - einwirken, um so glatter sieht der Schnitt aus und ist es auch wirklich. Die Holzfasern werden alle <abgeschnitten> und keine <abgequetscht>. Je weniger Gratzäckelchen, und/oder je gröber sie sind, um so mehr feine Holzfasern werden abgequetscht oder *<abgerissen>* statt abgeschnitten. Auch der Kraftaufwand zum *"quetschen"* (statt schneiden) wird größer, die Schnitzleistung fällt, es macht keine Freude, die Arbeit befriedigt nicht und man wird schneller müde. Fehler stellen sich ein, die Unfallgefahr wächst.

Das Schlimmste jedoch, das *"dicke Ende"* kommt im wahrsten Sinne des Wortes hinterher. Stellen Sie sich Ihre fertige Arbeit vor und nun soll *"der Schöpfung die Krone aufgesetzt werden"* - sie soll gebeizt werden.

Alle abgequetschten, abgerissenen oder abgedrückten Holzfasern haben die Angewohnheit sich beim Aufnehmen von Feuchtigkeit - auch beim Naßwerden z.B. mit Beizflüssigkeit - schnell vollzusaugen und wieder aufzurichten. Die Beizflüssigkeit wird mit vielfacher Geschwindigkeit und intensiver aufgenommen als *"normal und sauber geschnitttene Umgebungen"*. Die Schnitzarbeit wird fleckig, unansehnlich - **zum wegschmeißen.**

Beschimpfen Sie aber nicht den Beizenhersteller, den Beizenlieferanten, die schlechte Beize oder Ihre Beizmethode. Halten Sie Ihre Beitel einwandfrei geschärft, dann passiert dies nicht.

Es ist doch so einfach mit dem **KOCH-SCHÄRFSYSTEM.**

2.2.1 Der Abziehstein

Schon vor mehr als 2000 Jahren schärften sich die römischen Legionäre - und alle anderen Krieger - ihre Schwerter mit feinkörnigen, sehr harten Steinen. Der *"Belgische Brocken"* dürfte ein begehrtes Stück *"kriegswichtiger Ware"* gewesen sein und hat sicher bei keinem Marschgepack gefehlt.

Im Laufe der Zeit kam zu diesem berühmten Namen als grosse Alternative der *"Hart-Arkansas"* hinzu. Verschiedene Profile erleichterten das Schärfen von Formwerkzeugen. Damit sich die feinkörnige Struktur dieser Steine - ein gemeinsames Merkmal - nicht zu schnell mit abgeriebenen Metallteilchen zusetzte, bzw. verschmutzt wurde, gab man zum Schärfvorgang Wasser, Öl, Petroleum und Ähnliches zu.

Die Feinheit und die gleichmäßige Verteilung des einzelnen Kornes in diesen Schärfsteinen (Abziehsteinen) entschied über die Art der Ausbildung und die Feinheit der letztendlich für die Schärfe verantwortlichen Gratzäckelchen.

Kompliziert einzuübende Bewegungsabläufe mit dem Schneidwerkzeug sollten für eine gleichmäßig scharfe Schneide sorgen. Es mußte stets auf beiden Seiten einer Schneide wechselseitig geschärft (abgezogen) werden. Viele eng geformte, vor allem gebogene und gekröpfte Beitel, konnten nur mangelhaft oder schlicht überhaupt nicht geschärft werden.

Als Regel gilt heute noch: Ein Beitel, mit der Schneidenform und -grösse entsprechend der Kuppe eines kleinen Fingers beanspruchte nach dem Schleifen zwischen 12 und 15 Minuten Zeit - Abziehzeit.

Überlassen Sie die *"Abziehsteine"* den Museen.

2.2.2 Lederriemen

Friseure *"zogen"* die Schneide ihrer Rasiermesser regelmässig über ein Lederband auf das von Zeit zu Zeit feine Schärfmittelchen aufgetragen wurden. Der Lederriemen war zweifelsohne schon vor vielen Jahrhunderten, überall wo scharfe Werkzeuge (oder Kriegswerkzeuge) gebraucht wurden, in der Anwendung. Der Begriff *"abziehen"* dürfte von da abzuleiten sein.

Mein Vater "*zog*" in der Mangelzeit nach dem 2. Weltkrieg seine Rasierklingen auf der schwieligen, lederähnlichen Innenseite seiner Hand ab. So präparierte er die Schneide für eine weitere (trotzdem nicht gerade schmerzlose) Rasur.

Es gibt auch Tüftler, die den Lederriemen über eine Rolle oder Walze spannten und dadurch die erforderliche Hin- und Herbewegung in einen kontinuierlichen, unter dem Beitel sich drehenden Schärfablauf rationalisierten. Drehrichtung vom Körper weg.

Eine verbesserte Schneide gegenüber dem Abziehstein wurde erreicht und feinere Gratzäckelchen ausgebildet. Die Schwierigkeit bei Formschneiden blieb. Zudem wurde die Fase der Schneide, und die Fläche direkt bei der Schneide allzuleicht abgerundet. Ein kontrollierter Anschleifwinkel konnte nicht eingehalten werden. Es mußte beidseitig abgezogen werden.

Bemerkung: Ausglühen nur selten. *Fazit:* Ab in's Museum!

2.2.3 Die Gummischeibe

Das hört sich vielversprechend an. Es ist aber eine Lösung die mit mehr Nachteilen als Vorteilen belastet ist - bei den Schnitzwerkzeugen und Ähnlichem.

Die Gummischeibe ist meist aus Polyuretan-Kunststoff und in Größe und Form oft einem normalen Schleifstein angepasst. In den Kunststoff eingebacken sind Schleifkörperchen. Sie tragen während des Schärfvorganges - es wäre näherliegend von einem Schleifvorgang zu sprechen - die Stahlteilchen ab. Bei entsprechendem Licht können Funken sichtbar werden. Die Schleifkörnchen können, wie bei den Schleifsteinen, in ihrer Größe der erforderlichen Arbeit angepasst sein. Die Drehrichtung ist vom Körper weg.

Die Scheibe bildet die Schneide tatsächlich aus, aber (das "*ABER*" sollte ich sehr groß schreiben), die Gefahr des Ausglühens ist allgegenwärtig und was noch schwerer wiegt: sie ist nicht kontrollierbar. Warum?

Der Arbeitsablauf bedingt, dass die auszubildende Schneide in Laufrichtung-Drehrichtung zeigt. Durch das Aufdrücken der Fase gibt es eine trockene Reibungswärme oder -hitze die überhaupt nicht oder nur in sehr geringem, unzureichendem Maße abgeführt werden kann. Die Temperatur kumuliert dort wo sie am wenigsten gebraucht wird, und auch nicht mehr weg kann, nämlich an der Schneide.

Die Gratzäckelchen werden noch wunschgemäß ausgebildet, sie glühen jedoch in der Regel (mikroskopisch klein) unkontrolliert und unbemerkt aus. Sie sind schließlich dort wo die Hitze am größten ist. Die Folge ist, daß sie ohne Widerstand, schon nach den ersten Schnitten im Holz, verlorengehen, herausbröseln. Übrig bleibt eine nur noch rein optisch scharfe Schneide. Mit ihr ist *"kein Staat zu machen"*.

Die Folge ist bekannt: Man kann nicht mehr schneiden sondern nur noch **"drücken und quetschen"**.

Komplizierte Schneidenformen sind nur sehr schwierig, ungenügend bis gar nicht schärfbar. Nacharbeiten mit Abziehsteinen auf der Innenseite sind erforderlich.

Bemerkung: Die sogenannte Gummischeibe ist für Schnitzer kein Fortschritt.

2.2.4 Das Diamant-Formstück

Es ist ein, wie auch immer geformtes Metallstück, das auf der Oberseite mit mikroskopisch feinen Diamantsplittern bestückt ist. Die Diamanten sind künstlich "*gezüchtet*". Sie sind fest mit dem Untergrund verbunden.

Das Schärfwerkzeug wird von Hand über die Schneide, oder die Schneide über ein abgelegtes Diamant-Form-Stück bewegt. Späne werden abgenommen. Gratzäckelchen, entsprechend der Anordnung der Diamant-Splitter, ausgebildet. Es muss innen und aussen - wie mit einem Abziehstein - "*abgezogen*" werden.

Der Vorgang wird bei komplizierteren Formen immer mühseliger und unwirksamer. Eine gute Schneide gibt es in der Regel

für den Schnitzer nicht. Ausglühen ist nicht möglich.
Bemerkung: Sicher gibt es Anwendungsbereiche bei denen man die Diamant-Methode als Fortschritt schätzen kann. Der Schnitzer hat keinen Vorteil.

2.2.5. Schwabbeln

Eine Schwabbelscheibe besteht aus z.T. mehreren Dutzend zusammengenähten Textilscheiben (Baumwolle). Auf die laufende Schwabbelscheibe wird eine Paste aufgetragen. Mit der angeschliffenen Fase auf der laufenden Scheibe wird Material in Richtung Schneide abgetragen und die Gratzäckelchen nur z.T. ausgebildet. Ein Ausglühen kommt nicht vor.

ABER! Jedes angedrückte Metallstück wird an den Kanten abgerundet, so auch jede Schneide - und alles drumherum, was mit der weichen Schwabbelscheibe in Kontak kommt, bekommt einen Buckel. Der angeschliffene Winkel geht im Eilverfahren unkontrolliert verloren. Alles rundet sich ab. Nach zwei- bis dreimal Schärfen muß der Anschleifwinkel neu ausgebildet werden. Ruck-Zuck ist der schöne Beitel *<alle>*.

Bemerkung: Ein System für Leute mit viel Geld - besonders weil sie kostbare Zeit in häufiges "*Nachschärfen*" investieren und wegen der Schwabbelscheibe halt ziemlich oft neue Beitel brauchen. Ein wahrer Segen für die Beitelhersteller.

2.2.6 . Holzscheiben profiliert

Viele hochverdiente Schnitzer mit Talent im Drechseln haben sich schon serienweise, dutzendweise Holzscheibchen mit verschiedenen Profilen gedreht. Sie haben auf Abziehsteinen die Aussenseiten ihrer Formbeitel bearbeitet und die Innenseite mit der entsprechenden Profil-Holz-Scheibe. Diese mußten regelmäßig mit Schleifpaste imprägniert werden.

Bemerkung: Ein System zum raschen vergessen.

2.2.7. Die ideale Lösung

Zunächst habe ich zwei Scheiben auf Textilbasis mit Zusätzen entwickelt. Sie arbeiten im Drehzahlbereich 1200 bis ca. 1700 U/min in Drehrichtung vom Körper weg.

Eine weiße, formstabile Scheibe ist zum Schärfen alle geraden Schneiden, eine graue thermoelastische Scheibe für alle Hohlformen. Vor jedem Schärfvorgang wird auf die laufende Scheibe eine geringe Menge, meiner speziell dafür entwickelten Schärfpaste, durch einfaches Andrücken - aufgetragen. Es ensteht dadurch eine schwache Beschichtung, die gerade für einen Schärfvorgang ausreichend ist. Schon nach kurzer Zeit gibt Ihnen die Erfahrung die sparsamste Dosierung vor.

Auf jeder Scheibe läuft der Schärfvorgang thermoelastisch ab. Sie müssen die komplette Fase satt andrücken. Dadurch entsteht Reibungswärme. Wenn Sie den von mir vorbestimmten Temperaturbereich erreicht haben, reagiert die aufgetragene Paste mit den Inhaltsstoffen der Scheibe, und die Schärfung läuft immer innerhalb weniger Sekunden ab.

Bild Nr. 62

Links der Schärfset. Auf der Achse ist rechts die formstabile helle Schärfscheibe für alle geraden Schneiden.
Auf der Linken sitzt die graue, termoelastische Scheibe für alle gehöhlten Schneiden
Rechts die KOCH-Schärfpaste

Dass Sie über die Reibungswärme die erforderliche Reaktionstemperatur erreicht haben, ersehen Sie an einem rasch auftretenden schwarzen öligen Streifen, direkt auf der Innenseite der Schneide. Zählen Sie von da ab ruhig bis auf 3, max. bis 5, dann ist in der Regel die Schärfe perfekt - rasiermesserscharf. Bei breiteren Werkzeugen braucht es etwas länger. Reinigen Sie dann gleich die Schneide und Sie können sofort damit arbeiten (*oder sich rasieren*).

Auf der Innenseite wird **NIE** etwas gemacht; Sie wird **NICHT ANGETASTET.** Wenn Sie trozdem nacharbeiten, **VERRINGERN** Sie die Schneideigenschaft.

Ein Ausglühen ist *völlig UNMÖGLICH.*

Es ist von großem Vorteil, wenn Sie des öfteren ein Stück (gebrauchtes) Schmirgelpapier oder -leinen kräftig über die laufende Scheibe ziehen. Diese bleiben dadurch in vielfacher Hinsicht positiv beeinflußt, sie bleiben nämlich wie neu, rundlaufend, sauber und wenn Sie es unmittelbar vor einem Schärfvorgang machen sind sie optimal **VORGEWÄRMT**. Fast sofort haben Sie anschliessend die erforderliche Schärftemperatur. Die Schärfung selbst läuft dann auf der stets runden und so vibrationsfreien Scheibe sauber, präzis und ohne Reibungsverlust ab. Der Schneidenwinkel lässt sich besser einhalten.

Ideal ist es, wenn Sie den Vorgang mit dem stumpfen bzw. gebrauchten Schmirgelpapier oder -leinen, nach 5 Schärfvorgängen wiederholen. Dies auch wenn Sie gerade eine Serie Ihrer Beitel nacheinander schärfen. Für diese Aktion sollten Sie Ihre Arbeit zu Ihrem Vorteil unterbrechen. Vergessen Sie es aber nicht spätestens nach 10 Schärfvorgängen. Andernfalls blockieren Ihnen die abgeriebenen feinsten Stahlteilchen mehr und mehr die Effektivität der Scheibe. Sie backen sich nämlich, zusammen mit verbrauchter Schärfpaste in die Scheibenoberfläche ein.

Keine Sorge, durch das Aufdrücken des Schmirgels, grob oder fein - besser mittel - erhält jede Scheibe eine längere Lebensdauer. Jede Scheibe macht bis zu 4000 Schärfvorgänge mit - paradox aber wahr.

Mit einem kg KOCH-SCHÄRFPASTE können Sie insgesamt bis zu 2000 Mal schärfen - wobei es auf die meistgeschärften Beitelformen und -abmessungen ankommt.

Jede Schneide können Sie - einmal auf einem Schleifstein geformt, - 20 bis 40 Mal nachschärfen.

Achten Sie nach einem <Schleifvorgang> auf keinen Fall auf einen groben oder wie auch immer ausgebildeten Schleifgrat. Auch wenn er noch so grob ist; Sie brauchen nicht nachzuarbeiten. Er verschwindet von alleine während des Schärfvorganges. Achten Sie darauf, immer die angeschliffene Fase komplett in Kontakt mit der Schärfscheibe zu halten. So haben Sie am längsten an Ihrem Werkzeug und Ihrer Scheibe.

Jede so ausgebildete Schneide hält garantiert ca. 3 Mal länger als eine vergleichbare Schneide auf einem Abziehstein ausgebildet - und sie ist wesentlich schärfer. Machen Sie den Versuch: Sie können garantiert mit dem gleichen angeschliffenen Winkel Hartholz und Weichholz bearbeiten - was bei anderen Schärfsystemen auch nicht möglich ist. (Haben Sie Qualitätswerkzeuge?)

Es ist leicht wie ein Kinderspiel tiefrunde, schmale Beitel oder auch spitze Gaissfüsse sowie breite, flache Beitel in Sekunden rasiermesserscharf zu haben.

Einfacher und schärfer geht's nicht!

2.2.8. Geräte und Aggregate zum Schärfen

Die beiden Scheiben können Sie auf einem Dorn in der Bohrmaschine betreiben. Unser Dorn hat 12 mm Durchmesser. Dies aber nur, wenn Sie wirklich sehr wenig, d.h. nur einige wenige Male im Monat zu schärfen haben. VORSICHT - die Bohrmaschine ist in der Regel nicht für seitlichen Druck ausgelegt. Die Lager schlagen schnell aus, dann ist die Bohrmaschine nicht nur zum Schärfen unbrauchbar.

Am besten Sie betreiben die KOCH-Scheiben auf meinem speziell dafür hergestellten Motor. Hier werden die Scheiben direkt auf der Ankerwelle aufgesetzt und betrieben. Sehr kräftige Lager garantieren eine aussergewöhnliche Lebensdauer. (5 Jahre Garantie) Die Drehzahl beträgt 1400 U/min. Der Motor läuft mit 220 Volt Lichtstrom und wird komplett mit Kabel und Schalter geliefert. So wie die Einheit von mir oder über Ihren Fachhändler geliefert wird, ist sie betriebsfertig: Stecker einstecken und **schärfen**.

Noch etwas Technisches: Der Motor ist von mir überdimensioniert gewählt - er sieht kräftiger als seine 250 Watt aus. Rein äußerlich sieht man ihm auch an, dass er ein Aluminiumgehäuse hat, denn ich lasse ihm keine Farbe "*verpassen*". Der Grund für diese beiden - auf den ersten Blick vielleicht unbedeutenden - technischen Details ist, daß ein *<Langsamläufer>* (1400 U/min) im Dauerbetrieb sich nicht ausreichend kühlt.

Er ist also größer gebaut als erforderlich und er kann sich selbst auf seiner *"blanken Aussenhaut"* bzw. über sie bestens kühlen. So profitiert der Hobbyschnitzer von der Profierfahrung.

Bild Nr. 63
Das Schärfaggregat mit weißer, formstabiler Scheibe für die geraden Schneiden und in 20 mm Abstand die graue, thermoelastische Scheibe für die gehöhlten Schneidenformen. Links neben den Scheiben ein Schutz. Vor den Scheiben eine einfach Führungsauflage.

2.3 Das kombinierte Schärf- und Schleifaggregat

Dieses Gerät - oder auch System - habe ich als Ergänzung zu dem vieltausendfach bewährten Schärfsystem, mit der weißen und grauen Schärfscheibe, entwickelt. Es schließt praktisch in idealer Form den Angebots-Kreis der **"KOCH- Schleif- und Schärfsysteme".** Es war dies auch mit einer der gewichtigen Gründe das bisher so erfolgreiche und siebenmal verlegte Buch **"schnitzen - GRUNDKURS"** in seiner Original-Fassung abzulösen. Die neuen Erkenntnisse und Entwicklungen sollten Ihnen leichter zugänglich gemacht werden.

Wie war das bisher im Hause KOCH? Ich konnte Ihnen die Weltneuheit mit dem problemlosen und unglaublich schnellen Schärfsystem - dem KOCH-Schärfsystem - vorstellen und anbieten. Bis heute ist das System praktisch konkurrenzlos. Zum Schleifen entwickelte ich das KOCH-Schleifaggregat, ein Gerät wiederum konkurrenzlos, ohne Vorbild - ein System das praktisch die geltende Lehrmeinung auf den Kopf stellte. Gar mancher hochkarätige Fachmann mußte staunend umdenken und die Wirksamkeit und Überlegenheit der Idee in der Praxis, anerkennen.

Einige herausragende technische Details sind im Kapitel 2.1.5 aufgeführt. Weitergehende Einzelheiten können Sie aus meinen spezifischen technischen Unterlagen erfahren. Verlangen Sie die entsprechenden Kataloge und Infos bzw. meinen Video-Film *"Schleifen und Schärfen"*, ca. 120 min. Laufzeit. Er dient gleichzeitig auch als erweiterte Gebrauchsanleitung oder Übungsanleitung. Sie können Ihn auch leihen.

Doch wo sollte da noch eine Lücke zu schließen gewesen sein? Es gibt aber immer noch etwas zu verbessern - so nach dem Motto: *"Das Bessere ist der Feind des Guten"*. Aber nicht nur das!

Das Schleifaggregat ist schon wegen seiner piekfeinen Technik keine billige Angelegenheit. Ein Hobby-Schnitzer der mit dem Pfennig rechnen muss, hatte da schon mehrmals zu überlegen oder verschob die Entscheidung auf *"bessere Zeiten"*.

Dann war da aber noch so ein Grund der mich nicht ruhen ließ und mich nach einer "*anderen*" oder "*ergänzenden Lösung*" suchen ließ. Es ist die Tatsache, dass *SCHLEIFEN* an sich zumindest Teil eines Berufsbildes ist. Es muß gelernt werden; Erfahrungen müssen gesammelt und in der täglichen Praxis umgesetzt werden. Ein Hobbyschnitzer wies oftmals aber weder das eine - das Berufsbild - noch die Erfahrung auf.

Ich suchte nach einer Lösung die billiger ist. Und die Lösung sollte keinerlei spezielle Kenntnisse oder Erfahrungen voraussetzen. Es sollte so einfach wie das SCHÄRFEN sein, nach

Möglichkeit mit der gleichen Technik funktionieren und gegebenenfalls auf den gleichen Antriebsmotoren laufen. Das ist gelungen. Alle mir selbst gestellten Vorgaben konnte ich erfolgreich abhaken.

Das Ergebnis: Das doppelseitige **Schleif- und Schärfaggregat.** Zu den Fakten: Es ist billiger sowohl in der Anschaffung als auch im Betrieb. Es ist einfacher. Es ist problemloser. Es ist für die Härtung des Stahls völlig gefahrlos. Es gibt keine Funken. Es geht allerdings auch etwas langsamer. Immerhin bedeutend schneller als mit dem Sandstein oder Ähnlichem. Zudem wesentlich präziser und genauer.

Bei dem S + S-Aggregat (Schleif- und Schärfaggregat) sind links die beiden herkömmlichen KOCH-Schärfscheiben weiss und grau montiert. Auf der rechten Motorseite die beiden Feinschleifscheiben, **eine in blau die andere in rot.** Die blaue Scheibe ist für gerade Schneiden gedacht, die rote Scheibe für alle gehöhlten Schneiden. Diese beiden Feinschleifscheiben haben die gleichen Abmessungen wie die herkömmlichen Schärfscheiben. Drehrichtung und Drehzahlen sind gleich.

Auch der Feinschleifvorgang arbeitet mit der gleichen KOCH-Schärfpaste - also nur eine Paste - und im gleichen Temperaturbereich mit den Inhaltsstoffen der Scheibe zusammen - genauso wie auf den nun schon traditionellen KOCH-Schärfscheiben.

Bitte nochmals zur Erinnerung: Bei den KOCH-Schärfscheiben ist die Schneidenoberfläche eines Werkzeugs zwar poliert, aber sie ist nicht nur geglättet (poliert) worden. Es wird immer auch Stahl abgetragen, wenngleich im materialschonenden Mikrobereich. Daran hat sich nichts geändert. Auch auf den neuen KOCH-Feinschleifscheiben wird **Stahl abgetragen,** mehr als auf den Schärfscheiben, aber genauso fein. Die geschliffene Oberfläche scheint poliert und **die Schneide ist genauso scharf** als hätten Sie sie auf den **Schärfscheiben geschärft.**

Weshalb dann noch die **Schärfscheiben,** werden Sie fragen! Weil es sich **darauf bequemer schärfen** läßt, während Sie auf den Feinschleifscheiben präzise auf Winkel und Schneidenform zu achten haben. Flapsig dargestellt: Auf den Schärfscheiben können Sie auch mal rasch "*draufhalten*" und weiterarbeiten. Bei den Feinschleifscheiben müssen Sie auf die technischen Vorgaben bei Ihrem Werkzeug achten. Schliesslich wird dort Stahl abgetragen wo Sie das Werkzeug andrücken.

Das hat den großen Vorteil, dass Sie eine Schneide präzis in *die* Form bringen können die Sie wünschen oder die das Werkzeug oder das Arbeitsstück erfordert. Außerdem können Sie auch Scharten ausarbeiten. Bei den Schärfscheiben erhalten Sie auf Dauer Winkel und Form nicht. Es muss von Zeit zu Zeit am Schleifgerät Form und Winkel neu aufgebaut werden. (So nach 20 bis 40 mal Nachschärfen - je nach Werkzeug, Form und vor allem ja nach der von Ihnen angewendeten Präzision und Aufmerksamkeit.)

Mittlerweile haben wir bei und mit Kunden sowie in unseren Werkstätten umfangreiche Versuche gefahren und eine Menge Erfahrung gesammelt. Daraus möchte ich Ihnen folgende Empfehlungen weitergeben:

-Arbeiten Sie mit den vier Scheiben, also 2 KOCH-Schärfscheiben und den beiden KOCH-Feinschleifscheiben kombiniert auf einer Maschine.
-Nehmen Sie folgenden Schärfrhytmus: Einmal auf die Feinschleifscheiben, dann arbeiten. Wenn das Werkzeug die Schärfe verloren hat, dann auf den Schärfscheiben nachschärfen. Auf diesen schärfen Sie dann ein weiteres Mal nach. Danach gehen Sie wieder auf die Feinschleifscheiben. D.h. jedes dritte Mal nachschärfen geschieht auf den Feinschleifscheiben. So erhalten Sie sich optimal Form und Winkel an der Schneide. Und noch etwas: Ihr Werkzeug dankt es Ihnen mit einem l a n g e n Leben. 7 bis 10 mal länger als es mit den bisherigen Methoden möglich war. (Das darf der Hersteller der Werkzeuge nicht lesen sonst wird er mir gram!)
-Lassen Sie sich, zumindest beim Kauf der Schnitzwerkzeuge von uns den mustergültigen Anschliff machen. Der ist dann leicht einzuhalten. Sie kennen dann die Idealform.

-Unbedingt warm arbeiten. Nicht auf kalter Scheibe schärfen/schleifen.
-Nehmen Sie öfter gebrauchtes, stumpfes Schmirgelpapier oder -leinen und ziehen Sie vor Beginn einer neuen Schärfung dieses über die Scheibe. Diese wird dabei sauber gehalten, sie bleibt rundlaufend, es entstehen keine schädlichen Profile und die Scheibe wird für den kommenden Schärfvorgang bestens vorgewärmt.
-Bei den Feinschleifscheiben arbeiten Sie bestens "nach Gehör". Drücken Sie die Fase des zu schleifenden Werkzeuges zunächst leicht an und suchen Sie die Fase satt auf die laufende Scheibe zu bringen. Bewegen Sie leicht senkrecht hin und her. Dort wo sich das kratzende Geräusch verflüchtigt, an der Stelle wo der Geräuschpegel am niedrigsten ist, dort ist Ihre Fase in der besten Position, dort schleifen/schärfen Sie. Wenn die Scheibe optimal vorgewärmt ist, läuft der Vorgang praktisch geräuschlos ab.
-Drücken Sie kräftig an. Ausglühen gibt es nicht.

Eine kurze Pause zum Nachdenken:
Auf dem Schleifaggregat, oder an der normalen Schleifmaschine wird der abgetragene Stahl zumeist in Funkenform in die Umgebung abgegeben. (Daher Schutzbrille tragen.)

Bei meinen neuen Feinschleifscheiben wird der sehr fein - praktisch in Pulverform - abgetragene Stahl zum Teil mit der aufgetragenen Paste vermischt, es entsteht keine Funkenbildung. Logischerweise muß nach einer bestimmten Zeit demnach die Schleif- oder Abriebfähigkeit der aufgetragenen Paste nachlassen. Die Reaktion zwischen aufgetragener Paste und Inhaltsstoffen der Scheibe läßt nach, es wird dann kaum noch Stahl abgetragen. Wenn Sie dann noch nicht mit der fertigen Schneide zufrieden sind, müssen Sie Paste nachtragen. Wenn Sie Scharten aus der Schneide herausschleifen müssen, kann sich der Vorgang mehrmals wiederholen.

-Dazu eine Faustregel: Wenn Sie ein Werkzeug mit gerader Schneide, in der Breite der Scheibe - also 20 mm - feinschleifen, dann können Sie im Schnitt pro Pastenauftrag <u>1 Zehntel Millimeter abschleifen.</u> Der Beitel ist dann 1 / 10

mm kürzer geworden. Bei einer Schartentiefe von ca. 1 / 2 mm (5/10) werden Sie ca. 5 Mal Paste auftragen. Bei entsprechend schmaleren Werkzeugschneiden geht es schneller.

-Empfehlung: Bleiben Sie bei schmalen, gehöhlten Werkzeugschneiden nicht auf der gleichen Stelle. Das würde zu rascher Abnützung der Scheibe und/oder Spurrillenausbildung führen. Eine korrekte Schärfung wäre immer schwieriger. Nutzen Sie demnach die gesamte Breite Ihrer Scheibe je nach Werkzeugform.

-Jetzt habe ich die Lebensdauer der Scheiben angesprochen. Nach den bisherigen Erkenntnissen können Sie mit ca. 5000 Schärfvorgängen rechnen. Bei Einsatz vieler schmalen Werkzeuge kann sich diese verringern.

-Wenn Sie viele breite Werkzeuge mit gerader Schneide haben, z.B. Hobelmesser, dann nehmen Sie zwei Scheiben nebeneinander. Es geht dann leicher und präziser.

GANZ WICHTIG: Sie arbeiten mit den KOCH-Feinschleifscheiben genau wie mit den KOCH-Schärfscheiben mit der schon angesprochenen Temperatur - mit der Schärftemperatur von ca. 115 Grad Celsius. Solange Sie diese nicht haben, läuft nur ein unkontrollierbares Kratzen ab. Sie haben die korrekte Temperatur, wenn Sie bei angedrücktem Werkzeug über der Schneide eine schwarze, ölig aussehende Masse erkennen. Das muss nicht viel sein, kann aber bei mehrmaligem Pastennachtrag sich auf der Werkzeugoberfläche mehr ausbreiten, es fließt dann leicht.

-Ganz wichtig, und eigentlich nicht mehr wegzudenken sind die KOCH-Feinschleifscheiben für HSS-Drechslerwerkzeuge. Sie können damit die lebenswichtige Fase sauber und gerade ausgebildet halten - und das bei perfekter Rasiermesserschärfe.

-Und dann weil es so schön ist nochmals:
ES GIBT KEIN AUSGLÜHEN, KEINEN GRAT, DADURCH KEINE NACHARBEIT AUF DER INNENSEITE DES WERKZEUGES.

Schließlich möchte ich noch zur Klärung einer weiteren wichtigen Frage beitragen:

Wann und warum sollte man sich zum Kauf eines KOCH-Schleif- und Schärf-Aggregates und wann für die Investition in ein KOCH-Schleifaggregat entscheiden?

Grundsätzlich kann sich selbstverständlich jeder die piekfeine Maschine **KOCH-Schleifaggregat** leisten, wenn es der "*Geldbeutel*" zulässt. Beim professionell Arbeitenden (Schreiner, Zimmermann, Schnitzer, Sargmacher, Instrumentenbauer usw.) fordert es der Geldbeutel geradezu, weil dadurch wertvolle (oder auch kostbare, je nach Sicht der Dinge) Zeit gutgemacht wird. Die Maschine bezahlt sich selbst durch Zeit- und Qualitätsgewinn.

Das kombinierte KOCH-Schleif- und Schärfaggregat arbeitet langsamer, gewinnt aber allemal gegen die "*langweiligen*" Sandsteine oder Ähnliches. In der Präzision ist es zudem den meisten Systemen überlegen oder ebenbürtig. Und ein Hobbyschnitzer kann sich den vergleichsweise kleinen Zeitaufwand erlauben, wenn er dafür Qualität erhält. Immerhin gewinnt er doch dabei noch eine Vielfaches der Zeit, die er - in gottseidank verflossenen Zeiten - in die Schärferei mit Ölsteinen, Schwabbelscheiben, Lederriemen, Holzprofilscheiben und-und-und investiert hat. Und wegzuschmeißen wegen Ausglühen braucht er auch nichts mehr.

Zusammenfassung: Die Anschaffung eines kombinierten KOCH-Schleif- und Schärfaggregates macht sich selbst bezahlt durch Qualitäts- und Zeitgewinn sowie Werkzeugeinsparungen. Wenn Sie sich aber mehr mit dem Schärfen oder Schleifen Ihrer Werkzeuge beschäftigen müssen, als mit Ihrem Hobby, dabei noch mit unbefriedigenden Ergebnissen, könnten Sie sehr schnell die Lust verlieren.

Die Maschine komplett oder in Teilen - mit oder ohne Scheiben - Original-Ersatzscheiben oder die KOCH-Schärfpaste, das komplette Aggregat, auch mit Sonderausstattungen nach Ihren Wünschen, können Sie über Ihren Fachhändler oder direkt von mir beziehen. Verlangen Sie ausführliches Prospektmaterial oder technische Informationen.

Wenn Sie Schleifen und Schärfen unter erfahrener Anleitung lernen wollen, dann kommen Sie bitte zu uns. An Ort und Stelle werden wir Sie in alle Geheimnisse praxisnah einarbeiten. Bringen Sie Ihre Werkzeuge mit, damit wir sie bei dieser Gelegenheit kostenlos perfekt anschleifen/schärfen. Übrigens ist das Anlernen im Schleifen und Schärfen Teil unserer Schnitzkurse im Haus.

Schließlich können Sie sich noch jederzeit bei uns per Telefon Ratschläge, Hinweise und Auskünfte holen. Meine fachkundigen Mitarbeiter und ich helfen Ihnen gerne - ohne Geheimniskrämerei. Aber - letztlich ist es wirklich <unglaublich> einfach.

Eine wirklich *"scharfe Sache"*

Bild Nr. 64.

Das kombinierte KOCH-Schleif- und Schärfaggregat
.Llinks die traditionellen Schärfscheiben weiss und grau.
  Rechts außen die blaue KOCH-Feinschleifscheibe für gerade Schneiden.
  Rechts innen die rote KOCH-Feinschleifscheibe für alle gehöhlten Schneidenformen. (Patent angemeldet)
  Zur serienmässigen Ausführung gehört noch je ein Schutz auf beiden Seiten neben den Scheiben.
  Auch diese Maschine wird stets komplett betriebsfertig geliefert, mit Stecker für Lichtstrom und Ein/Ausschalter.

2.4 Bebilderte Anleitungen zum "Scharfmachen"

Das Kapitel möchte ich abschliessen mit einer Serie von fotografischen Dokumentationen zum Thema Schleifen und Schärfen. Ansichten extrem verschieden geformter Schnitz-werkzeuge sollen zudem die universelle Anwendbarkeit meiner Schleif- und Schärfsysteme verdeutlichen.

Bild Nr. 65

Llinks ein Blumeneisen
In der Mitte ein Tiroler Eisen
Rechts ein Schweizer Eisen

Bild Nr. 66

links ein gekröpftes Flacheisen
rechts item, schräg angeschliffen

Bild Nr. 67

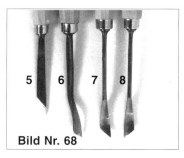

Bild Nr. 68

1 = Balleisen
2 = Flacheisen
3 = Hohleisen
4 = Gaißfuß

5 -schräges Balleisen
6- schräg u.verk.gekröpft
7- gekröpft links schräg
8- gekröpft rechts schräg

Ganz gleich ob das angeschliffene Werkzeug einen unscheinbaren oder ausgeprägten, starken Grat hat, auf den KOCH-Feinschleifscheiben, oder auch auf den KOCH-Schärfscheiben verschwindet er vollständig und mühelos; jede Schneide ist innerhalb weniger Sekunden rasiermesserscharf, und das ohne jede Nacharbeit auf der Innenseite der Schneide.

Bild Nr. 69

Das Gleiche passiert mit Riefen jeder Form und Größe.
Auch auf den beiden abgebildeten Fasen der folgenden Fotos, sind starke Schleifriefen erkennbar. Sie wurden mit sehr grobem Korn geschliffen. Das ist das Schöne beim KOCH-Feinschleif- oder auch Schärfsystem, daß Sie sich nicht darum zu kümmern brauchen. Ob mit feinem Korn angeschliffen oder mit grobem, immer erhalten Sie in wenigen Sekunden einen Superschneide - ohne Ausglühgefahr - ohne Nacharbeit auf der Innenseite der Schneide - wirklich "kinderleicht" - ohne jede weitere Gratbildung - sofort, nach abwischen der Schneide arbeitsbereit - Materialschonende Funktionsweise - funktioniert mit jeder Stahlsorte, auch HSS - ohne jede Gefahr, daß der gehärtete Stahl auch nur überhitzt würde.

Bild Nr. 70

Bild Nr. 71

Bild Nr. 72
schleifen: Schweizer Eisen

Bild Nr. 73
schärfen: Schweizer Eisen

Bild Nr. 74
schleifen: breiter Hohlbeitel

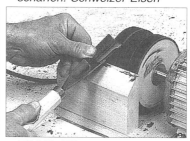
Bild Nr. 75
schärfen: breiter Hohlbeitel

Bild Nr. 76
schleifen: Hohlbeitel 12 mm

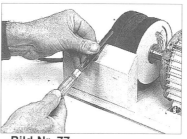
Bild Nr. 77
schärfen: Hohlbeitel 12 mm

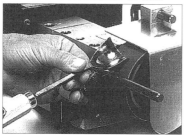
Bild Nr. 78
schleifen: gekröpfter Hohlbeitel

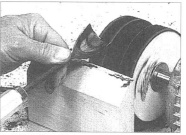
Bild Nr. 79
schärfen: gekröpfter Hohlbeitel

Bild Nr. 80
schleifen: Gaißfuß

Bild Nr. 81
schärfen: Gaißfuß

Bild Nr. 82
schleifen: Schnitzmesser

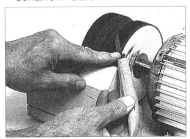

Bild Nr. 83
schärfen: Schnitzmesser

Bild Nr. 84
schleifen: Blumeneisen

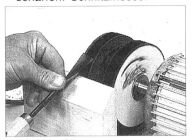

Bild Nr. 85
schärfen: Blumeneisen

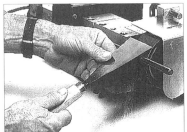

Bild Nr. 86
schleifen: Tiroler Eisen

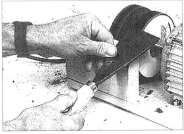

Bild Nr. 87
schärfen: Tiroler Eisen

 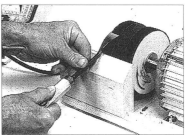

Bild Nr. 88   **Bild Nr. 89**
schleifen: verkehrt gekröpfter Beitel   *schärfen: verkehrt gekröpfter Beitel*

 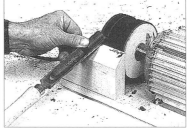

Bild Nr. 90   **Bild Nr. 91**
schleifen: Drehröhre aus HSS   *schärfen: Drehröhre aus HSS*

Bild Nr. 92   **Bild Nr. 93**
schleifen: Axt   *schärfen: Axt*

Bild Nr. 94   *Öfters mit stumpfem Schmirgel Scheiben säubern*

Bild Nr. 95
schleifen: Taschenmesser

Bild Nr. 96
schärfen: Taschenmesser

Bild Nr. 97
schleifen: Küchenmesser

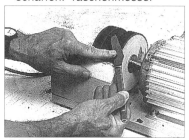

Bild Nr. 98
schärfen: Küchenmesser

Bild Nr. 99
schleifen: Metzgermesser

Bild Nr. 100
schärfen: Metzgermesser

Bild Nr. 101
schleifen: Messer v. Motorsense

Bild Nr. 102
schärfen: Messer v. Motorsednse

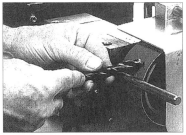

Bild Nr. 103
schleifen: Bohrer Werkzeugstahl

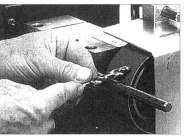

Bild Nr. 104
schleifen: Bohrer aus HSS

Bild Nr. 105
schleifen: breites Hobelmesser

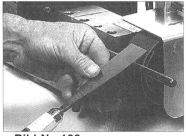

Bild Nr. 106
schleifen: Stemmeisen

Bild Nr. 107
schleifen: Fräser aus HSS

Bild Nr. 108
schleifen: Schere

Bild Nr. 109
schärfen: Gartenschere

Bild Nr. 110
schärfen: Stichel

5. KAPITEL
Praktische Übungen

1.0 Beitelhaltungen - Werkzeugführungen

Um bei Beitelhaltungen und Beitelführungen in keiner Weise Mißdeutungen zuzulassen, habe ich in aller erforderlichen Deutlichkeit neun Zeichnungen, nummeriert von 0 bis 8, angefertigt. Sie entsprechen der Handhabung von Werkzeugen durch RechtshänderDie

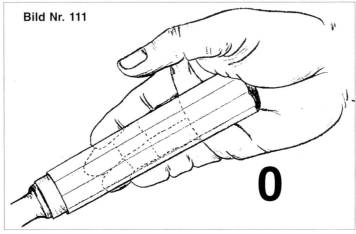

Bild Nr. 111

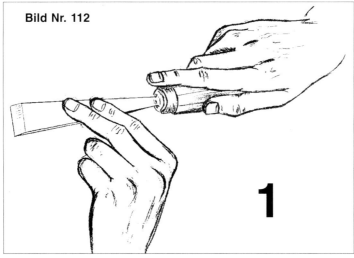

Bild Nr. 112

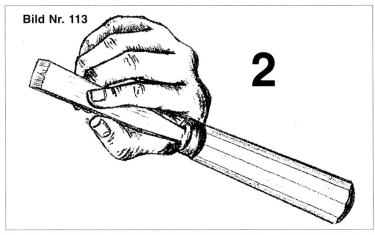

Bild Nr. 113

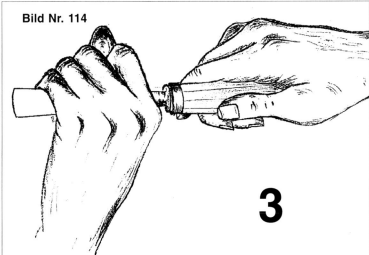

Bild Nr. 114

Die aufgezeigten Beitelführungen können freilich nicht sklavisch unverändert angewendet werden. Die Grundhaltung bzw. Grundführung bleibt aber möglichst eng an die zeichnerische Vorgabe angelehnt. Technisch bedingte Anpassungen, durch die Besonderheiten der Schnitzarbeit, verlangen angepaßte Ableitungen. Grobe Abweichungen von den aufgezeichneten Normen, von den <Grundhaltungen>, sollten Sie sich aber auf keinen Fall angewöhnen. Ebenso ist es nur zu Ihrem Vorteil, wenn Sie *keine* neuen Beitelführungen mehr hinzuerfinden.

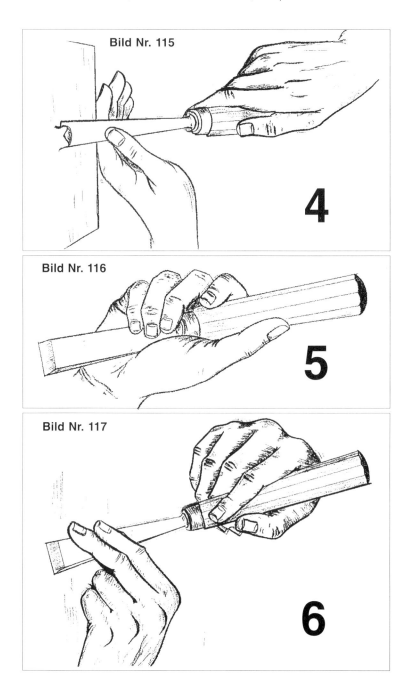

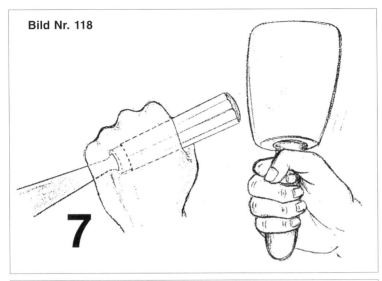

Bild Nr. 118

7

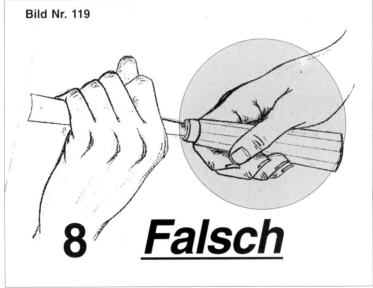

Bild Nr. 119

8 *Falsch*

*Falsch*haltungen gewöhnt man sich zum eigenen Nachteil leicht an, halten sich aber hartnäckiger als man glauben möchte. Jede <Beitel-Haltung> oder <Beitel-Führung> ist so ausgelegt, daß bei sicherer Schnittführung den Händen - mit ihren motorischen Fähigkeiten - gleichzeitig die größtmögliche Bewegunsfreiheit belassen wird.

1.1 Grundregeln zur Beitelführung

Wenn Sie einen Schnitt in Holz führen, dann kann und darf dieser nicht von unbegrenztem Tatendrang diktiert sein. Die Kraft zum *<SCHNITT VORAN>* muss von einer zweiten Kraft sozusagen "*begrenzt*" werden. Bildlich gesprochen arbeitert *<die rechte Hand gegen die Linke>* und die *<Rechte>* wird "*siegen*", sonst gäbe es keine Spanabnahme. Die *<Linke>* verhindert aber ein massloses "*über-das-Ziel-hinausschießen*", sie steuert und sichert, damit kein Schaden entsteht. Beide Hände arbeiten also sozusagen "*Hand-in-Hand*" mit dem Ziel der genau begrenzten Spanabnahme.

In der Regel wird mit der rechten Hand der Beitel in das Holz geführt (immer beim Beispiel des Rechtshänders, bei Linkshändern gegenteilig). Die rechte Hand gibt die Richtung der Schnittführung an. Sie ist für den *<Schnittwinkel>*, die *<Schnittrichtung>* und für den *<Arbeitsdruck>* zur Spanabnahme verantwortlich. Sie kann aber nur begrenzt haftbar gemacht werden für Schäden, die durch ein plötzliches Ausbrechen des Beitels aus seiner Bahn und aus dem Holz entstehen. Nur bei großer Übung und dann immer noch unter Inkaufnahme von Zeitverlust, kann die führende Hand auch ganz gezielt und begrenzt einen Schnitt lenken, führen und korrekt zu Ende bringen. (Siehe z.B. *<Beitelführung>* Nr. 2 und 5 bei aufgesetztem Handballen.)

Die linke Hand *<s i c h e r t>* und *<s t ü t z t>* während der Schnitt abläuft. Sie hilft mit, den Schnittansatz bzw. Schnittbeginn sicher zu finden und zu beginnen. Sie kann, ja sie muss, *<stützend>* mithelfen, wenn die rechte Hand eine "*Kurve nehmen*" will. Eine weitere wichtige Aufgabe der linken Hand ist, vor Beendigung eines gezielten oder auch genau berechneten Schnittes , den von der rechten Hand geführten Schnitt rechtzeitig so abzubremsen, daß der Schnitt gewollt abgemessen in seiner Tiefe begrenzt bleibt. Eine gut funktionierende Zusammenarbeit zwischen "Links und Rechts" ist für die Qualität der Schnitzarbeit unerläßlich.

Die Zeichnungen der Grundhaltungen zur Beitelführung können Sie von mir auch als Poster erhalten. Fragen Sie danach.

1.2 Kurzbeschreibung der Grundhaltungen zur Beitelführung

---Bei den aufgezeigten Beitelführungen, wie unter Nr. 1, 4 und 6, stützt sich die linke Hand immer auf das Werkstück, die Schnitzarbeit.
---Bei der Beitelführung Nr. 2 ist die rechte Hand auf die Schnitzarbeit gestützt.
---Die Beitelführung Nr. 3 ist groben Spanabnahmen vorbehalten. Der Schnitt muß nicht absolut präzis geführt werden. Beide Hände können ohne Aufstützen arbeiten.
---Bei der Beitelführung Nr. 5 sollte die Hand auf das Schnitzstück gestützt sein. Zwecks Beendigung der gewünschten Schnittlänge - die zurückgelegte Strecke eines Schnittes - oder auch der Tiefe eines Schnittes, muß ein Anschlag der Hand an das Schnitzstück vorausbedacht, bzw. vorausberechnet werden.

1.2.1 Beitelführung Nr. 1 <Standard>

Sie ist alles in allem die am häufigsten gebrauchte. Daumen und Zeigefinger greifen in der Regel den Schaft. Es spielt eine untergeordnete Rolle, ob nun auf dem Schaft *e i n, z w e i* oder *d r e i* Finger plaziert werden. Der kleine Finger wird durchweg nicht auf den Schaft gebracht. Die Finger, die nicht auf den Schaft fassen, werden, je nach Situation, einzeln oder insgesamt, zur Abstützung auf der Schnitzarbeit gebraucht.

Das Beitelheft liegt richtig in der Hand, wenn das <Heftende> bei geöffneter Hand gedanklich in Richtung Unterarm, von der Mitte der Handfläche teils gegen den Daumenballen, teils gegen den Handballen, geschoben wird. **(Abbildung -0-).**

In dieser Position fassen die Finger gemäß Bild Nr. -1- zu. Der Zeigefinger kann durchaus, von Fall zu Fall, mit seiner Spitze bereits auf dem Stahlschaft zu liegen kommen.

Wenn Sie das Beitelheft, wie beschrieben, richtig gefaßt haben, dann haben Sie einerseits über das Handgelenk eine großzügige Bewegungsfreiheit, andererseits durch den automatisch idealen Sitz in der Handfläche ein Maximum an gut dosierbarer *Schubkraft.*

1.2.2 Beitelführung Nr. -2-
<Die elegante> Einhandführung

Der Beitel wird wie ein Bleistift zum Schreiben geführt. Diese Beitelführung eignet sich für Arbeiten mit kleinen bis höchstens mittleren Beitelabmessungen.

Eine größere Kraftübertragung ist mit dieser Führung nicht möglich. Sie ist also nur bei geringerer Spanabnahme anwendbar. Die Art der Führung selbst erlaubt größte Flexibilität bei der Schnittgestaltung.

Durch die Fassung, relativ nahe der Schneide - so nahe wie möglich - ist die Schnittkontrolle auch bei empfindlichen und sehr fein gelagerten Schnitten gegeben. Die genaue Stelle, wo die Hand den Beitelschaft faßt, richtet sich zunächst nach der Länge des Beitelschaftes und schließlich nach der Möglichkeit, die das Werkstück - die Schnitzarbeit - beläßt.

Der Beitel kann während des Schnittes um seine Längsachse geschickt-gekonnt gedreht werden. Der Schnitt kann, bei einem Beitel mit gerader Schneide, in den drei Dimensionen geführt werden, d.h. geradeaus ohne seitliches Verziehen, ziehend zum Körper hin und drückend vom Körper weg. Bei keiner Schneidart braucht auf Drehungen oder schwungvolle Zusatzbewegung verzichtet zu werden.

Die Beitelführung Nr. 2 ist die weitaus am häufigsten gebrauchte Führung bei Kerbschnitzarbeiten in kleinen bis mittleren Größenbereichen. Auch die meisten Schnitzmesser werden auf diese Weise geführt.

Ebenso weit verbreitet, weil leicht anwendbar, ist diese Beitelführung bei der Ausarbeitung von kleineren bis mittleren Buchstaben- und Schriftenausarbeitungen. Die ganzen Angaben sind natürlich in dem Augenblick umso relativer als die Härte des Holzes zunimmt.

Noch eine weitere Empfehlung: Wenn Sie von Berufs wegen <*körperlich-physisch*> nicht besonders "*eingespannt*" waren, und Sport, aus welchen Gründen auch immer, nicht Ihre offensichtliche Leidenschaft bis zum persönlichen Einsatz entfachen konnte, dann sollten Sie allgemein, aber speziell für diese Beitelführung, die Kraft Ihrer Hände, also besonders die Unterarmmuskulatur, trainieren. Es gibt da ganz einfache Geräte die auf Federkraft aufgebaut sind. Ein kräftiger Griff ist eine wesentliche Garantie für saubere Schnitzarbeit, für die Freude am Schnitzen allgemein und den Erfolg im Speziellen.

(Ein Bierglas mit einer Hand stemmen reicht als Training nicht aus.)

1.2.3 Die Beitelführung Nr. -3-
Beide Hände packen kräftig zu. In der Regel faßt die rechte Hand den gesamten Griff. Die linke Hand faßt, soweit es geht, den Schaft.

Die Beitelführung wird bei groben Schnitten angewendet. Bei entsprechendem Kraftaufwand können recht große Späne abgehoben werden. Sie wird besonders bei Vorarbeiten zu mittleren bis größeren Arbeiten angewendet. Bei zunehmend hartem Holz werden alsbald die Grenzen der persönlichen Leistungsfähigkeit aufgezeigt. Dann greift man zum Klüpfel.

Naturgemäß ist bei dieser Beitelführung keine größere Flexibilität während der Schnittführung erreichbar. Größere Abweichungen oder Varianten, abgeleitet aus der gezeichneten Position, sind kaum möglich oder auch erforderlich.

(Bei dieser Form den Beitel zu führen, um möglichst pfundweise Späne abzuheben, kann ein Hobby unversehens zur <Arbeit> ausarten.)

1.2.4 Die Beitelführung Nr. -4-
Beim Relief, bei der zu strukturierenden Fläche, oder wenn Sie ganz allgemein einen Schnitt an der Kante ansetzen müssen, dann fassen Sie das Schnitzwerkzeug wie auf der Zeichnung Nr. 4 dargestellt. Ohne <*Wenn*> und <*Aber*> finden Sie mit

aller Präzision den gewünschten Schnittbeginn. Meist wird im Anschluß an einen solchen Schnittbeginn ein relativ gleichmäßiger Span auf einer regelmäßig gestalteten Fläche abgenommen.

Auch beim genauen, präzisen Schnittbeginn auf einer größeren Arbeit, und wenn im Anschluß ein längerer, gleichförmiger Schnitt gefordert wird, ist diese Beitelführung empfehlenswert.

Darüber hinaus gibt es wenig Anwendungsbereiche. Die Flexibilität fehlt. Die linke (geöffnete) Hand, mit dem Daumen auf dem Schaft, läßt keine interessanten Abwandlungen zu - es sei denn, Sie fassen nach dem Schnittbeginn um und führen den Schnitt weiter, wie unter der Beitelführung -1- oder -3- aufgezeigt. Nur so können Sie einen gleichförmig weiterführenden Schnitt auch wirklich kontrollieren.

Mit zunehmender Routine werden Sie mehr und mehr diese Beitel-Führungs-Art vernachlässigen.

1.2.5 Die Beitelführung Nr. -5-

Der Beitel wird mit der Arbeitshand - in diesem Falle der Rechten - geführt.

Die Schnittrichtung ist naturgemäß immer mehr oder weniger gegen den Körper gerichtet. Sie ist gefährlich für den Anfänger - und ihm nicht zu empfehlen.

Die Beitelführung erlaubt bei guter Übung eine erstaunliche Flexibilität. Auf der Abbildung umfaßt, zusammen mit dem stabilisierenden oder auch steuernden Daumen, nur noch der Zeigefinger das Heft. Die übrigen drei Finger umfassen den Schaft.

Je nach Möglichkeit oder Charakteristik können auch Zeigefinger und Mittelfinger auf, bzw. um das Heft, und die anderen zwei Finger um den Schaft plaziert werden. Auch das Fassen mit Zeigefinger, Mittelfinger und Ringfinger am Heft, kann von Fall zu Fall angebracht sein.

Vor jedem Schnittbeginn sollten Sie sich vergewissern, daß die Unversehrtheit Ihres Körpers - gerade der *"weichen Vorderfront"* - gewährleistet bleibt. Der Handballen muß spätestens, bevor eine Schneide die Körperoberfläche erreichen kann, an irgend einem stabilen Teil der Schnitzarbeit Halt finden - gestoppt werden. Dies für den Fall, daß Ihre Rechnung für die vorgesehene Schnittrichtung, Schnittlänge oder Schnittiefe nicht aufgehen sollte.

Zugegeben, eine Schneide die auf den *KOCH SCHÄRFSCHEIBEN* ausgebildet wurde "*reißt*" keine häßlichen Wunden und ein sauberer Schnitt heilt auch wieder relativ schnell zusammen. Aber was ist, wenn die so gepriesene Schneide nicht bei der dritten Hautschicht haltmacht?

Nach längerer Übung und auch sachgemäßem Umgang, bringt diese Beitelführung in vielen Schnittpositionen recht viel Freude. Dabei sollte aber der Handballen fest aufgelegt werden. Ohne die Auflagestelle zu verlassen, können kurze aber trotzdem variantenreiche Schnitte geführt werden.

Eine weitere Gefahr für Ihr körperliches Wohlbefinden kann darin bestehen, daß Ihr Arbeitsstück, die Schnitzerei, nicht korrekt oder fest genug befestigt war. Natürlich könnten Sie jetzt nicht nur mit Ihren Argumenten entgegenhalten, sondern auch mit der anderen, noch freien Hand. Doch da würden Sie noch mehr Chancen haben sich in's eigene Fleisch - oder auch Knochen - dieser Hand zu schneiden - stechen - rammen, usw. Ganz wie Sie wollen! -- Also grundsätzlich niemals mit einer Hand arbeiten und mit der anderen Hand vor der Schnittrichtung gegenhalten.

Ja, und dann können Sie auch noch die Schnitzarbeit - klein bis mittelhandlich - *<zur Brust nehmen>*. Mit einer Hand halten Sie die Arbeit, mit der anderen stechen Sie zu. Das geht! Hängen Sie sich, an einer Schnur befestigt, wie ein übergroßes Amulett (oder Omelett) ein Brett vor den Brustkorb. Die abrutschenden Schnitte stoppen dann in der Regel auf dem Brett.(hoffentlich!) Tip: Nehmen Sie dickes Sperrholz oder Tischlerplatte denn: Vollholz könnte aufspalten, siehe dazu Bild Nr. 130.

("Noch sicherer wäre ein mittelalterlicher Panzer. Vor Gebrauch auf Roststellen prüfen! Nach jedem Abrutscher müssen Sie halt die Beitelschneide wieder neu aufbauen.")

Zum Schluß noch eine ganz besonders gutgemeinte Warnung an die lieben Schnitzer-Freundinnen! Nehmen Sie die Schnitzarbeiten besser überhaupt nicht <zur Brust>. (Mir graut es bei dem Gedanken, daß doch mal was Außergewöhnliches passieren könnte.)

1.2.6 Beitelführung Nr. -6-
Sie ist eine Kombination von -1- und -2-

1.2.7 Beitelführung Nr. -7-
Sie ist die Darstellung, wie in der Regel mit dem Klüpfel gearbeitet wird. Fassen Sie den Beitelschaft nicht zu weit an der Schneide! Zwei Finger sollten das Heft noch umschliessen.

1.2.8 Beitelführung Nr. -8-
Der sogenannte *"Kehrrichtschaufel-Griff"* ist falsch und zu vermeiden. Bei einem solchen Griff haben Sie denkbar ungünstige Bewegungsfreiheiten. Ihre Gelenke haben praktisch keine Chance den geforderten Schnittbewegungen mit der nötigen Elastizität zu folgen. Sie können auch keine Kontrolle über die gewünschte und benötigte Schnittiefe ausüben. Sie sind praktisch eingespannt in eine sehr enge Grenze und erforderliche Schnittrichtungsänderungen oder auch Anpassungen müssen Sie mit dem ganzen Körper ausbalancieren.

Außer dem Verlust an Kontrolle über den Arbeitsablauf ermüden Sie noch darüberhinaus unnötigerweise den Körper. Von einem Fitnesstraining kann man auch nicht sprechen, da eine verkrampfte Körperhaltung genau dem entgegenwirkt.

Ich weiß aus Erfahrung, daß besonders die "*Autodidakten*" sich diese Arbeitshaltung - Beitelführung - durchweg als die gängigste angewöhnt haben. Sie sitzt unerhört fest verwurzelt. Umsomehr sollten Sie sich anstrengen und darauf achten, (die Beitelführung läuft nämlich meist schon unbewußt ab) daß Sie sie vermeiden und sie sich abgewöhnen.

1.3 Das Arbeiten mit dem Klüpfel
Bitte schauen Sie sich nochmals meine Abhandlungen im 3. Kapitel, Abschnitt 2.1 durch. Ihre Gesundheit wird es Ihnen danken; die Arbeit macht mehr Spaß!

1.4 Einprägsames zur Führung der Schnitzwerkzeuge
Weil das Wissen und die Erfahrung zur korrekten Führung der Schnitzwerkzeuge so immens wichtig für Ihre zukünftigen Schnitz-Erfolge ist, bringe ich Ihnen das Thema noch einmal aus leicht abgewandelter Sicht in Erinnerung:

=Eine Falschhaltung des Beitels ist nicht lustig=
Beim Versuch einen Schnitzbeitel mit einer Hand, außerhalb - meiner Regeln zu führen, können eine Reihe von unkontrollierbaren Zufälligkeiten auftreten. Sie können z.B. nicht ausschließen, ausgerechnet im ungeeignetsten Moment, bei *<voller Pulle>* aus dem Holz herauszubrechen. Keine Reaktionsgeschwindigkeit verhindert *"eine Fahrt in's Leere"* - die Frage wäre nur: Wie weit in's Leere? Bei Verletzungen können zwar Versicherungen nachsorgen - doch Sie sind zur Vorsorge verpflichtet.

Eine der besten *<Maßnahmen zur Vorsorge>* ist IHRE LINKE HAND (bei Rechtshändern). Mit dieser bremsen Sie die überschüssige Kraft Ihrer rechten Hand und Sie lenken sie in die vernünftige - sprich: vorgesehene Bahn. Nur der Kraftaufwand der rechten Hand wird verwertet, der zur Erfüllung des Schnittvorhabens dienlich ist.

=Wo kommt die Kraft im rechten Arm her?=
Die Frage ist gar nicht so abwegig wie sie auf den ersten Blick erscheinen mag. Der rechte Arm holt sich nämlich seine Energie nicht nur aus den Muskeln des Armes sondern praktisch aus dem ganzen Körper. Das fängt in der Zehenspitze an, geht über die Beine, die Rücken- und Bauchmuskulatur sowie Schulter, Arme und Hand. Ein komplizierter Vorgang, den Sie unter Kontrolle bringen müssen. Auch unter Berücksichtigung dieser Aufgabe habe ich die weiter vorne beginnenden drei Übungsstücke aufgebaut.

Die linke Hand verläßt sich bei ihrer unterstützenden Tätigkeit größtenteils nur auf die Muskulatur der Arme, oft nur des Unterarmes. Fühlen Sie das experimentell nach: Malen Sie sich auf den Arbeitstisch einen Punkt. Nehmen Sie mit der rechten Hand allein einen spitzen Beitel (oder nur einen Kugelschreiber) und versuchen Sie die Spitze - ohne sich anzulehnen - freistehend ganz ruhig, ohne Berührung, dicht bei dem Punkt zu halten. Sie wanken und schwanken, weil zu viele Kontrollstellen in Ihrem Körper dazwischengeschaltet sind, besonders dann, wenn Sie in angespannter Körperstellung verharren. Dies ist ja nun mal beim Schnitzen hin und wieder die Situation.

Wenn Sie den Versuch beidhändig - die linke Hand sichernd, s t ü t z e n d und führend - wiederholen, werden Sie leicht erkennen, daß Sie das Werkzeug absolut ruhig in der gewünschten Position halten können.

=Finger als Zirkelhilfe=
Ein richtig aufgestützter Finger der linken Hand kann sozusagen als *"Dreh- und Angelpunkt"* für einen teilkreisförmigen Bewegungsablauf sein. Die rechte Hand wird in die Lage versetzt im Kreisbogen zu schneiden. Mit der gleichen Technik lässt sich auch mehr oder weniger eine <*drehende*> oder allgemein <*runde*> Schneidbewegung vertieft kontrolliert ableisten. Kraft und Bewegung kommen aus dem Handgelenk, deshalb hier noch einmal der Hinweis auf ein gezieltes Muskeltraining.

=Kartoffeln schälen ist nicht gleich schnitzen=
Das Kerbschnitzmesser *"runder Rücken bei gerader Schneide"* ist in der Tat auch ein ausgezeichnetes Kartoffelschäl-Messer. Natürlich braucht es dann nicht rasiermesserscharf zu sein. Für Holz selbstverständlich **JA!**

Wie bereits beschrieben können Sie damit arbeiten, indem Sie es greifen wie einen Bleistift; die linke Hand sichert und unterstützt. Sie können aber auch damit wie mit einem Kartoffelschäl-Messer, allein mit der rechten Hand, arbeiten. Knöchel von Zeige- oder Mittelfinger können als Stütze oder Drehpunkt dienen. Einen Schnitt können Sie mit dem aufgesetzten *"Daumen zu sich heranziehen"*. Auch kann er als Drehpunkt für bogenförmige

Schnitte dienen. Auf diese Art ist das Schneiden mit einer Hand ungefährlich.

=Der Beitel ist keine Kehrichtschaufel=
Zugegeben, es gibt Beitel die aufgrund ihrer Breite schaufelähnlich ausschauen. Das ist aber kein Grund sie auch so anzufassen oder während der Arbeit genauso zu führen. Es wäre eine der schlechtesten Angewohnheiten mit einem Beitel wie mit einer Kehrichtschaufel umzugehen - den Beitel so anzufassen wie eine Kehrichtschaufel.

Ihr Greifwerkzeug, die Hand wäre in der Übelsten aller praktisch denkbaren *"Schnitz-Arbeits-Positionen"*, mit einer äußerst geringen Möglichkeit die Bewegungsfreiheiten einer Hand auszuspielen.

=Schnitt zur Brust=
Aktion *"Schildkröte"* verlangt einen *"Panzer"* vor der Brust, wenn Sie in ihre Richtung schneiden. Es gibt, trotz aller erdenklichen Vorsichtsmaßnahmen, kritische Situationen. Ein *"verflixtes Schnitzstück in labiler Haltung"* kann kippen. Versuchen Sie deshalb, wenn irgend möglich, Ihr Schnitzstück festzuspannen. Hierzu verweise ich auch nochmals auf die Vorteile des KOCH-Kugelgelenk-Einspannbocks.

1.5 Der Schneidwinkel

In der richtigen Übung und mit korrekt angeschliffenen Werkzeugen ist dieser keine Überlegung mehr wert. Zudem kann die Praxis die Winkelstellung des angesetzten Beitels in Bruchteilen von Sekunden berichtigen, wenn das Gefühl eine Korrektur, aufgrund unberechenbaren Holzfaserverlaufs, signalisiert.

Der Schneidwinkel ist im Großen und Ganzen der Winkel mit dem die Hauptlängsachse des Schneidwerkzeuges zur Schnittfläche steht. Sie ist reine Theorie, die dann aufgrund einiger Übung in der Praxis kaum noch einer Überlegung wert ist. Es wäre wirklich *"zuviel des Guten"*, wenn ich Sie jetzt noch mit Rechnungen und Modellen konfrontieren würde, die dann vollends unrealistisch würden, wenn von gekröpften oder auch verkehrt gekröpften Beiteln zu sprechen wäre.

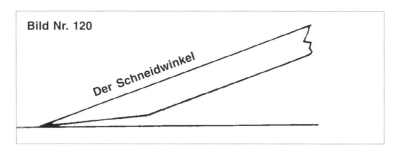

Bild Nr. 120 — Der Schneidwinkel

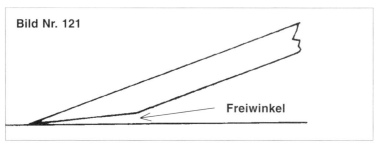

Bild Nr. 121 — Freiwinkel

Was wichig ist, das ist der Freiwinkel. Der läßt sich auch in der Theorie gut nachempfinden. Der Freiwinkel ist der Freiraum, der beim Schneiden zwischen Schnittfläche (Schnittverlauf) und Werkzeug frei bleibt. Bildet sich kein Freiwinkel, dann ist ein gezielter Schnitt nicht führbar. Ist kein Freiwinkel vorhanden, dann kann mit größter Wahrscheinlichkeit davon ausgegangen werden, daß die Schneide verkehrt aufgebaut ist. Ein guter Schnitt ist nur gezielt zu führen, wenn ein Freiwinkel vorhanden ist und der kommt nur zustande, wenn die Schneide präzis scharf ist. Die Schneide und auch die Fase darf nicht unmäßig gerundet oder "*ballig*" sein.

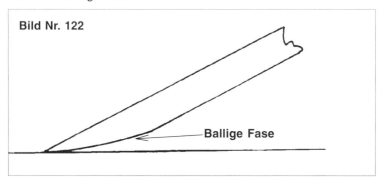

Bild Nr. 122 — Ballige Fase

Weit hergeholter Vergleich: Ein Ski ist hinter der Spitze *"nach oben gebogen, gerundet"*. Wäre er das nicht, würde er *"in den Schnee schneiden"* (unterschneiden = unkontrollierbar) und nicht gleiten. Genau diese Eigenschaft - das "das Unterschneiden, das Einschneiden" - wollen wir aber beim Schneiden in Holz. Wir wollen nicht darübergleiten und höchstens kleine *"Häppchen"* stückchenweise herausschnippeln.

Eine Schneide die irgendwie gerundet ist, nicht mehr *"aktiv scharf"* ist, bewirkt ein Gleiten, das ich nur durch erhöhten Druck überwinden kann, um in das Holz einzudringen. (Wollte ich das mit dem Ski - mit der gerundeten Spitze in den Schnee schneiden - müsste ich auch erhöhten Druck aufbieten. -Und eine äußerst ungünstige Winkelstellung-. Unkontrollierbar ist der Schnitt auf jeden Fall) Kommt dann noch eine Balligkeit, eine gerundete Fläche, z.B. der Werkzeugfase hinzu, dann wird es noch schlimmer - oder qualvoller.

Die günstigste Form einer Fase ist *"leichter Hohlschliff"*. Die Form-Fläche auf der Fase ist genau umgekehrt, denn statt konvex ist dort eine leicht konkave Fläche ausgebildet. Die Schneide tritt dann durch Schärfvorgänge von selbst etwas zurück; der Hohlschliff wird durch mehr und mehr Schärfvorgänge etwas verflachen. Wenn aber eine sichtbare Rundung der Schneide auftritt, sollte unbedingt wieder eine neue Fase - Hohlschliff - angebracht werden. Das ist mit meinen Feinschleifscheiben (rot und blau perfekt machbar - Sie erinnern sich in **Kapitel 4**?) Der Hohlschliff an sich bringt den effektivsten Freiwinkel für einen *"freien, unbehinderten und kontrollierbaren Schnitt"*.

Die weiter vorne folgenden Übungsstücke berücksichtigen auch das Einüben zum "*Erfassen*" des Freiwinkels. Schließlich bemerken Sie mit einer korrekt angeschliffenen Fase sofort, wenn Sie ungewollt *"in den Faserverlauf einschneiden"*. STOP und kehrt heißt es dann. Aber eine gerundete Schneide sagt da wenig aus. Sie können es schließlich kaum wissen, ob das auftretende Problem nun am falschen Schnittverlauf oder an der balligen (daher stumpfen oder zumindest ungeeigneten) Schneide liegt. Sie werden es dann aber bald wissen, wenn es fatalerweise zu Faserausbrüchen in Ihrer Arbeit gekommen ist.

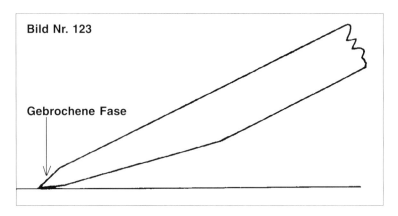

Auf dem Bild ist schematisch dargestellt, wie auf einer Schneide, die mit dem Ölstein hergestellt wurde, der Schneidwinkel vorschriftsmässig zu brechen war. Der über die Fase gut erkennbare allgemeine Schneidwinkel wurde dadurch entstellt oder verfälscht.

1.6 Die Werkzeugauswahl

In der Theorie gibt es für jede erdenkliche Arbeit einen "*Spezialbeitel*" - einen erdenklich bestgeeigneten Beitel. Mehr als 1000 Verschiedene gibt es davon. Wenn man darunter auswählen kann, findet man irgendwie immer das ideale Stück. An diese (auch wieder nicht ganz so ideale) Stückzahl kommt aber kaum ein Bildhauer in seinem Berufsleben heran (Ich kenne keinen). Freilich kommt man dagegen bei speziellen Arbeiten nicht um die unbedingt notwendigen Beitel herum. Das Problem werden Sie aber bis zum Ende dieses Buches noch nicht haben.

Sie können sich auf Erfahrungen aus meinem Hause verlassen. Die Auswahl Ihrer Beitelsortimente ist nicht dem Zufall oder einer Verkaufsstatistik überlassen worden. Beginnen Sie mit meiner empfohlenen "*Grundausstattung*", 10 professionellen Schnitzbeiteln. Es ist eine Minimalausstattung. Sie können damit begrenzt wirken, aber ideal üben. Schließlich ist es auch meine Absicht gewesen die 3 Übungsstücke so zu gestalten, daß Sie auf einfache Art und Weise erkennen und abschätzen lernen, wenn - wann - wo welcher Spezialbeitel besser geeignet ist.

Am Besten sind Sie dran, wenn Sie dann zunächst noch das erste und das zweite Ergänzungsset hinzunehmen. Sie haben dann kein einziges Werkzeug zuviel oder verkehrt gekauft. Sie haben aber eine gesunde Grundlage um darauf, je nach Bedarf, Ihre weitere Auswahl zu treffen. Schon wenn Sie das dritte Übungsstück fertigstellen, werden Sie gelernt haben und feststellen können, wo Sie welche Arbeit mit welchem Spezialbeitel besser machen könnten. Das war meine volle Absicht. Nur: Sie müssen nicht gleich blind das bestellen, was Sie gerade begeistert. Fragen Sie in meinem Hause an; Sie werden erstklassig beraten - und ehrlich.

Nach und nach können Sie von Übung zu Übung leichter selbst entdecken, was Ihnen im Einzelnen besser und weiter hilft.

2.0 Die praktischen Übungsstücke der Einstieg

Vor dem endgültigen Start noch einige Hinweise: Normalerweise geht der Anfänger sehr zaghaft an ein Stück Holz. In kleinsten Portionen wird geschnippelt. Das ist nicht verwerflich, eher dagegen schon die Methode nach Art eines Schaufelbaggers die Späne fliegen zu lassen. Ein gesundes Mittelmaß werden wir versuchen zu vermitteln. Auch das ist Aufgabe der Übungen.

Sie werden im Laufe Ihrer Übungen das eine oder andere Malheur erleben. Hier und da werden Sie zu viel wegnehmen, es werden Ihnen Kanten ausbrechen, Beitel abrutschen, Flächen werden zerstochen usw. Ein Unglück ist das trotzdem nur in den allerseltensten Fällen. Es läßt sich (fast) alles wieder reparieren - das werden wir auch noch zusammen lernen.

Liebe Schnitzerfreunde, mit einer kleinen Bilderserie möchte ich Sie auf die bevorstehenden Ereignisse einstimmen.

Bild Nr. 124 **Bild Nr. 125**

Vexierbilder? Nein! Es sind Schnitte mit verschiedenen Werkzeugen in allen Richtungen des Holzes. Machen Sie es auch so, um ein Gefühl dafür zu erhalten, wie sich Werkzeug und Holz wechselseitig verhalten.. Versuchen Sie die Schnitte auf einer Ebene zu halten, d.h. gleichmäßig tief. Benutzen Sie die Beitelführung Nr. 1

Versuchen Sie sich mit der Beitelführung Nr. 4 und setzen Sie Schnitte in kontrollierter Tiefe auf dem Holzrand an. Lassen Sie dabei den Schnitt quer zur Holzfaser und in gleicher Tiefe verlaufen. Nehmen Sie für diesen Versuch ein Hohleisen.

Bild Nr. 126

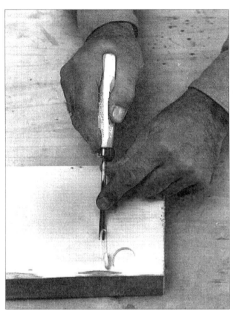

Bild Nr. 127

Machen Sie zunächst einmal längere Schnitte auf einer Holzfläche quer zur Faser. Nehmen Sie dazu ein schmales Hohleisen oder auch das Blumeneisen. Mit letzterem können Sie allerdings nur einen dünnen Span schneiden, da die Schneide lediglich schwach gehöhlt ist. Versuchen Sie das Gleiche längs der Faser. Zwingen Sie nichts: Wenn es nicht mehr weitergeht, oder der Beitel die Neigung hat sich tiefer ins Holz zu bohren, dann STOP und von der anderen Seite - sozusagen im "Gegenverkehr" - den Schnitt in gleicher Breite und Tiefe fertigstellen. Nutzen Sie Beitelführung Nr. -1- oder die Nr. -6-.

Auf der nebenstehenden Abbildung können Sie erkennen wie das Werkzeug, in leichter Abwandlung der Beitelführung Nr. 1 gehalten wird. Achten Sie auch darauf, daß die linke Hand in korrekter Erfüllung ihrer Aufgabe, den Schnittverlauf sichert, bzw. kontrolliert. Die rechte Hand schiebt und steuert.

Bild Nr. 128

Bild Nr. 129

Wenn Sie schon an einer Schnitzarbeit gegen den eigenen Körper schneiden wollen, oder aus technischen Gründen sogar müssen, dann nur, wenn Sie als Schutz eine sichere Unterlage benutzen. Sie muss so beschaffen sein, dass ein eventuell abrutschender Schnitt garantiert vor dem Erreichen des Körpers abgefangen wird.

-Nein, nicht gegen die Hand!

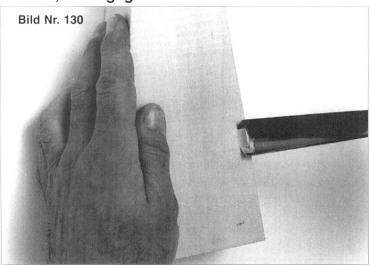

Bild Nr. 130

Bild Nr. 131

Die auf beiden Bildern praktizierte Beitelführung entspricht meiner Empfehlung Nr. 5.

Während das Bild Nr. 132 rein demonstrativ ist, wird auf dem Bild Nr. 131 gut sichtbar vorgeführt, wie die beitelführende Hand an der Kante des Schnitzstücks anschlägt. Vergewissern Sie sich bei Anwendung dieser Beitelführung Nr. 5, daß Sie bei Abrutschen oder Ausbrechen des Schnittes, immer an der Schnitzarbeit anstoßen und keineswegs als Konsequenz Ihres Energieaufgebotes unkontrolliert in Ihre Körperrichtung "durchschlagen".

Bild Nr. 132

2.1 VIER GEOMETRISCHE FIGUREN

Als erste Übung habe ich vier geometrische Figuren ausgewählt. Sie werden als flache Holzschnitte vertieft und erhaben in eine Fläche eingeschnitten. Der tiefere Sinn der Übung ist, ein erstes Gefühl beim Umgang mit Werkzeugen und Holz zu vermitteln. Gleichzeitig gebe ich Abmessungen und Winkel vor, die nach Möglichkeit genau einzuhalten sind. Dadurch wird schon das immer wieder geforderte Augenmaß geschult und auf künftige Aufgaben vorbereitet.

Ebenso lege ich Wert darauf, daß Sie die Winkel-Schnitte genau einhalten. Weiter sind Flächen und Ecken genau nach Vorgabe auszuarbeiten. Sogar die zukünftige Strukturierung einer Fläche ist schon *"im Angebot"*. Unproblematisch können Sie die einzeln geforderten Beitelführungen einüben. Und noch ein wichtiger Punkt steht schon auf *"der Tagesordnung"*: Sie werden erste Eindrücke über das Schneiden <*in die Faser, in den Holzfaserverlauf - mit der Faser, dem Holzfaserverlauf - quer zum Holzfaserverlauf*> sammeln.

Das Ganze sieht spielerisch aus, hat aber bereits einen sehr tiefen Sinn und ich bitte Sie daher kein Detail zu mißachten oder auch nur auf die <*leichte Schulter*> zu nehmen. Was Sie jetzt gutmachen, bleibt Ihnen als *"Fachgutschrift"* zum Schnitzen immer erhalten.

Die Vorgaben:
1. Ein Kreis von ca. 6 cm Durchmesser
2. Ein Dreieck von je ca. 6 cm Schenkellänge
3. Ein Quadrat von ca. 6 cm Seitenlänge
4. Ein Rechteck ca. 7 x 4 cm.

2.1.1 Der Holzbedarf

Für das erste und zweite Übungsstück benötigen Sie ein Lindenholzbrettchen von ca 28 x 18 cm bei ca 3 cm Dicke. Auf die eine Seite werden die geometrischen Figuren eingearbeitet, auf die zweite *"die kleine Blume"*.

Für das dritte Übungsstück brauchen Sie ein Lindenholzbrett mit den Abmessungen: ca. 60 x 28 cm und ebenfalls 3 bis 3,5 cm dick.

Nehmen Sie bitte Lindenholz, denn alle Übungen sind auf Lindenholz abgestimmt. Wenn Sie es nicht von mir beziehen, legen Sie Wert auf relative Sauberkeit. Es muß nicht glänzend weiß sein, das eine oder andere kleine Farbzeichen für Ästchen lässt sich ertragen, aber richtige Äste darf es nicht haben. Auch verborgen sollen die Äste nicht sein. Farbunterschiede werden toleriert weil Natur. Blau ist Pilzbefall und kann nur in schwacher Form oder andeutungsweise akzeptiert werden.

Diese erwähnten Holzstücke mit der Bezeichnung: <Holzbretter für die Grundkurs-Übungen> können Sie von mir direkt beziehen. Übrigens jedes andere handelsübliche Holz in allen Abmessungen ebenfalls. Wir richten es nach Ihren Wünschen- millimetergenau zu.

2.1.2 Das Aufzeichnen

In Ihrem Grundkursbuch ist eine originalgroße Zeichenvorlage. Beginnen Sie mit der Aufzeichnung aller geometrischen Muster auf einer Seite Ihres kleinen Übungsbrettchens. Gewöhnen Sie sich jetzt schon daran, die Aufzeichnungen so genau wie möglich zu machen - nehmen Sie Lineal und Zirkel zur Hand. Eine genaue Aufzeichnung ist die erste Voraussetzung für den Erfolg.

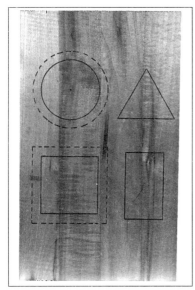

Bild Nr. 133
Die geometrischen Figuren sind auf dem Übungsbrett aufgezeichnet.

Übrigens: Mit einem normalen Schülerzirkel aus dem Zeichenkasten kommen Sie in Zukunft nicht weit. Bestellen Sie sich aus meinem Hause den Bogenzirkel mit Bleistifteinsatz. Nehmen Sie sich nicht den kleinsten. Ein gutes Mittelmaß ist ein Zirkel mit ca. **250** mm Schenkellänge. Sie können dann auch mal größere Sachen machen. <Bogenzirkel> besagt, daß Sie das eingestellte Maß an einem Bogen (metallener Bügel) mit einer Schraube festsetzen können - auch ein Vorteil.

2.1.3 Allgemeine Angaben zur Ausarbeitung

Sie beginnen mit der Arbeit am Rechteck. Versuchen Sie unbedingt die Ausarbeitung nach Augenmaß vorzunehmen. Die ausgearbeitete Fläche muß eben und rundum gleichmäßig tief sein. Sie wird mit spezieller Technik *"strukturiert"*. Die kleinen, senkrecht eingestochenen, stehen im rechten Winkel zur ausgeschnitzten Fläche. Sie werden sauber, rundum gleichmäßig **5** mm tief eingearbeitet. Demnach laufen von allen Seiten die Ecken rechtwinklig aufeinander. Diese werden **absolut sauber** ausgearbeitet. Die Kanten des Einstichs dürfen nicht ausgefranst, zerquetscht oder sonstwie zerstochen wirken, sondern müssen in gerader Linie scharfkantig stehen.

Das Dreieck wird ebenso tief, mit sauberen Kanten und sauberer und schön strukturierter Grundfläche. Die Ecken sind etwas schwieriger sauber zu bekommen, weil sie spitzer zulaufen. Diese beiden Übungen - Rechteck und Dreieck - sind vertieft auszuarbeiten.

Der Kreis und auch das Quadrat werden <*erhaben*> ausgearbeitet, d.h. sie bleiben stehen während das Umfeld auf eine gedachte Grundlinie <*zurückgebildet*> wird. Der Kreis bzw. das Quadrat steht dann von dieser <*neuen Grundlinie*> aus <*erhaben*> ausgebildet. Technisch gesehen wird es ein kleiner Zylinder von 60 mm Durchmesser und 5 mm Höhe werden. Um die <*Zylinderwände*> frei zu bekommen, wird, etwa 10 bis 12 mm vom Kreisrand entfernt, schräg in Richtung Zylinder geschnitten. Diese schrägen Schnitte und die senkrechten Einstiche des Zylinders treffen sich 5 mm tief auf einer sauberen Linie.

2.2 Das Rechteck

Das Übungsbrettchen muß fest auf Ihrem Arbeitstisch aufgespannt werden. Eine kräftige Zwinge ist das einfachste Mittel. Bleiben Sie jedoch mit der Zwinge in einem Sicherheitsabstand zu der Stelle, an der Sie mit dem Beitel arbeiten wollen. Sie müssen unter Beachtung aller möglichen Vorsichtsmaßnahmen vermeiden, daß die Beitelschneide an metallene Teile der Zwinge anstößt.

Nutzen Sie zuerst das **20** mm breite Balleisen. Setzen Sie die Schneide zuerst quer zum Faserverlauf etwa -**1**- mm innerhalb

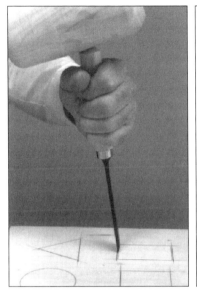 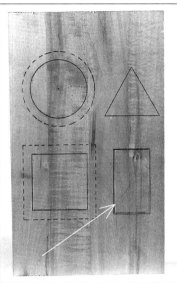

Bild Nr. 134   **Bild Nr. 135**

Linkes Bild: *Die erste Markierung wird mit dem breiten Balleisen, neben der Zeichenlinie, quer zum Faserverlauf, im Innenbereich des Rechteckes geschlagen.*

Rechtes Bild: *Die erste Stichmarkierung ist im Innenbereich des Rechteckes fertiggestellt*

und parallel zur Rechteckmarkierung. Mit dem Klüpfel - ca. **500 gr.** schwer - schlagen Sie nicht allzufest zu. Eine gewünschte Markierung entsteht so. Führen Sie hier den Beitel so, daß die nicht geschliffene Seite zur Markierung hin gerichtet ist; der angeschliffene Teil - *DIE FASE* - ist dem Innenteil, der auszuarbeitenden Fläche zugewendet.

Wenn Sie rundherum markiert, d.h angestochen haben, schlagen Sie nun in derselben Markierung **2 - 3** mm tiefer. Setzen Sie nun aber den Beitel etwas schräg nach innen in Richtung auszuhebender Fläche. Durch diesen schräg angesetzten Stich vermeiden Sie, daß Ihnen der Schneidwinkel außer Kontrolle gerät und evtl. die senkrechte Fläche hinterschnitten wird. Eine präzise, maßgenaue Schnittfläche könnten Sie dann nicht mehr erreichen.

BESONDERER HINWEIS:
Wenn Sie das Balleisen genau auf der Bleistiftmarkierung ansetzen würden, dann wäre es unvermeidlich, daß die Holzfasern direkt neben dem Einstich durch eine grobe Vorarbeit in Mitleidenschaft gezogen würden. Sie könnten gequetscht oder gelockert werden. Zwar wären die Kanten dann bereits im ersten Arbeitsgang gefertigt, aber auch unsauber. Jede Nacharbeit könnte ein Ausbrechen der einen oder anderen Holzfasern bewirken oder zumindest eine unsaubere Kante ergeben.

Außerdem hätten Sie keine Korrekturmöglichkeit mehr, wenn Ihnen der Einstich etwas fehlgelaufen sein sollte. Gehen Sie also auf <Nummer Sicher>, lassen Sie stets - auch in Zukunft - "etwas Fleisch stehen". --

Nehmen Sie das Blumeneisen. Setzen Sie es nahe bei einem bereits getätigten Einstich an und schneiden Sie im Innenbereich der Zeichnung, möglichst gleichmäßig und leicht schräg nach unten in Richtung des gegenüberliegenden EINSTICHS. Versuchen Sie möglichst in gerader Linie mit dem tiefsten Punkt dieses Einstiches zusammenzutreffen. Solange die Übung noch fehlt, schneiden Sie lieber mehrmals kleinere , nicht so dicke Späne, und vermeiden Sie zu tief zu kommen.

Beim Schnittvorgang müssen immer beide Ecken der Schneide sichtbar bleiben. Daraus folgt auch, daß die Balleisen - die mit der geraden Schneide - für diese Arbeit nicht verwendet werden dürfen.

Übungssinn: Es ist ein Arbeitsvorgang, der am häufigsten vorkommt, wo immer Sie schnitzen werden. An der tiefsten Stelle treffen sich **STICH UND SCHNITT.**

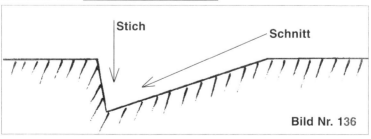

Bild Nr. 136

REGEL: *Zuerst den kürzeren Stich, dann den längeren Schnitt!*
Nach dem ersten schrägen Schnitt Richtung erstem Einstich, drehen Sie entweder Ihr Übungsbrett oder Sie gehen auf die gegenüberliegende Arbeitsseite. Wiederholen Sie nun den schrägen Schnitt, der ja nun zwangsläufig weiter vom Rand aus angesetzt werden muß. Peilen Sie wieder den tiefsten Einstich an um dorthin zu schneiden. Legen Sie jeden neuen Schnitt dicht neben den anderen und schneiden Sie parallel zum Vorhergegangenen.
Übungssinn: Ordnung und Sauberkeit.

Wenn Sie jetzt die Fläche angeschnitten haben, können Sie mit dem gebogenen Hohleisen (**14** mm) den leicht erreichbaren Rest aus der Mitte Ihrer Vertiefung grob herausschneiden. Schnitt neben Schnitt legen! Bei diesen Schnitten kommen Sie nicht mehr mit dem senkrechten Einstich in Berührung.

Bild Nr. 137

Anschließend nehmen Sie wieder das **20** mm Balleisen und vertiefen den senkrechten Einstich. Jetzt können Sie leicht führen, denn der Beitel liegt an dem bereits vorhandenen senkrechten Einstich an. Achten Sie darauf nicht tiefer als die vorgesehenen 5 mm einzustechen. Danach wiederholen Sie den *"Aushub"* in der Mitte mit Blumeneisen und gebogenem Hohleisen.

Jetzt sollten oder dürften Sie nahe der vorgesehenen Tiefe angelangt sein. Nun setzen Sie das Balleisen direkt auf der Bleistiftmarkierung für das Rechteck auf und schlagen mit dem Klüpfel leicht und vorsichtig senkrecht ein.

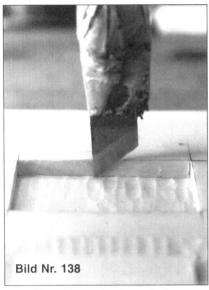

Bild Nr. 138

Das 18 mm breite, schräge Balleisen.

ALTERNATIVE:
Fassen Sie gemäß Beitelführungsschema **5** oder **6** das Balleisen, setzen Sie es auf die Linie und stechen Sie senkrecht ab. Für diese Arbeit können Sie auch ausgezeichnet das schräg angeschliffene Balleisen **20** mm verwenden. Dann käme aber nur die Beitelführung **5** in Frage.

Besonderer Hinweis zur Beitelführung:
Linke Handkante liegt auf dem Werkstück auf. Zeigefinger, Mittelfinger und Daumen führen den Beitel.

Versuchen Sie ziemlich genau auf die **5** mm Tiefe zu gelangen. Wenn Sie eine weitergehende Vertiefung einer bereits bestehenden Schnittkante mit dem schrägen Balleisen machen, setzen Sie es etwa senkrecht an und schmiegen eine angeschliffene Fase eng an den bestehenden Einstich. Mit Fingern der linken Hand drücken Sie den Werkzeugschaft seitlich an. Dann ziehen Sie bei konstantem Druck in oder auf der Markierung das Werkzeug zu sich heran.

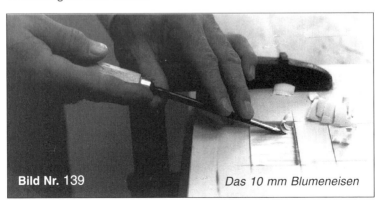

Bild Nr. 139

Das 10 mm Blumeneisen

Wenn Sie mit dem gleichen Werkzeug die Markierungslinie nachverfolgen wollen, dann müssen Sie etwas zum senkrechten Einstich hin geneigt arbeiten - in dem Maße wie der Anschleifwinkel die Neigung verlangt. Mit einem gut scharfen, schrägen Balleisen, gelingt Ihnen eine saubere Schnittfläche besser als mit dem immer wieder anzusetzenden Balleisen. Der Schnitt läuft dann auch mehr kontinuierlich.

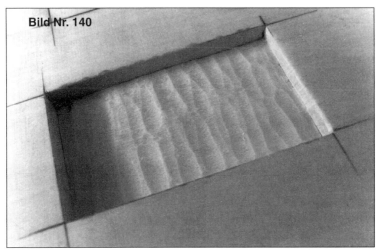

Die Grundfläche der Ausarbeitung ist strukturiert. Flache Schnitte liegen Seite an Seite. Die Berührungen heißen Schnittkanten.

Nun beginnen Sie mit einem kleinen Flacheisen, z.B. dem Blumeneisen, den Boden der Vertiefung mit Schnitten sauber und glatt mit den senkrechten Einstichen zu verbinden. Je enger diese einzelnen Schnitte beisammen liegen, um so glatter wird die Fläche. Zwischen jedem Schnitt bleibt eine <Schnittkante>. Diese können Sie wieder überschneiden und es entstehen wieder zwei neue Schnittkanten. Diese werden aber bei weiterem Nachschneiden immer kleiner und schmaler und flacher, so daß bei sorgfältigem Mehrfach-Nachschneiden dieser Kanten, eine *"schwach strukturierte Fläche"* gebildet wird. Das wollen wir im Idealfall erreichen.

Wird eine Fläche weitergehend, also mit immer feineren Schnitten mit dieser Technik bearbeitet, spricht man von *"polieren"*.

Mit einem Balleisen, also mit einer absolut geraden Schneide, kann man so gut wie nie eine einwandfrei saubere Schnittfläche erzielen. Es besteht immer die Gefahr, daß eine Schneidenkante einhakt und Fasern lockert. Man nimmt dann stets das breitestmögliche Flacheisen und "*poliert*" so die Fläche. Man schneidet so lange feine Spänchen über die Schnittkanten, bis so gut wie keine mehr zu sehen sind. *Das nennt man polieren.*

Bei Eiche oder sonst stark eigenbetontem und strukturiertem Holz, kann man eine optisch perfekte Fläche erhalten. Bei Linde ist das schon etwas schwieriger. Linde ist - was die Struktur anbetrifft - ein "*totes Holz*". Man muß es durchweg mit einer angebrachten Struktur "*beleben*". Dafür sind dann die flachen Schnitte gedacht. Nach dem Beizen wird Schnittkante um Schnittkante sichtbar. Häßliche ungleichmäßige Schnittkanten werden häßlich sichtbar; saubere und ordentliche werden sauber und ordentlich.

Schneiden Sie also nicht kreuz und quer, sondern versuchen Sie gleichmäßig breite, tiefe und evtl. auch lange Schnitte in einer Richtung zu machen. Es ist selten einmal angebracht durch betont tiefe Hohleisen eine Fläche zu "*beleben*". Nur ganz besondere Umstände können das einmal erforderlich machen. In meinem Buch: **KUNST UND TECHNIK FÜR SCHRIFTEN IN HOLZ** sind Beispiele dieser Art aufgeführt.

REGEL: Auf einer konvexen (gerundeten) Fläche nicht mit einem Hohleisen arbeiten.
REGEL: Auf geraden Flächen nicht mit geraden Schneidenformen, also Balleisen, arbeiten.

So und jetzt zurück zum Rechteck - es ist ja noch nicht fertig! Wenn Sie die Grundfläche mit einer stumpfen Schneide strukturieren, werden Fasern gelockert, die Beizung verbessert dann nichts, sondern verschlechtert grundsätzlich. Wenn die Schneide irgendwie einmal an einen anderen metallenen Gegenstand angestoßen wurde, dann ist sie beschädigt. Zumindest eine <*Mini-Scharte*> hat sich gebildet, die mit dem "*unbewaffneten*" Auge kaum wahrnehmbar ist. Auf dem Schnittbild aber ist meist deutlich ein <*Kratzer*>, ein durch besonderen Lichteinfall anders gefärbter Strich zu sehen. Beim Beizen zeigt er erst deutlich sein häßliches Gesicht. Schärfen Sie rechtzeitig nach.

In der Vertiefung Ihres Rechtecks dürften die Ecken noch nicht sauber sein. In Ihrer Grundausstattung haben Sie zwei gekröpfte Flacheisen. Der eine Beitel ist linksschräg, der andere rechtsschräg angeschliffen. Verwenden Sie abwechselnd den einen und anderen, sowohl für den horizontalen Schnitt als auch zum senkrechten Stechen. Die Ecken werden einwandfrei sauber. .

Der Schnitt erfolgt nach Möglichkeit immer quer bzw. schräg zur Faserrichtung. Schauen Sie sich nochmals, sowohl die senkrechten Flächen, als auch die Innenfläche an. Schneiden Sie gegebenenfalls Unsauberkeiten nach.

2.3
DAS DREIECK

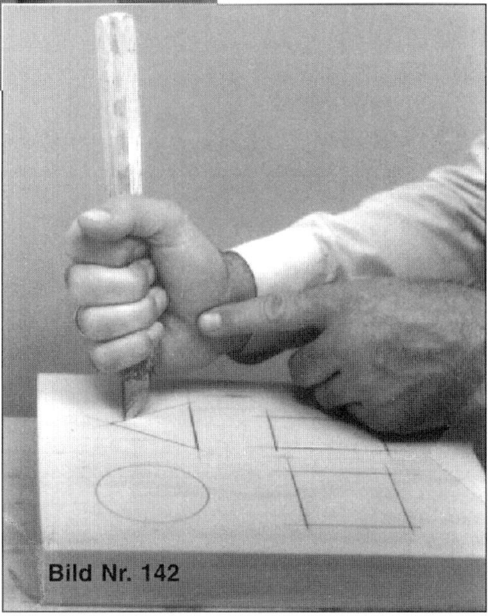

Bild Nr. 141

Beginnen und verfahren Sie nun bei der Ausarbeitung des Dreiecks genau wie beim Rechteck. Die drei Ecken säubern Sie genauso wie beim Rechteck, mit den beiden gekröpften, schräg angeschliffenen Flacheisen.

Das linksschräge, gekröpfte Flacheisen.

Bild Nr. 142

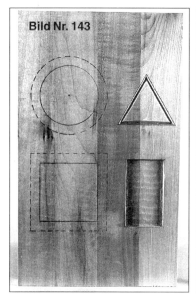 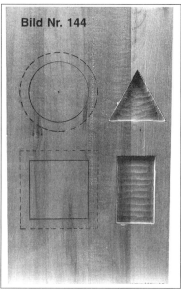

Linkes Bild: *Die kerbenähnliche Markierung, vor der Ausarbeitung, ist ausgeschnitzt.*
Rechtes Bild: *Das fertig ausgearbeitete Dreieck.*

Beim Rechteck haben Sie, bei entsprechender Aufzeichnung, entweder senkrecht zur Faser oder *mit* der Faser eingestochen. Beim Dreieck werden Sie mindestens an zwei Seiten schräg/senkrecht zur Faser einstechen. Wenn Sie schließlich die senkrechten Flächen mit dem schräg angeschliffenen Balleisen sauber schneiden, dann Achtung: bitte **NICHT IN DIE LAUFENDE Faser** einschneiden.

2.4 Das Quadrat

Beginnen Sie hier genau wie beim Rechteck, mit dem Unterschied, daß Sie Ihre erste, senkrechte Markierung *außerhalb* der Bleistiftmarkierung verlegen. Ziehen Sie sich noch eine Hilfslinie etwa **10** bis **12** mm außerhalb, parallel zu der ausgewiesenen Zeichenform. Von dieser aus schneiden Sie im erforderlichen Winkel in Richtung Ihres senkrechten Einstiches, und versuchen diesen an der tiefsten Stelle zu treffen.

 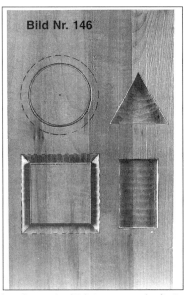

Linkes Bild: *Der kerbenähnliche Ausschnitt ist vorgearbeitet.*
Rechtes Bild: *Die fertig strukturierte kerbenartige Ausarbeitung*

Dann gehen Sie - wie beim vertieft ausgearbeiteten Rechteck - noch einmal, mit dem **20** mm Balleisen senkrecht tiefer, schräg nach außen von der Bleistiftmarkierung weg, aber noch nicht auf die angeforderten **5** mm. Und wieder schneiden Sie mit dem Blumeneisen schön gleichmäßig von der äußeren Randmarkierung schräg nach innen, bis der tiefste Punkt des senkrechten Einstiches getroffen ist. Beitelführung **1** oder **6**.

Hinweis: Der Span muß frei herausfallen und darf nicht *"ausgehebelt"* werden. Fällt er nicht gleich, dann bitte senkrecht nachstechen.

Schließlich stechen Sie von Hand, Beitelführung **5** oder **6**, die Randmarkierung, sauber auf der Linie, senkrecht bis zu den **5** mm Tiefe ab. Sie können wieder zwischen dem **20** mm Balleisen und dem schrägen Balleisen wählen.

Hinweis: Die schräg in die Tiefe, Richtung senkrechtem Einstich geführten Schnitte, die Sie vorteilhaft mit dem Blumeneisen machen, müssen sich nun von den umgebenden Flächen wie ein Rahmen abheben. Sie werden also nicht versuchen die Schnittflächen zu "*polieren*". Mindestens halb so breit wie die Beitelschneide, lassen Sie jeden Schnitt getrennt für sich sichtbar. Das Schnittbild ist leicht gehöhlt.

Nicht unregelmäßig breit schneiden - so weit wie möglich regelmäßig gestalten. Alle Schnitte verlaufen parallel und im rechten Winkel zum Einstich. In den Ecken schließen Sie dann den einen oder anderen Kompromiß, evtl. setzen Sie das gebogene schmale Hohleisen ein um sie prägnanter auszubilden. Die Schneide des Blumeneisens kann sie ja nur abrunden.

Es kommt vor, daß sich nicht jeder Stich in der Schnittkante mit dem Einschnitt sauber ausheben läßt. Stellenweise bleiben Fransen und Holzfaserreste stehen. Nehmen Sie Ihr schräges Balleisen - Beitelführung 2 - und fahren Sie mit der Spitze an dem senkrechten Einstich wie an einem Lineal entlang. So lösen Sie mit leichtem Druck die letzten widerspenstigen Holzfasern.

Sollten sich die Späne immer noch nicht herausblasen lassen, dann schneiden Sie mit dem Blumeneisen in den alten Schnittspuren noch einmal vorsichtig und ohne Spanabhub entlang. Am Schnittende, am senkrechten Einstich angekommen, verweilen Sie auf der Stelle um den Beitel leicht nach links und nach rechts zu drehen. Jetzt müßten eigentlich alle unsauberen Reste verschwunden sein. Wenn nicht, dann wiederholen Sie die beiden letzten Abläufe: Schräges Balleisen und dann Blumeneisen.

Achtung Technik: Mit Ausnahme der Werkzeuge für das ORNAMENTENSCHNITZEN, werden hohl geformte Beitel an der Schneide nach beiden Schneidenkanten hin zurückgeschliffen. Die Schneidenform verläuft nicht in einer Linie, sondern abgerundet. Die Rundung ist um so stärker als der Beitel auch stärker gehöhlt ist. Das hat natürlich seine technischen Grenzen bei den tiefer gehöhlten Stichformen, z.B. bei tieferen als Stich **8**.

Nur durch eine solch geschwungene Schneidenform wird bei einer inneren Schnittkante - wie bei unserem Beispiel beim senkrechten Einstich und schrägem Anschneiden - ein Zerstechen der gegenüberliegenden Schnittfläche verhindert. Ein Span wäre in anderer Schneidenform nicht frei und sauber herauslösbar. Diese Art *<innerer Schnittkanten>* sind bei allen, besonders figürlichen und reliefartigen Ausarbeitungen fester Bestandteil der Schnitzkunst.

Bei der *<Ornamentik>* verhält es sich z.T. anders; sie ist schließlich ein Spezialgebiet im Bereich Schnitzen.

Besonderer Hinweis: Benutzen Sie Ihr Messer oder Ihren Beitel im Grunde eines Einschnittes, in der Innenkante niemals als Hebel, evtl. um einem widerspenstigen Span zu zeigen, wer hier der Stärkere ist. Sie dürfen den Span elegant abheben und aus der Tiefe herausbefördern. Wenn Sie eine Hebelbewegung benötigen, dann heißt das schlicht und einfach, daß die Schnitte nicht sauber zusammengelaufen sind. Erstens ruinieren Sie sich dabei Ihr Schneidwerkzeug und zweitens erhalten Sie keinen sauberen Schnitt.

In diesem Zusammenhang verfällt man leicht auf die Alternative. Mancher hebelt dann nicht mehr sondern hebt heraus indem er an der gegenüberliegenden Schnittfläche lautstark hochkratzt. Nicht, daß mich nur das kratzende Geräusch stört. Gut, ich kann darauf verzichten, und Sie sollten darauf verzichten und so behalten Sie länger eine gute Werkzeugschärfe und die Schnittfläche wird nicht zerkratzt oder aufgerauht.

2.5 Der Kreis

Nutzen Sie jetzt für den senkrechten Einstich ein besser angepaßtes Werkzeug, z.B. das **25** mm breite Hohleisen. Passen Sie die Rundung dem aufgezeichneten Kreis an. Stechen Sie wieder gut einen Millimeter außerhalb der Markierung leicht schräg nach außen ein. Die Form wird zwar nicht genau zur Markierung passen, aber immer bedeutend besser sein als evtl. das Balleisen.

Markieren Sie sich mit dem Zirkel in ca. **10** bis **12** mm Entfernung von der Originalform einen zweiten Kreis als Hilfslinie. Von dort führen Sie wieder mit dem Blumeneisen, leicht schräg

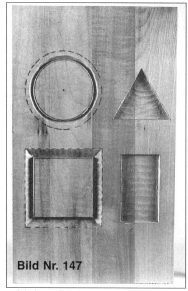
Bild Nr. 147

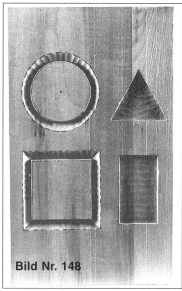
Bild Nr. 148

Linkes Bild: *Der Kreiseinstich ist markiert und eine kleine Kerbe ausgebildet.*
Rechtes Bild: *Die fertiggestellte kreisförmige Übung*

nach unten, Ihre Schnitte - in Richtung senkrechtem Einstich. Dabei peilen Sie zur Einhaltung einer einheitlichen Schnittrichtung stets den Kreismittelpunkt an.

Jeder Schnitt liegt wieder sauber parallel zum Nachbarschnitt und alle Schnitte sind weitestgehend gleich breit. Ein solcher "*Rahmen*" strahlt Ruhe und Schönheit aus; er ist Teil der Arbeit und nicht nur seine Abgrenzung.

Jetzt, wenn Sie annähernd die geplanten **5** mm Tiefe erreicht haben, schneiden Sie die zylinderförmige Fläche sauber und formvollendet auf der Kreismarkierung nach. Am sichersten gelingt Ihnen das mit dem schrägen Balleisen. Wenn Sie das Balleisen dazu nutzen, müssen Sie es ebenfalls etwas schräg führen, um das Zerstechen der Grundstrukturierung zu vermeiden.

Führen Sie das schräge Balleisen gemäss Beitelführung Nr. **2** oder **5**. Gleichzeitig versuchen Sie durch Drehen im Handgelenk *"die Kurve zu bekommen"*. Achten Sie allerdings darauf, daß Sie an der Spitze nicht ausscheren und die fertige Struktur beschädigen. Achten Sie auch darauf, wenn Sie auf Ihrer *"Rundwanderung"* an die Stellen kommen wo Sie schließlich in den Holzfaserverlauf einschneiden. Dann STOP und die andere Richtung, nach Möglichkeit die Gegenrichtung wählen.

Die Etappen Ihrer Schnittführung:

Es ist kein Übel, wenn Sie mit dem senkrechten Einstich - dem zunächst leicht schrägen, vorläufigen Einstich - nicht gleich *"auf Tiefe"* sind. Machen Sie es zunächst in kleineren Etappen, mit kleineren Spänen, mit kleineren Stich- und Schnittiefen. Es ist eine Übung, bei der Sie sich an Ihre gewünschten Leistungen herantasten. Zudem wird die Arbeit in der Regel auch sauberer.

Sichtbar unangenehm wird die Lage, wenn Sie gleich zu forsch *"in die Tiefe"* gehen. Sie schaffen sich eine unübersichtliche Lage bei der Ihnen - nicht nur bei den vorliegenden Übungen - Späne die Sicht behindern, die Übersicht und Kontrolle nehmen. Es wird unnötig schwer, die Schnittverbindung zwischen <Einstich> und <Einschnitt> korrekt zu treffen. Ein unkontrolliertes Zerstechen der einen oder anderen Schnittfläche kann die Folge sein.

Bei den geometrischen Figuren war bewußt ein relativ kleiner Einschnitt gewählt. Bei den folgenden Übungen könnte Ihnen eine ungestüme, unkontrollierte Spanabnahme weitaus mehr Probleme schaffen. Verschaffen Sie sich Sicherheit; gehen Sie nicht daran vorbei, ohne selbstbewußt behaupten zu können: *"Da habe ich keine Probleme mehr!"*

Sicher ist ein zu tiefer Einstich nicht immer *"eine Tragödie"*. Wenn Sie z.B. direkt zwischen den Holzfaserverlauf zu tief einstechen, also parallel zum Holzfaserverlauf einschneiden, dann quillt dieser zunächst sichtbare Fehler bei der Aufnahme von Feuchtigkeit wieder zu. Ein Tropfen Wasser kann da schon Wunder wirken.

Spätestens beim Beizen - Stichwort: Beizflüssigkeit - schließt sich aber ein solcher relativer Schaden, wenn er nicht zu groß und offensichtlich war.

Schneiden oder stechen Sie dagegen quer zur Holzfaser ein, dazu zählt selbstverständlich auch ein mehr oder weniger schräges Einschneiden, dann ist in den meisten Fällen eine dauerhafte Kerbe geschaffen. Diese kann dann u.U., anstatt bei Aufnahme von Beizflüssigkeit zu verschwinden, weiter aufquellen, "*besser*" sichtbar werden.

Weitergehende Hilfestellungen zur Ausarbeitung der Übungsstücke:

Zur Ausarbeitung der geometrischen Übungsstücke kann ich Ihnen auch weitergehende Hilfe anbieten. Zusammen mit den beiden benötigten Übungsbrettern, können Sie auch eine Fotoserie mit der Darstellung der einzelnen, wichtigen Arbeitsschritte erhalten (Meine Fachzeitschrift "**Schnitzer-Kolleg**" Sehen Sie dazu das Register am Ende dieses Buches). Die Kommentierung ergänzt das didaktische Material dergestalt, daß Sie problemlos der Schritt-für-Schritt-Darstellung folgend, die Übungen leicht, sicher und perfekt machen können.

Zudem darf ich an dieser Stelle an meinen Video-Film GRUNDKURS erinnern. In ihm sind in kleinen Arbeitsschritten alle Abläufe in Großaufnahme vorgeführt. Jede Lernphase und so gut wie jeder Griff und Schnitt ist ausreichend kommentiert. Fragen Sie bei mir oder Ihrem Fachhändler an. (Sehen Sie auch hierzu im Anhang die Angaben zu den verschiedenen VIDEO-Filmen.)

Vorgriff auf das Kapitel Beizen:

Beizen ist *"die Stunde der Wahrheit"*. Alles was man bei *"einem schnellen Blick"* noch als annehmbare Qualität durchgehen lassen könnte, wird durch das Beizen in eine grausame Wirklichkeit gerückt. Z.B. ergeben durch Messerkanten abgelöste Fasern oder ruppige Schnittflächen, hervorgerufen durch schadhafte oder stumpfe Werkzeuge, schlicht und einfach Flecken. Alle nicht schnittsauberen Flächen saugen unverhältnismäßig viel und schnell Beize auf, sie werden dunkler und stumpfer als andere saubere Flächen - Schnittstellen.

Nach dem Beizen zeigt sich also spätestens die Geschicklichkeit und der kombinierte Einsatz von Auge und Hand des Schnitzers. "*Schnitzer*", die man noch vor dem Beizen vertuschen und verharmlosen kann, sind nun nicht mehr zu übersehen. Unbedingt saubere Schnittflächen und -kanten - ich werde Sie noch oft damit <nerven> - sind feste Voraussetzungen für jede unserer Arbeiten, für alle Schnitzarbeiten.

Besonders nach dem Beizen sieht man jeden Schnitt für sich getrennt. Er ist immer wesentlicher Bestandteil der Gesamtarbeit. Verteilen Sie deshalb die Schnitte nicht auf dem Holz wie die Henne ihre Spuren beim Kratzen auf dem Mist. Achten Sie auf eine gewisse Regelmässigkeit, die sich natürlich jeder charakteristischen Arbeit anzupassen hat. So wird z.B. eine Arbeit, die stilistisch auf fliessende Linien verweist, nicht besser, wenn deutliche Schnittspuren kreuz und quer oder vielleicht sogar nur quer irritieren.

WEITERE BEISPIELE: Der Mantel eines Nachtwächters kann- durch einige gut gewählte, sogar grobe Schnitte, verschönert werden. Bei den Falten im Gewand einer Madonna müssen die Schnitte dem Fluß dieser Falten folgen und ja nicht zu grob sein. Sie müssen feiner und gleichmäßiger gesetzt werden, eben um u.a. dem Stil und der besonderen Exponiertheit der Stelle angepaßt zu sein.

Weiter wird es im Gesicht einer Madonna, das lieblich und weich sein soll, keine groben Schnitte oder Strukturierungen geben können. Hier werden die einzelnen Schnitte so fein und dicht beieinandergelegt, dass die Flächen wie poliert aussehen. "*Poliert*" ist deshalb ein entsprechender Begriff. Schnittkanten sind dabei weitestgehend unerwünscht.

Eine gute Hilfe ist in jedem Fall mein Video-Film GRUNDKURS. Erst die Verbindung von lebendigem Bild und den Erläuterungen ergeben den bestmöglichen Lernerfolg.

3.0 : Übungsstück Nr. 2

Die kleine Blume

Nach Fertigstellung der geometrischen Übungen, drehen Sie das Lindenbrettchen einfach um und pausen die <*kleine Blume*>

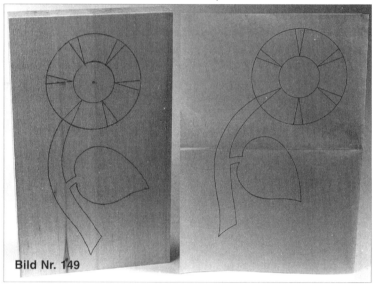

Bild Nr. 149

auf die Mitte der Fläche. Machen Sie sich sodann ringsum, auf den Seitenflächen, ca. 15 mm vom oberen Rand entfernt eine Markierung mit dem Bleistift. Sie soll "*die Plattform*" markieren,

Bild Nr. 150

bis zu der die Verzierung ausgearbeitet wird. Es wird eine Grundfläche ergeben, *"aus der die Blume hervorwächst"*.

3.1 Die grobe Ausarbeitung zum "Rohling"

Genau wie bei den ersten Übungen, den geometrischen Figuren, stechen Sie nun in einer geringen Entfernung von der Bleistiftmarkierung fast senkrecht - d.h. leicht schräg nach außen - ein. In verschiedenen Etappen werden Sie die vorgezeichnete Tiefe erreichen. Die entstehende Fläche wird sauber strukturiert.

Etwas außerhalb der Markierung wird schräg eingestochen

Doch zunächst einmal Schritt für Schritt: Die Umrandung die es jetzt <anzustechen> gilt ist sehr unterschiedlich geformt. An vielen Stellen können Sie mit dem schmalen 10 mm oder auch 20 mm breiten Balleisen arbeiten. Dabei ist es aber nicht vermeidbar, daß größere und dickere Holzpartien stehen bleiben. Beim Nacharbeiten bis auf das <fertige Maß> müssen Sie dann relativ schwere und damit mehr und unsichere Arbeit leisten.

Nehmen Sie sich jeweils den Beitel, der in Form und größtmöglicher Abmessung zu der Stichform paßt. Dabei spielt es in Zukunft eine untergeordnete Rolle, ob die Fase nach außen oder innen gerichtet ist. Sie passen sich jeweils mit Ihrer Schnittrichtung dem sich damit verändernden Winkelverhältnis an.

Schlagen Sie also mit dem bestangepaßten Beitel ca 1 - 2 mm neben der Linie eine Markierung, d.h. einen Einstich von ca. einem Millimeter Tiefe ein. Lassen Sie zwischen Einstich und dem Folgenden keine Zwischenräume; Überschneidungen sind nicht hinderlich. In diese Markierungen rundum schlagen Sie nun mit kräftigen Klüpfelschlägen die Beitelschneide bis auf ca. 5 mm Tiefe. Erinnern Sie sich daran, solange noch die Übung fehlt, lieber etwas mehr nach außen geneigt zu stechen, damit es auf keinen Fall eine unkontrollierbare Hinterschneidung gibt.

Außerhalb der Zeichnung, etwa acht bis zehn mm von dem Einstich entfernt, setzen Sie einen schwach gehöhlten Beitel an. Am besten eignet sich das 14 mm breite gebogene Hohleisen. Schneiden Sie von dieser Stelle aus schräg in Richtung senkrechtem Einstich. Ideal wäre es, wenn Sie sich jeweils am Punkt des tiefsten Einstiches treffen würden. Dadurch entsteht eine Kerbe.

Nun was passiert, wenn Sie sich nicht gleich an der tiefsten Stelle mit dem Einstich treffen? Es wäre realistisch anzunehmen, daß Sie sich irgendwo mit dem Einstich, vielleicht auf halber Tiefe treffen. Dann schneiden Sie, an gleicher Stelle beginnend, einen weiteren Einschnitt. Wiederholen Sie diesen Vorgang, bis Sie sich wirklich mit dem tiefsten Punkt der Einstiche treffen. Das ist wichtig.

Achten Sie aber darauf den schrägen Einschnitt so zu kontrollieren, daß Sie nicht mit Wucht in die eingestochene Fläche "einrammen", so daß diese beschädigt würde. Sie haben zwar noch Material zum nachstechen - schließlich haben Sie außerhalb der Zeichenlinie eingestochen - doch bringen Sie diese Disziplin gleich jetzt schon auf, übungshalber. Sie werden sich bei späteren Arbeiten freuen, daß Sie gelernt haben solche Fehlerquellen zu vermeiden.

Es ist ebenfalls ziemlich realistisch, daß der Span, auch wenn er die tiefste Stelle des Einstiches jetzt getroffen hat, nicht gleich sauber und von allein herausfällt. Reißen Sie ihn nicht los und kratzen Sie ihn nicht durch Hebelbewegungen mit der Schneide, heraus. Schauen Sie weshalb er sich nicht gelöst hat und schneiden bzw. stechen Sie so weit wie erforderlich vorsichtig nach. Das ist die einzig richtige Methode einen Span zu lösen - freizuschneiden.

Sie werden bei den meisten zukünftigen Schnitzerarbeiten mit dieser Arbeitsmethode konfrontiert. Geben Sie sich also Mühe diesen Arbeitsablauf konsequent zu üben. Was Sie jetzt einüben, richtig einüben, beschleunigt und erleichtert Ihnen "Ihr weiteres Schnitzerleben". Wenn Sie bei zukünftigen Arbeiten mehr Übung haben, brauchen Sie in den meisten Fällern nicht mehr so weit außerhalb der Zeichenlinien einzustechen. Sie werden dann immer näher an die Linie heranrücken und bald fast nur noch genau auf den Zeichenlinien arbeiten.

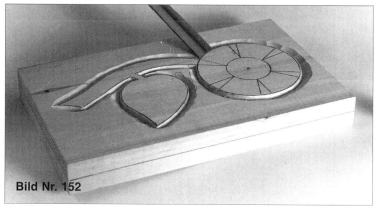

Bild Nr. 152

Die Kerbe wir mit einem schwach gehöhlten Hohleisen zum senkrechten Einstich hin ausgeschnitten.

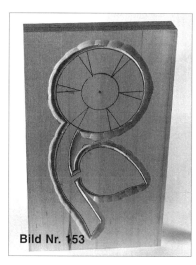

Bild Nr. 153

Die jetzt rund um die Zeichnung geöffnete Kerbe gbt Ihnen ideale Übersicht bei Fortgang der Arbeiten. Jetzt sollen Sie nämlich in mehreren Schichten so viel Holz <abtragen> bis sich eine neue Grundlinie gebildet hat, aus der dann das Blumenmotiv herausragt. Versuchen Sie von Anfang an jede Schicht gleichmäßig dick abzuarbeiten. Am besten Sie zeichnen sich die Dicke der Schichten rundum auf den Randflächen auf.

Die ausgeschnittene Kerbe

Sicher, Sie könnten auch kreuz und quer das Holz abtragen. Mit Sicherheit würde diese Arbeitsweise Ihnen aber die Übersicht nehmen. Bei jeder Arbeit ist diese Methode nachteilig und für jede weitere Entwicklung hinderlich. Machen Sie sich also den Weg für Ihre <Schnitzer-Zukunft> frei und üben Sie *konsequent* den hier aufgezeigten Weg.

Natürlich benötigen Sie Routine und Übung. Deshalb empfehle ich Ihnen, das ganze abzutragende Holz in mindestens fünf, besser aber in mehr gleichmäßig dick bemessenen Schichten

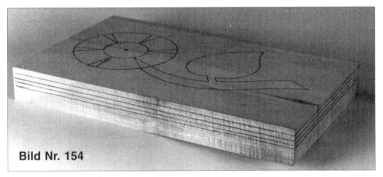

Bild Nr. 154

Auf der Randfläche sind verschiedene Schichten markiert.

abzutragen. Versuchen Sie bei jeder Schicht immer eine gerade Ebene zu erzielen. Sie machen sich so Ihr "*Schnitzerleben*" jetzt und vor allem für die Zukunft leichter. Schneiden sie nicht kunterbunt und kreuz und quer Ihre Schnitte. Versuchen Sie diese so gleichmäßig wie möglich zu gestalten - auch wenn das Ganze mit der nächsten Schicht wieder weggeschnitten wird.

Nachdem Sie also die Kerbe geöffnet haben, setzen Sie den 25 mm breiten, gehöhlten Beitel außen auf der Randfläche, auf der ersten Markierungslinie an, um waagrecht in Richtung der tiefsten Stelle des senkrechtem Einstiches zu schneiden. Sie werden feststellen, daß es Ihnen noch an Erfahrung mangelt, über eine längere Schnittstrecke die eingestochene Tiefe oder die Richtung einzuhalten oder zu finden.

Denken Sie daran das Werkstück auf einer geraden und sauberen Unterlage so zu befestigen, daß es sich auch nicht seitlich bewegen kann. Ihre Erfindungsgabe ist damit gefordert; vielleicht befestigen Sie seitlich ein Lättchen. Hilfsmittel kann ich Ihnen selbstverständlich auch aus meiner "*Technik*" bieten. Der Kugelgelenk-Spannbock ist dazu schon mal eine nicht zu übertreffende praktische Hilfe. Im übrigen möchte ich hin und wieder auf die Darstellungen in meinem VIDEO-FILM <**GRUNDKURS**> verweisen.

Beginnen Sie bei dem horizontalen Schnitt mit dem 25 mm breiten Hohleisen. Schlagen Sie einen möglichst gleichmäßig dicken und breiten Span, bis Sie auf die ca. 5 mm tiefe Kerbe am Rand der Zeichnung kommen. Dabei arbeiten Sie selbstverständlich quer zur Faser.

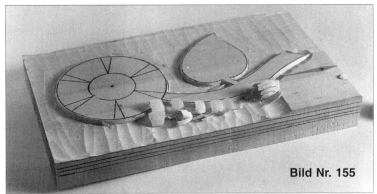

Bild Nr. 155

Die Späne werden vom Rand zur Kerbe ausgeschnitten

Bild Nr. 156

Wenn die Beitelschneide schräg auf den Einstich auftrifft, wird sie dem Winkel entsprechend angepaßt d.H. beigedreht.

Besonderer Hinweis:

Für das vorteilhafte Abheben dicker oder grober Späne beachten Sie folgendes technisches Detail: Sie benutzen ein relativ breites Werkzeug. Es soll schwach bis mitteltief gehöhlt sein. Beim ersten Schnitt schauen beide äußeren Enden der Schneide ein wenig aus dem Holz heraus. Wenn Sie das nicht beachten, dann klemmt die Schneide, der Schnitt kann unerwünscht verlaufen, die Sicht für eine kontrollierte Arbeit ist Ihnen genommen. Beim stets nächstfolgenden Schnitt, der in der Regel dicht beim Vorhergehenden liegt, braucht nur noch *e i n e* Kante sichtbar zu bleiben. Die muß aber ganz bewußt gewählt werden.

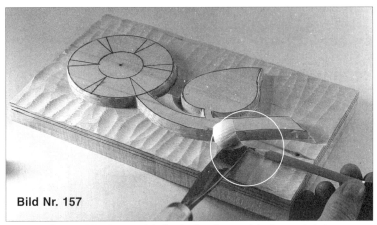

Bild Nr. 157

Eine Schneidenkante bleibt beim Spanabheben sichtbar
Eine Schneidenkante bleibt beim Spanabheben im Holz

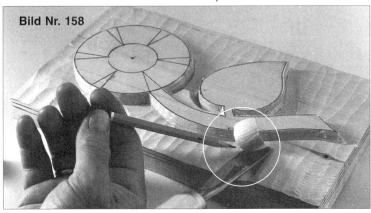

Bild Nr. 158

REGEL: Die rechte Schneidenkante bleibt sichtbar, wenn Sie nach rechts weiterarbeiten und umgekehrt die Linke, wenn Sie nach links den Spanabhub fortsetzen. (Die Praxis ist einwandfrei in meinem VIDEO-FILM <**GRUNDKURS**> aufgezeigt.)

Ich wiederhole mich: Nutzen Sie die vorbedachte Übung und bleiben Sie bemüht gleichmäßig dicke Späne so abzuheben, daß die grobe Ausarbeitung möglichst gerade und gleichförmig wird. Sie erhalten damit so etwas wie <*eine grobe Strukturierung*>. Die so kontrollierte Spanabnahme fördert Ihre Schnitzpraxis.

Wenn Sie jetzt mit der ganzen Breite des Beitels nicht auf die Schnittkante treffen, sondern eher schräg, dann stoppen Sie mit den relativ kräftigen Schlägen Ihres Klüpfels, wenn eine Außenkante der Schneide den senkrechten Einstich berührt. Schwenken Sie dann unter leichten Schlägen langsam so um, bis möglichst die gesamte Schneide in die Kerbe oder auf den senkrechten Einstich trifft. Der Span soll ja frei herausfallen. Auch hier gibt mein Video-Film ausgezeichnete Lernhilfe.

Je nach Form des senkrechten Einstiches müssen Sie vielleicht noch die eine oder andere leichte seitliche Drehung mitvollführen. Achten Sie jedenfalls darauf, nicht zu tief in die Begrenzung einzuschneiden - das könnte letztendlich Sauberkeitsprobleme ergeben.

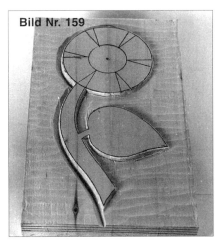

Bild Nr. 159

*Nach jeder abgeschnittenen Schicht, schlagen Sie den (fast) senkrechten Einstich am Rand der Zeichnung wieder ca. **5** mm tiefer. Danach schneiden Sie wieder von außen her eine Kerbe bis zum tiefsten Punkt des Einstiches. Erst wenn alle Späne sauber aus der Kerbe ausgeschnitten sind, beginnen Sie mit dem Abschneiden der nächsten Schicht.*

Drehen Sie das Übungsstück, um die gegenüberliegende Seite ebenfalls auszuarbeiten. Machen Sie es nach der Auskerbung, nahe dem aufgezeichneten Rand, wie beim ersten Arbeitsgang. Danach schlagen Sie den senkrechten Einstich wieder ca. bis **5** mm tiefer und öffnen vorteilhaft dazu die Kerbe. Wiederholen Sie diesen Vorgang bis Sie zumindest ganz nahe der vorgesehenen **15** mm tiefen Ausarbeitung angekommen sind. Mittlerweile haben Sie ja schon eine kleine Übung erreicht, die Sie jetzt nutzen sollten, um die letzte grobe Schicht so wenig wie möglich uneben zu gestalten.

Wenn Ihnen das noch nicht gelungen ist, dann schneiden Sie die Gesamtfläche auf das Niveau des "*tiefsten Loches*", der tiefsten Ausarbeitung in der Fläche, ohne neue <*Löcher*> zu schaffen.

Als nächsten Arbeitsschritt beginnen Sie mit dem sauberen Abstich auf der aufgezeichneten Blumenform. Mit dieser Übung ist wieder beabsichtigt Ihr Gefühl für gleichmäßige, winkelgenaue und saubere Flächen zu stärken. Sie können für die Umrandung der Blüte dafür entweder das Blumeneisen, das große oder kleine Balleisen oder auch das schräge Balleisen verwenden. Sie können auch eine Kombination mehrerer nacheinander anwenden.

Beachten Sie, daß die Struktur des Holzfaserverlaufes sich nach jedem Schnitt verändert. An den Stellen wo der Schnitt (oder Stich) parallel zu den Holzfasern verläuft, lassen sich erfahrungsgemäß relativ viele Anfänger dazu verleiten, anstatt senkrecht, dann mehr in den <*Untergrund*> der Blüte einzuschneiden. Sie hinterschneiden. Das Ganze beginnt dann einem auf die Spitze gestellten unregelmäßigen Kegel zu ähneln. Legen Sie Wert

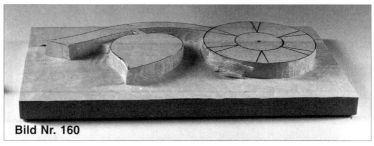

Bild Nr. 160

Die Flanken der kompletten Blume sind freigeschnitten

auf die Ausbildung eines <vollkommenen Zylinders>. Wenn es beim ersten Male nicht gelingt, dann wiederholen Sie die Übung - wenn es sein muß mehrmals. Es lohnt sich!

Unregelmäßigkeiten im Grunde des Einstichs gleichen Sie wieder mit der Spitze des schrägen Balleisens aus. Beitelführung Nr. **2** oder **5**. In den inneren Rundungen, beim Blumenstengel, wenden Sie vorteilhaft das Blumeneisen an. Stellen Sie so alle *"normal"* zugänglichen Stellen, bis auf die engen Abschnitte zwischen Blatt und Stiel, fertig. Anschließend strukturieren Sie die Grundfläche zum senkrechten Abstich hin; das Blumeneisen mit dem flachen Stichbild bringt hervorragende Ergebnisse. Mit ihm können Sie den Schnitt auch besser an den schräg auftreffenden Stellen ausgleichen bzw. zu Ende bringen. (Beitelführung Nr. 4 und dann 1). Alternativ können Sie diese Arbeit auch zuletzt machen. In diesem Falle begnügen Sie sich zunächst mit einer effektiv ebenen Grundfläche, die Sie mit flachen Schnitten recht sauber schneiden.

Alle Stellen, die in der Kante noch nicht ganz sauber geworden sind, schneiden Sie mit dem schrägen Balleisen nach. (Beitelf. 2)

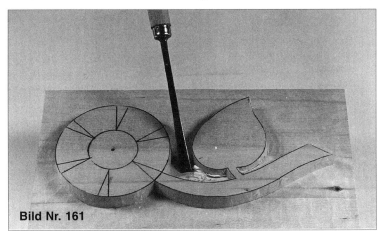

Bild Nr. 161

Das Blumeneisen zwischen Blatt und Blüte.

Jetzt haben Sie zwischen dem Stengel und dem Blatt noch das eine - oder gar zwei <Sorgenkinder>. Die Stellen sind recht schmal und mit der vorgegebenen Technik nicht sauber zu bekommen. Schneiden Sie jedenfalls mit der bisherigen Methode, nämlich: senkrechter Einstich und kerbenähnlicher seitlicher Nachschnitt so weit wie Sie kommen. Anschließend setzen Sie die beiden schräg geschliffenen, gekröpften Flacheisen ein. Abwechselnd eingesetzt erreichen Sie einmal die linke, dann die rechte Ecke. Den letzten Rest, den Sie mit Ihrer Praxis noch nicht sauber bekommen, lassen Sie erst einmal stehen. (Beitelführung 1).

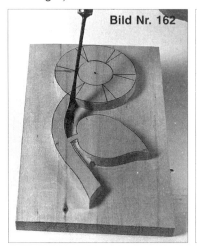 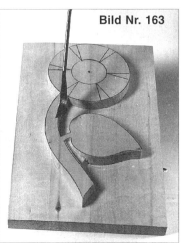

Hier sind die "Zwillingswerkzeuge" im Einsatz: Beide sind gleich breit, beide sind gekröpft und beide haben eine leicht gehöhlte Schneidenform. Sie unterscheiden sich nur darin, daß eines bis zur Spitze links- und das andere rechtsschräg angeschliffen ist.. Sie eignen sich in unterschiedlichen Breiten hervorragend um in ansonsten schwer zugänglichen Stellen sauber zu schneiden, bzw. zu stechen.

Besonderer Hinweis:
Im weiteren Verlauf wird der Stengel gerundet. Es ergibt sich mehr Platz. Sie kommen dann mit den beiden schrägen, gekröpften Flacheisen besser zurecht.

3.2 Die Blüte wird geformt
Das Zentrum der zukünftigen Blüte markieren Sie bestens mit

einem Fünfmarkstück. Aus diesem Umfang werden Sie nochmals einen Zylinder formen. Seine Höhe soll der Höhe der Blüte über der Grundfläche entsprechen, also im *<Normalfall>* ca. 15 mm. Schlagen Sie etwa einen Millimeter außerhalb der Kreislinie wieder Ihre senkrechte Markierung. Dazu ist das Blumeneisen geeignet.

Schlagen Sie dann wieder rundherum etwas tiefer aber nicht gleich auf **5** mm. Der Zylinderrand könnte sonst Schaden leiden. Dann schneiden Sie, in kleinem Abstand vom Blütenrand, schräg Richtung dieses senkrechten Einstichs. Die Schnittrichtung ist stets auf den Blütenmittelpunkt ausgerichtet.

Danach schlagen Sie die senkrechten Einstiche um den Zylinder wieder tiefer und kommen anschließend wieder mit Ihren schrägen Einschnitten von außen. Den Beginn dieser schrägen Einschnitte können Sie jetzt immer näher an den Blütenrand rücken. Zunächst Beitelführung **4**, dann weiterführen mit Nr.**1**

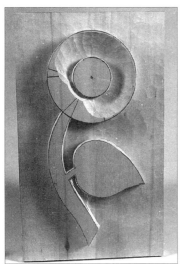

Bild Nr. 164
Der Zylinder für den Blütenmittelpunkt ist teilweise ausgearbeitet.

Besonders beachten:
Der tiefste Punkt des senkrechten Einschnittes ist gleichzeitig die Höhe des Zylinders. Achten Sie darauf, daß dieser Einstich ringsum auf gleicher Höhe bleibt. Wenn er ungleichmäßig wird, können Sie ein *"schiefes Gewächs"* erhalten.

Gehen Sie aber noch nicht *"auf Maß"* **15** mm, da Sie noch etwas *"Fleisch"* für Ihre saubere Nacharbeit benötigen. Formen Sie wieder zunächst durch perfekt senkrechte Einstiche den sauberen Zylinder. Nutzen Sie dafür das schmale Balleisen. Für den perfekt sauberen, runden Schnittgrund nehmen Sie das schräge Balleisen.

Nun kommt der schräge Anschnitt zur tiefsten Kerbenausarbeitung hin. Nehmen Sie dazu Ihr Blumeneisen oder das **25** mm breite Hohleisen. Der Schnittbeginn sollte jetzt noch höchstens einen halben mm vom Blütenrand entfernt sitzen. Ein klein wenig Material müssen Sie noch stehen lassen, damit Sie abschließend noch ein paar zehntel Millimeter für die "*letzte Politur*" in Reserve haben. (Beitelführung 4 und 1).

Der Zylinder steht also, seine Flanke ist <*Poliert*>, seine Schnittkante ist sauber, es fehlt nur noch das <*polieren*> der schrägen Fläche vom Blütenrand bis zum Zylinderboden. Diese Fläche bietet sich als <*trichterförmig*> an und soll rundum vollkommen gleichmäßig verlaufen.

Wenden Sie jetzt beim Schnittansatz am Rand der Blüte die Beitelführung Nr. **4** an. Am geschicktesten nehmen Sie dazu das Blumeneisen. Zielen Sie zunächst nicht zu stark nach unten, damit Sie kein <*Loch*> bekommen. Lernen Sie den Winkel genau zu berechnen - führen Sie den Schnitt, wenn irgend möglich, gerade bis zum <*Auslauf*> oder Anschlag. Die entstehenden Spänchen sollten jetzt extrem dünn sein. (Dieser Abschnitt HAT BESONDERER ÜBUNGSWERT.)

3.3 Die Ausformung einer Halbkugel

Aus dem Zylinder in der Blütenmitte wird eine Halbkugel geformt. Sie wird in Form und Größe einem halben Tischtennisball entsprechen. Sie sollte aber auch im Idealfall ebenso glatt poliert sein. Zum groben Vorschneiden verwenden Sie Ihr breites Balleisen. Die Beitelführung Nr. **1** oder **6** ist zunächst angebracht.

Besonderer Hinweis:

Die Beachtung des Holzfaserverlaufs ist jetzt besonders wichtig. Studieren Sie jetzt objektiv die Situation. In der Regel wird der Holzfaserverlauf in der Längsrichtung des Brettchens verlaufen. Ich gehe davon aus, damit ich die kommende Markierung näher beschreiben kann. Zeichnen Sie sich gut sichtbar auf den Zylinderkopf vier kleine Pfeile - in die Richtungen zeigend, in die Sie anschließend schneiden müssen.

Wenn Sie das Brettchen so vor sich liegen haben, daß Sie die

Bild Nr. 165

Auf dem ausgeschnitzten Zylinder sind vier Pfeilmarkierungen. Sie zeigen die Schnittrichtungen an, wenn das Kugelsegment ausgeformt wird. Jede andere Schnittrichtung muß in der Regel in den Holzfaserverlauf einschneiden.

Bild unten links:
Das Kugelsegment ist mit dem Balleisen vorgeformt worden.

Bild unten rechts:
Das Kugelsegment ist fertig.

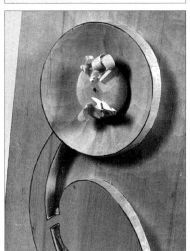

Bild Nr. 166   **Bild Nr. 167**

vorgearbeitete Blume "*in natura*" sehen, dann kommen die Pfeile links und rechts auf die Zylinderfläche. Auf jeder Seite startet je ein Pfeil von der Mitte nach oben und unten weisend. In diesen Richtungen schneiden Sie bis zur vollkommenen Ausformung der Halbkugel.

Zum Fertigpolieren verwenden Sie am besten Ihre Balleisen mit den Beitelführungen **1** und **6**, oder das schräge Balleisen mit der Beitelführung **2**. Achten Sie darauf, die bereits fertig polierte Fläche rundum nicht zu beschädigen.

3.4 Die Einteilung der Blütenblätter

Die trichterförmige Fläche wird vom Rand bis zur Blütenmitte in sechs gleiche Teile eingeteilt. Die Startmarkierung ist mitten auf dem Stengel. Vom Rand aus soll (soll!) bis auf den Grund ein keilförmiger Einschnitt herausgenommen werden. Die Breite auf dem Rand beträgt **12** bis **14** mm. Jeder Einschnitt läuft auf der Außenfläche und am Fuß der Halbkugel GENAU SPITZ aus. Dies setzt einen gleichmäßigen, keilförmigen Einschnitt voraus.

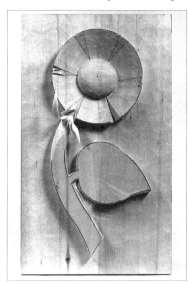
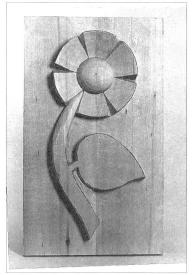

Bild Nr. 168   **Bild Nr. 169**

*Die Blüte ist in sechs Blütenblätter eingeteilt. Mit der teilweisen Ausarbeitung ist begonnen worden. Das hauptsächlich eingesetzte Werkzeug ist das **20** mm Balleisen -*

Lediglich wo der Blumenstiel in den Blütenbereich hineinläuft, wird der Einschnitt ein wenig breiter. Das wird im nächsten Arbeitsgang gemacht, wenn mit der Ausformung des Blumenstiels ein gefälliger Einlauf in die Blüte mit ausgeschnitzt wird.

3.5 Der Stiel

Der Blumenstiel, so einfach sich das bei oberflächlicher Betrachtung ausnimmt, hat Schwung, Leben, Bewegung. Hier konfrontiere ich Sie zum ersten Mal mit <dieser Grundvoraussetzung> für JEDE GUTE SCHNITZERARBEIT. Dazu zunächst ein einfaches Beispiel: Nehmen wir einen Nachtwächter! Sie können ihn selbstverständlich von oben bis unten <stocksteif wie einen Laternenpfahl> schnitzen, und Sie können ihn aus dem Leben "herausnehmen" ihn wie in einer Momentaufnahme - Blitzlichtaufnahme - in seiner

"*BEWEGUNG*" stoppen und so schnitzen.

Die erste Möglichkeit ist KEINE ALTERNATIVE, sowas ist immer STÜMPERHAFT. Trainieren Sie sich bereits jetzt auf die zweite Möglichkeit. Trainieren Sie sich auf **"*DIE BEWEGUNG*"**.

Was schmunzeln wir heute, wenn wir ein Foto aus den ersten Tagen dieser Technik anschauen. Stocksteif wie festgenagelt stehen oder sitzen die Abgebildeten. Es war aber wegen der langen Belichtungszeiten nicht anders möglich. Derart zu schnitzen sollte Ihnen nach dem Lernprozess nicht mehr passieren.

Alle Details einer geschnitzten Darstellung müssen **BEWEGUNG** aufweisen. Sie sollen praktisch bei jedem Schnitt, bei jedem Fortschritt mit einer Schnitzarbeit daran denken - von der Planung, vom Konzept her schon, und nie und in keinem Augenblick die **UMSETZUNG** und Verwirklichung der **BEWEGUNG** vernachlässigen.

DIE BEWEGUNG, das sind nicht nur die dargestellten Details, das kann jeder Schnitt sein, das ist auch das *SCHNITTBILD*. Jede Schnittkante kann oder soll an der **GESAMTBEWEGUNG** beteiligt sein. Doch was - werden Sie mich vielleicht in Anbetracht des Blumenstiels fragen - ist an diesem so
"bewegend"?

1. Er ist nicht gerade und steif wie ein Bleistift. Auf der Zeichnung bringt die Darstellung schon einen gewissen Schwung mit - nicht nur eine einfache Kurve.

2. Die Dicke des Stiels ist nicht gleichmäßig. Sie können - und da kommen wir schon zur nächsten Empfehlung - "*übertreiben*". Die Übertreibung ist bei der Schnitzarbeit, wenn sie gekonnt gesetzt ist, eine Bereicherung und eine künstlerische Verbesserung. Man "*fesselt*" damit den Betrachter mehr. Ein vorher erwähnter, stocksteifer Nachtwächter ist <*fast keinen Blick wert*>. In dem Zusammenhang: Auch die Bewegung sollte bis zu einer natürlichen Grenze übertrieben sein.

So auch beim Stiel: Oben natürlich etwas dünner, in der Mitte dicker und kurz vor der verdickten Schnittstelle nochmals verdünnen. Zum nächsten Betrachtungspunkt:

3. Die horizontale Lage nicht auf einer Ebene von der Blüte bis zur Schnittstelle hinlegen. Schwung und Bewegung soll man auch von der Seite sehen.

4. Der "*Einlauf*" in die Blüte. Stumpf anstoßen wäre die schlechteste Lösung. Wir lassen den Stiel stilisiert in die Blüte laufen.

5. Die Schnittstelle! - Nicht gerade abschneiden. Sehen Sie mal, wie viele Möglichkeiten der Bewegung es allein an dieser Schnittstelle gibt.
a)   Sie schneiden schräg ab.
b)   Sie schneiden noch abgewinkelt ab.
c)   Die Schnittstelle wird etwas und in eleganter Form in die Länge gezogen.
d)   Die Schnittstelle wird gehöhlt (nicht gleichmäßig)
e)   Sie kann etwas vom Untergrund freigestellt werden.
f)   Keine zu groben Schnitte legen.
g)   zusätzlich könnten Sie jetzt noch dicht um den Schnittrand eine kleine Hohlkerbe legen - doch auf solche Feinheiten kommen wir spätestens ausführlicher in meinen nächsten Büchern: *FORTGESCHRITTENENKURS*, speziell *EXPERTENKURS* und auch *MEISTERLICHE ÜBUNGEN*.

Zurück zur praktischen Arbeit am Stiel: An der Stelle, wo das Blatt angewachsen ist, darf er weiter nach außen (nach oben) kommen. Nach einer kurzen Vertiefung (nach unten) schwingt er kurz vor dem Schnitt wieder nach oben. Bei der Blüte schwingt er elegant aus.

Geben Sie dem Stiel mit dem breiten Balleisen die grobe Form (Beitelführung **1** und **6**). Besonders im Innenbogen werden Sie Schwierigkeiten bekommen. Dort schneiden Sie nämlich an der tiefsten Stelle in den Holzfaserverlauf. Das trifft im Normalfall auch an der höchsten Stelle des Stiels zu. An diesen Stellen müssen Sie die Schnittrichtung wechsln, d.h sobald Sie spüren, daß sich der ablaufende Schnitt nicht mehr lenken und kontrollieren lässt, STOP und von der Gegenseite schneiden.

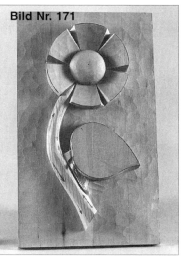

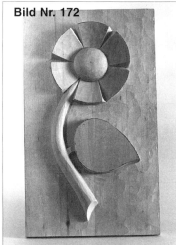

Bild oben links:
Ein typischer Schnitt mit dem Balleisen in den Holzfaserverlauf.

Bild oben rechts:
Die richtigen Schnittrichtungen sind auf dem Stiel aufgezeichnet.

Bild Links:
Der Stiel ist fertig geformt. Beachten Sie die elegante "Bewegung" an der Schnittstelle des Stiels.

An einigen Stellen können Sie sich auch helfen, indem Sie quer, also von der Seite schneiden. In jedem Falle ist ein <sehr scharfes> Werkzeug erforderlich; die letzten Schnitte an solchen exponierten Stellen werden immer kleiner und feiner. Besonders bei Querschnitten achten Sie auf eine gute Anpassung der Schneidenform an die geforderte Schnittform.

Besonders an der höchsten Stelle des Stiels bringt eine Unterschneidung ein besseres Bild. Sie müssen nicht gleich darunter "*durchstechen*". Die klare Andeutung einer Rundung unterhalb des Stiels ist schon gut ausreichend. Die mehr senkrechten Stiche zum Unterschneiden (Beitelführung 2 oder 5) werden dann wieder durch die verlängerten Schnitte auf der Grundfläche ergänzt.

Den Stiel selbst <polieren> Sie vorteilhaft abwechselnd mit dem schrägen Balleisen (Beitelführung -2-) und mit dem Blumeneisen (Beitelführung 1). Sie werden erkennen, daß Sie mit der Spitze des Balleisens auch gut unter dem Stiel sauberschneiden können. Auf der Oberseite setzen Sie wieder vorteilhaft das breite Balleisen ein (Beitelführung -1-).

Jetzt zu der "*berühmten Stelle*" neben dem Blatt. Der Stiel selbst ist dort ja noch weitgehend unvollkommen. Formen Sie zunächst durch wiederholte senkrechte Einstiche mit dem Blumeneisen den Blattstiel vor. Stechen Sie, soweit noch nicht geschehen, auch noch den Blumenstiel tiefer. Am Blattrand schneiden (stechen) Sie mit dem schrägen Balleisen einen senkrechten Rand (Beitelführung 2 oder 5). Das so <freigestochene> Holz schneiden Sie abwechselnd mit dem links- und rechtsschrägen, gekröpften Flacheisen heraus. Der Platz zwischen Blatt und Stiel muß natürlich mindestens so breit wie die Beitelschneide sein (Beitelführungen -1- und -6-).

Nochmals: Nicht allzutief einstechen, immer in kleinen Schritten. Dann mit den beiden "*Schrägen*" (links und rechts) die freien Späne <herausschneiden> - sie müssen frei herausfallen - sie dürfen nicht herausgehebelt oder gekratzt werden. Mit diesen schrägen Flacheisen können Sie mit ein bißchen Übung auch hervorragend seitlich schneiden oder auch seitlich und ziehend.

Eine saubere Hinterschneidung ist jedenfalls dabei möglich. Die kleine Fläche zwischen Stiel und Blatt sollte jedenfalls eine perfekte Fortsetzung der strukturierten Grundfläche sein.

3.6 DAS BLATT

Die Oberflächenform des Blattes *MUSS BEWEGT* sein. Stellen Sie sich die Billionen Blattformen in der Natur vor und alle sind sie verschieden. Sie können also nichts verkehrt machen - gehen Sie ohne Angst an die Formgebung. Mit ein bißchen Kosmetik auf der geraden Fläche ist es unter keinen Umständen getan. Da müssen beträchtliche Spandicken herunter.

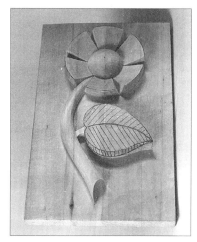 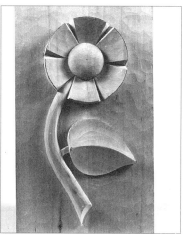

Bild Nr. 173   **Bild Nr. 174**

Bild links: *Die Oberflächenform des Blattes ist eingeteilt und markiert. Beachten Sie, daß auch auf dem Blattrand die Ausarbeitung für die seitliche Bewegung markiert ist.*

Bild rechts: *Die Fläche ist mit einem schwach gehöhlten Beitel "strukturiert.". Die relativ gleichmäßig liegenden Schnitte stehen in einem angenehmen Kontrast zur Bewegung der geschnitzten Elemente - Blüte, Blatt und Stiel.*

Zeichnen Sie in der Blattmitte in elegantem, natürlichem Schwung die mittlere Blattrippe vom Blattstiel bis zur Blattspitze. Grundsätzlich ist geplant links und rechts davon, bei leichtem Hohlschnitt, eine <bewegte>, schwungvolle Fläche zu schneiden. Die Blattrippe bleibt dabei erhaben, die Flächen etwas zurückgeschnitten und teilweise zur Grundfläche hin geneigt. Die Blattspitze soll wieder etwas nach oben zeigen, kann aber insgesamt schräg liegen. Die bessere Lernmethode bietet hier natürlich mein VIDEO-FILM <**GRUNDKURS** > mit Detail- und Großaufnahmen.

Nehmen Sie sich zuerst das **25** mm breite Hohleisen (Beitelführung -**1**-). Schneiden Sie abwechselnd von der Spitze und vom Blattstiel ausgehend. Vor Allem: Den Schnitt zur Spitze nicht über die Spitze hinausführen, sie könnte ausbrechen. Etwa **1** cm vor der Spitze machen Sie Halt, um den angefangenen Span von der Spitze her fertig zu schneiden. Im Allgemeinen sollten Sie auch am Blattrand so verfahren, wenn Sie quer zur Faser schneiden.

Zum Blattrand wäre dann nur noch zu sagen, daß er nicht bis auf die Grundplatte heruntergeschnitten werden sollte. Wie hoch Sie wo und was stehen lassen, bleibt weitgehend Ihnen überlassen. Die Blattrippe bildet immer die Trennung zwischen den beiden Blatthälften - hier Schnittflächen. Sie soll auch auf keinen Fall auf einer Ebene verlaufen, braucht aber auch nicht ganz so tief wie der äußerste Blattrand eingeschnitten zu werden. Etwas schwungvoll <*durchhängend*> wäre vielleicht die eher richtige Bezeichnung.

Dort wo das Blatt angewachsen ist, lassen Sie den Stiel etwa **2** mm tiefer unter das Blatt einlaufen. Es ist empfehlenswert an diesen Berührungsstellen kleine Kerben einzuschneiden. also eine Überbetonung (Übertreibung) vornehmen.

Zeichnen Sie sich jetzt nochmals die Mittelrippe und einige seitliche Verästelungen ein. Auf diesen Markierungen schneiden Sie mit dem schräg angeschliffenen Balleisen kleine und schmale Kerben aus. Wenn der Gaißfuß in seiner Spitze fein und scharf ausgeschliffen ist, was aus technischen Gründen nicht immer möglich ist (sagt der Hersteller), dann können Sie für diese Zierschnitte auch dieses Werkzeug verwenden. In Richtung Blattstiel etwas tiefer und breiter, gegen die Spitze und Blattrand weniger tief und auslaufend. Nicht alle Verästelungen brauchen Sie vorzuschneiden.

Ziehen Sie die feinen Kerben in den aufgezeichneten Blattverästelungen weiter. Wenn Sie Widerstand spüren, Sie merken, daß Sie den Verlauf Ihres Einschnittes nicht mehr allein bestimmen können, und ohne die Holzfasern aufzureißen nicht mehr weiterkommen, dann drehen Sie und kommen mit dem Schnitt von der anderen Seite.

In Richtung Blattstiel kann die Kerbe auch etwas vertieft werden. Gegen Spitze und Blattrand <verliert> sich die Kerbe, sie läuft aus. Schneiden Sie die seitlichen Verästelungen nicht zu gleichmäßig - die Natur macht das auch nicht so (Beitelführung -6).

Zum Abschluß stechen Sie alle 5 bis 8 mm mit dem Gaißfuß, rundherum auf der Blattkante, kleine Kerben heraus. Die Schnittrichtung ist ca. 45 Grad geneigt, keinesfalls dürfen Sie den Schnitt bis zur Grundlinie ziehen (Beitelführung hier -6-).

3.7 Die Blüte

Der Stiel ist erst <vorgefertigt> und endet am Blütenrand. Er soll von der vorhandenen Stieldicke ausgehend konisch bis an die Halbkugel in der Blüten-Mitte auslaufen. Im gleichen Winkel wie die fünf Einschnitte auf dem Blütenrand, kerben Sie links und rechts Richtung konisch auslaufenden Stiel. Sie sollen und können bei normaler Handhabung auch nicht bis auf die Grundlinie kommen. Schließlich ist die <Spaltöffnung> auf dem Rand nicht wesentlich breiter als die bereits Ausgearbeiteten. In meinem Video-Film mache ich diesen Arbeitsgang in einem früheren Stadium. Das Ergebnis bleibt gleich.

Die Dekoration:

Auf jedem der sechs ausgeprägten <Blätter> schneiden Sie von der Kante, auslaufend bei der Halbkugel, drei gleichbreite Hohlschnitte. Nutzen Sie dazu das gebogene Hohleisen 14 mm (Beitelführung -4-). Die bisher glatte Fläche auf dem Blütenblatt ist jetzt leicht gewellt. Auf den beiden Schnittkanten, zwischen den drei Hohlschnitten, schneiden Sie wieder mit dem Gaißfuß eine feine Kerbe aus. Wir versuchen damit die Blütenflächen weitgehend aufzulockern, zu beleben oder zu <bewegen> (Beitelführung 4 oder 6).

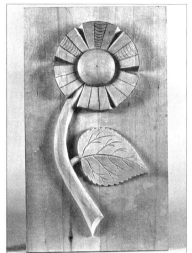 

Bild Nr. 175   **Bild Nr. 176**

Linkes Bild: *Die vorgeschlagenen Dekorationen sind auf den Blütenblättern aufgezeichnet.*

Rechtes Bild: *Die Arbeit ist fertiggestellt. Das Blatt hat auf dem Rand feine (Zacken) Einkerbungen. Die Grundfläche ist mit einem Flach- oder schwach gehöhlten Hohleisen strukturiert*

Zu der angesprochenen Belebung noch das **i**-Tüpfelchen: Mit dem **6** mm breiten Hohleisen schneiden Sie in gleicher Schnittführung einen weiteren Hohlschnitt in den ersten (Beitelführung **-6**-). Setzen Sie aber nicht auf der Kante zum Schnitt an, sondern gering davon entfernt und beginnen Sie zaghaft und nur langsam etwas tiefer gehend. Der Schnitt endet am Boden der Halbkugel. Der aufgerollte Span wird dort, entlang der Halbkugelform, mit dem schrägen Balleisen abgeschnitten (Beitelführung **-2**-).

3.8 Der Blütenrand

Den Rand können Sie so belassen oder auch noch strukturieren. Wenn Sie Letzteres vorziehen, dann legen Sie das Brettchen auf eine geeignete gerade Unterlage. Nehmen Sie den **25** mm breiten Hohlbeitel und stechen Sie senkrecht ca. **10** bis **15** mm breite, muschelförmige Späne heraus (Beitelführung -**5**-).

4.0 Übungsstück Nr. 3

Die großen Blumen

Pausen Sie sich auf die größere Holzplatte, gut vermittelt, die stilisierten Sonnenblumen. Sie werden wieder aus dem <vollen Holz> herausgearbeitet, also eine richtige <Bildhauerarbeit>. Ihre plastische Vorstellungskraft wird geschult, die Übungen zur praktischen Beitelanwendung werden variabler.

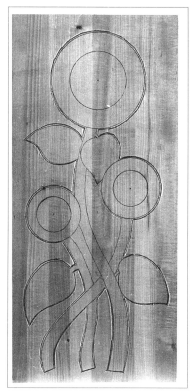 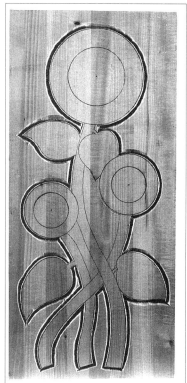

Bild Nr. 177   Bild Nr. 178

Linkes Bild: *Knapp außerhalb der aufgezeichneten Linie wird eine Markierungslinie senkrecht eingestochen.*

Rechtes Bild: *Die Markierungslinie wird zunächst bis auf ca.* **5** *mm vertieft. Dann wird von außen, ca.* **10** *mm entfernt, schräg gegen den Einstich eine Kerbe ausgeschnitten*

4.1 Die grobe Ausarbeitung

Alle Umrandungen werden hier wieder mit den bestangepaßten Beitelformen sauber senkrecht abgestochen. Zwischen den Blumen wird das markierte Feld ebenfalls ausgestochen. Nur einige enge Stellen, z.B. zwischen Stengel und Blättern, werden wieder ausgespart. Sie sind einfacher auszuarbeiten, wenn sie durch die versetzten Höhen der einzelnen Stiele leichter zugänglich werden. Gehen Sie wieder keine Kompromisse ein und arbeiten Sie zunächst alle senkrechten Abstiche winkelgerecht, sauber und bis auf eine Tiefe von ca. **20 - 22** mm aus.

Auf dem äußeren Rand markieren Sie sich wieder mit einem Bleistift die vorgesehene Ausarbeitungstiefe - **20** bis **22** mm. *<Aus dieser Grundlinie werden die Sonnenblumen herauswachsen>*. Sie, die Grundlinie, wird letztendlich wieder sauber strukturiert - ein klassischer Hintergrund aus dem die Blumen hochplastisch ausgearbeitet werden.

Der gesamte senkrechte Abstich liegt bedeutend tiefer als bei den bisherigen Übungen. Ich empfehle Ihnen deshalb rund um die Blumen zunächst sicherheitshalber weiter entfernt von der Markierungslinie einzustechen. Sicher kommen Sie mit dem großen Balleisen und dem **25** mm breiten Hohleisen bestens zurecht, um die erste Markierung zu schlagen. Nach der Vertiefung dieser, auf gut **5** mm, schneiden Sie zweckmäßigerweise wieder von außen schräg zu diesem Einstich um eine Kerbe auszuheben.

Empfehlung zur Technik:

Für diese Arbeit ist ein ca. **35** mm breites Flacheisen mehr anzuraten. Das gleiche *<Eisen>* erleichtert auch wesentlich die grobe, horizontale Spanabnahme und ist leichter zu führen. In meinem *VIDEO-FILM* <**GRUNDKURS**> können Sie dies einfacher erkennen. Der **35 mm breite**, flach geformte Beitel ist Teil meines **2**. Ergänzungssets.

Bei diesen Vorarbeiten und im Hinblick auf die abzutragende Holzdicke, können Sie schon recht viel kräftiger zuschlagen. Achten Sie darauf, keine Hinterschneidung zu bekommen. Sichern Sie dieses bedeutend größere Werkstück gut gegen Verrutschen.

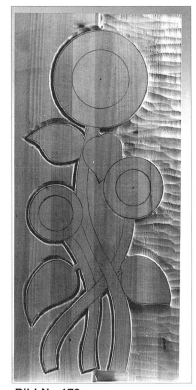 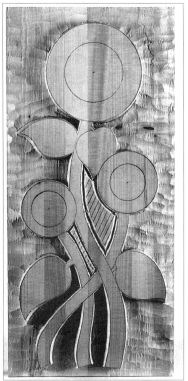

Bild Nr. 179 **Bild Nr. 180**

Linkes Bild: *Eine erste Schicht zur Freistellung des Schnitzmotivs, ist ausgeschnitten.*

Rechtes Bild: *Das Motiv ist rundum, bis auf die markierte und vorgesehene Tiefe, ausgeschnitten. Die Ausarbeitung zwischen den Blütenstielen ist markiert und am Rand ausgekerbt.*

Meine bereits beschriebene Einspannvorrichtung mit Kugelgelenk ist auch hierfür eine hervorragende Ausrüstung. (Siehe Video-Film, verlangen Sie technische Unterlagen.)

Bei jeder Schicht, die Sie nun abtragen, üben Sie und bleiben möglichst auf gleicher Tiefe. Üben Sie auch jeden Schnitt gleichmäßig breit und dick auszuführen. Sie machen es sich für die Zukunft leichter. Es ist ein Teil zum Erlernen der kontrollierten Beitelhaltung und -führung. Wenn Sie sich nicht an diese sauberen Vorarbeiten halten, kommen Sie mit Sicherheit "*demnächst*" (<nicht in Teufels Küche, aber>) an einen Punkt, an dem meine Einweisungen und Ihre Wirklichkeit nicht mehr aufeinander abgestimmt sind - das zu Ihrem Nachteil. Bitte beachten Sie: Es kommt nicht so sehr darauf an wie dick Sie den Spanabhub vornehmen, sondern wie gleichmäßig - Schicht für Schicht.

Wenn Sie jetzt zum groben Spanabhub einen breiteren Beitel-**35** mm oder auch ein <*Schweizer Eisen*> mit **50** mm benutzen, dann gibt das bei verschiedenen Innenformen Begrenzungen der Bewegungsfreiheit. Dort müssen Sie vorübergehend zu einem schmaleren, den Umständen besser angepaßten Beitel greifen. Schneiden Sie wieder bis ganz dicht zur endgültigen Grundlinie. Erst dann beginnt der endgültige, saubere senkrechte Abstich und anschließend die Strukturierung mit einer flachen Schneidenform - z.B. Blumeneisen **10** mm breit.

Die flache Schneideform - Stich **3** - entspricht auch der Schneidenform der beiden links- bzw. rechts schräg angeschliffenen und gekröpften Beitel. Diese setzen Sie natürlich ein, um in die spitzen und langen Ecken hineinzuschneiden. Sie helfen weiter, wenn Sie mit der Strukturierung mittels Blumeneisen nicht mehr weiterkommen. Freunden Sie sich mit diesen gekröpften <*Schrägen*> an (sie sind eigentlich wie Zwillinge); sie werden es Ihnen durch ihre Vielseitigkeit danken. So können Sie am unteren Übungsrand, zwischen den Stielen, mit diesen Beiteln optisch die außen mit dem Blumeneisen angelegte Strukturierung leicht weiterführen.

Nach der sauberen Arbeit ringsum, beginnen Sie mit dem Aushub zwischen den beiden Blüten im Zentrum des Bildes. Selbstverständlich setzen Sie noch Ihre erste Markierung und den folgenden senkrechten Einstich in einem Sicherheitsabstand nach innen versetzt. Den Aushub machen Sie zunächst mit dem breiteren, gebogenen Hohleisen, indem Sie von allen Richtungen auf den Einstich zuarbeiten. In den Ecken nehmen Sie wieder die <*Zwillinge, die schrägen Linken und Rechten*>.

Den sauberen, maßgrechten, senkrechten Abstich machen Sie mit verschiedenen, jeweils der äußeren Stielform am besten angepaßte Beitel. Sie werden das 25 mm breite Hohleisen und das Blumeneisen am geeignetsten finden.

Ecken und Innenkanten säubern Sie sorgfältig mit dem schrägen Balleisen. Den Boden - die Grundplatte - strukturieren Sie wieder abwechselnd mit den links und rechts schräg geschliffenen, gekröpften Beiteln, den Zwillingen.

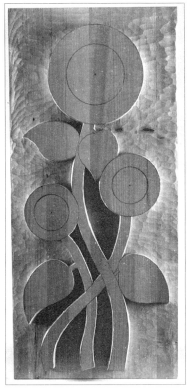 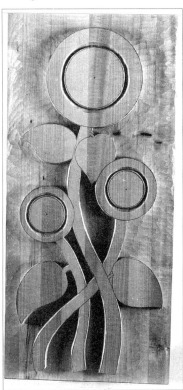

Bild Nr. 181   **Bild Nr. 182**

Linkes Bild: *Rund um das Motiv ist auf der Zeichenlinie sauber bis auf die Grundlinie senkrecht abgestochen. Die Grundfläche selbst ist mit einem flach gehöhlten Beitel geschnitten; sie ist zunächst unregelmäßg strukturiert. Alle Kanten sind sauber.*

Rechtes Bild: *Knapp außerhalb der Innenkreise bei den Blüten ist zunächst senkrecht eingestochen worden. Mit flachen Schnitten von außen wurde eine Kerbe geschnitten.*

4.2 Die Formen der Blumen

Im Unterschied zur kleinen Blume, dem zweiten Übungsstück, ist hier bei allen drei Blüten der Innenkreis bereits festgelegt. Wenden Sie die gleiche Technik, wie zum Ausarbeiten bei der kleinen Blume an. Sie stechen also etwas ausserhalb der Linie senkrecht ein. Nach je ca. **5** mm tiefem Einstich und den teilweise ausgearbeiteten Einkerbungen, schneiden Sie immer wieder vom Rand aus zum senkrechten Einstich. Die größte Tiefe soll aber nicht den seitlichen Ausarbeitungen entsprechen. Der schräge Einschnitt zum Blütenmittelpunkt sollte nach Möglichkeit nicht steiler als **30** Grad sein.

Polieren Sie nun den Umfang des <*aufgebauten Zylinders*> in der Blütenmitte mit dem Balleisen und dem schrägen Balleisen (Beitelführungen -**2**- und -**5**-). Die schräge Schnittfläche polieren Sie schön sauber mit dem Blumeneisen. Sie haben es richtig gemacht, wenn so gut wie keine Schnittkanten mehr sichtbar sind - also eine wirkliche <*Politur*> verbleibt.

Technische Anmerkung:
Sollten Sie bereits das **35** mm Breite Flacheisen besitzen, dann ist diese Aufgabe damit wesentlich leichter, schneller und perfekter auszuführen. Mit dem Blumeneisen benötigen Sie halt bedeutend mehr einzelne Schnitte, um die Fläche glatt und poliert zu gestalten.

Achten Sie auf eine saubere Kante ringsum. Denken Sie auch daran, die Schnitte innen immer genau Richtung Kreismittelpunkt zu führen.

Aus dem zylindrischen Mittelstück der Blüten formen Sie nun ein <**Kugelsegment**>. Die Form sollte schön gleichmäßig <*gewölbt*> sein, der Mittelpunkt in der jetzigen Höhe beibehalten werden. Wenn Sie an den Seiten unregelmäßig und steiler ausbilden, bekommen Sie später bei der abschließenden Dekorierung Probleme.

Technik:
Zeichnen Sie sich wieder, wie beim zweiten Übungsstück, der kleinen Blume, die Schnittrichtung auf den Innenkreis der Blüte.

 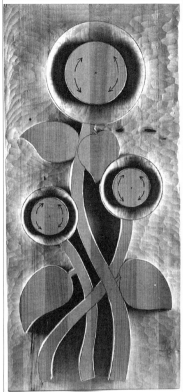

Bild Nr. 183   **Bild Nr. 184**

Linkes Bild: *Die "Zyinder" für die innere Blütenform sind senkrecht freigeschnitten. Vom Blütenrand ist geradlinig bis zum tiefsten Einstich eine saubere, schräge Fläche ausgearbeitet. Die dadurch entstandenen Innenkanten sind perfekt sauber.*

Rechtes Bild: *Auf den "Zylindern" sind die zukünftigen Schnittrichtungen zur Ausbildung des Kugelsegmentes aufgezeichnet. Andere Schnittrichtungen führen in den Holzfaserverlauf.*

Jeweils einer von rechts außen nach unten Mitte und oben Mitte, und einer von links außen nach unten Mitte und nach oben Mitte. Schneiden Sie wieder mit dem großen Balleisen die Form grob vor (Beitelführung -**1**-) . Größere und flache Werkzeuge erleichtern diesen Vorgang.

Wenn die grobe Form vorgegeben ist, können Sie mit den erwähnten größeren Beiteln, mit der schwachen Hohlform nach unten, die feineren Schnitte viel leichter, schneller und sauberer ausführen. Damit können Sie dann direkt zum Außenrand des Kreises schneiden. Ansonsten benutzen Sie Ihr breites Balleisen oder schräges Balleisen (Beitelführung **1** bzw. **6**). Um die Schnittkante zur schrägen Blütenblätterfläche sauber zu gestalten, schneiden Sie die letzten Feinheiten sowieso mit dem schrägen Balleisen (Beitelführung 2).

4.3 Stiele und Blätter

Beginnen Sie mit der groben Vorformung am unteren Rand, bei den Stielen. Zunächst beachten Sie, daß sich die Stiele kreuzen. Von links nach rechts nummeriert überschneidet die Nr. **1** die Nr. **2** und unterschneidet noch die Nr. **3**. Markieren Sie sich das zunächst in Form eines kerbenähnlichen Einschnittes auf den betroffenen Stielen. Diese Kreuzungsstellen auf den Stielen sollen nicht wie abgeknickt oder verknotet ausgearbeitet werden. Ein fließender Über- bzw. Durchgang soll den natürlichen Verlauf unterstreichen.

Jeder Stiel soll sich in leichtem Schwung in Richtung Blüte bewegen. Die Nr. **1** und **3** sollten beim unteren Rand ein Stück hinterschnitten werden und können sogar frei liegen. Nr. **3** passiert die linke Blüte halb verdeckt. Das oberste Blatt eben dieses Stieles überdeckt z.T. den Stiel und ist mit der Spitze unter die mittlere, rechte Blüte gerutscht. Das linke obere Blatt liegt beim Blattstiel unter dem Blütenstiel. Achten Sie auch darauf, daß bei allen Blättern die Stiele von unten kommen, in leichtem Schwung zum Blatt hinführen.

Die Technik bei der Vorformung:
Arbeiten Sie mit dem großen Balleisen - Fase nach unten (Beitelführung -**1**-). Ein größeres Flacheisen ist dabei wieder von Vorteil und Sie können damit auch sicherer unterschneiden. Achten Sie jedoch darauf, daß beim Abrunden der Stiele die bereits strukturierte Grundfläche nicht zerstochen wird. Dies wird mit großer Wahrscheinlichkeit passieren, wenn die Beitelschneide beim Flach- und Hohleisen nicht gerundet vorgeformt ist. Dann stoßen Sie seitlich an, bevor der Schnitt beendet ist.

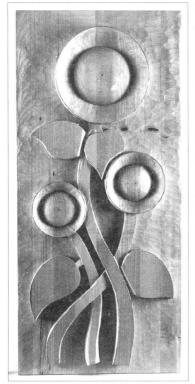 

Bild Nr. 185   **Bild Nr. 186**

Linkes Bild: *Die Blüteninnenteile sind kugelsegmentartig ausgebildet. Die Kreuzungsstellen der Stiele und die Blattansätze sind markiert.*

Rechtes Bild: *Die Steiele sind sachgerecht gerundet. Eine Unterschneidung hat nicht stattgefunden.*

Im mittleren Verlauf der Stiele unterschneiden Sie nur ganz leicht - mehr eine Andeutung der vollen Rundung.

Technische Bemerkung:

Dieses Unterschneiden läßt sich am sichersten und einfachsten mit einem <*verkehrt gekröpften*> Flacheisen bewerkstelligen. Beim verkehrt gekröpften Beitel haben Sie stets bestmöglich Ihren Schnitt - durch freie Sicht - unter Kontrolle. Dies ist dann bei vielen zukünftigen Arbeiten immer von Bedeutung. Das bedeutet aber nicht, daß Sie ein größeres Sortiment von diesen Spezialwerkzeugen benötigen. Im **2**. Ergänzungsset ist ein **14** mm breiter Beitel eingeplant, ebenso das bereits einige Male erwähnte **35** mm breite flache Werkzeug.

Vielfach kreuzen Sie jetzt den Holzfaserverlauf. Nutzen Sie diese Gelegenheiten zum sorgfältigen Üben. Gehen Sie an diese Stellen mit besonders gut geschärften Werkzeuge heran. Nehmen Sie dabei niemals grobe oder größere Späne ab. Versuchen Sie nach Möglichkeit die Beitelschneide nicht direkt im rechten Winkel zum Span zu schieben. Weitaus besser ist stets ein schräges Schneiden, in ca. **45** Grad. Aber: Wenn Sie ungewöhnlichen Widerstand finden - STOP, herumdrehen und von der anderen Seite kommen.

Formen Sie jetzt im Einklang mit den Arbeiten am Stiel auch gleich die Blattoberflächen vor. Geben Sie jeder einen eigenen und unterschiedlichen Schwung. Lassen Sie für die Blattrippe eine kleine Erhöhung - kippen Sie die Blätter unterschiedlich - lassen Sie Ihrer Fantasie freien Lauf, aber machen Sie keine tischebenen Flächen.

Vorsicht:
Keine dicken Späne in Richtung Blattspitzen abnehmen, diese kann Ihnen sonst abbrechen - ausbrechen. Kurz vor Erreichen des Schnittendes, vor den Blattspitzen, wenden Sie die Schnittrichtung und schneiden von der Blattspitze her den Rest.

Die schmalen Abstände zwischen Stielteilen und Blättern arbeiten Sie nicht senkrecht bis zur Grundlinie, sondern kerben sie im Winkel zwischen **45** und **60** Grad ein. Machen Sie diese Einkerbungen bis zu den Stellen, an die Sie wieder mit Ihren schrägen und gekröpften Werkzeugen herankommen. In der *GRUNDAUSRÜSTUNG* sind diese **10** bis **12** mm breit. Im ersten *ERGÄNZUNGSSET* befinden sich zwei Gleiche, aber nur **6** mm breit. Mit diesen kann man natürlich viel engere Stellen sauber ausarbeiten.

Technische Bemerkungen:
In der gerade erwähnten **1**. Ergänzungsaussattung befinden

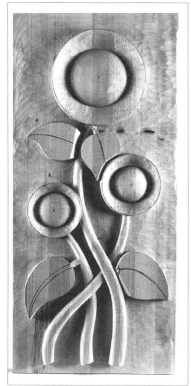 

Bild Nr. 187 **Bild Nr. 188**
Linkes Bild: *Auf den Blättern sind provisorische Markierungen.*
Rechtes Bild: *Die Blätter sind geformt.*

sich u. a. auch **2** bis **4** mm breite Werkzeuge; ebenfalls ein schmales, schräges Balleisen. Auch zwei spezielle Schnitzmesser gehören dazu. Alle schmalen Stellen lassen sich damit mehr naturgetreu ausarbeiten.

Bei Ihren Arbeiten am Stiel, nahe dem fertigen Blütenrand, besteht bei Unachtsamkeit die Gefahr des Ausbrechens. Schneiden Sie vorsichtig und keine zu dicken Späne. Am oberen Rand der rechten Blüte sollten Sie das darunterliegende Blatt schon beträchtlich tiefer legen - ca **15** bis **18** mm unterhalb der Blütenkrone. Gehen Sie bei diesem senkrechten Einstich am Blütenrand recht behutsam vor, stechen Sie in kleinen Abschnitten und

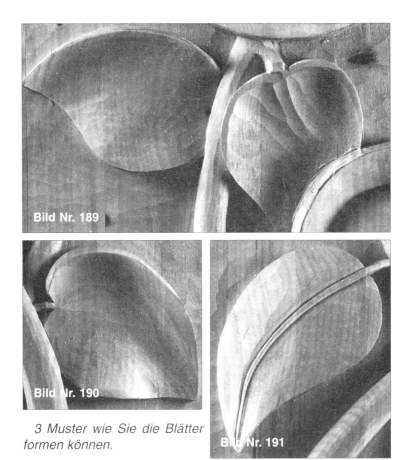

3 Muster wie Sie die Blätter formen können.

schneiden Sie dann langsam und kontrolliert auf dem Blatt in Richtung Blütenrand. Nehmen Sie diese senkrechten Einstiche am besten <ziehend> mit dem schrägen Balleisen vor (Beitelführungen -5-).

Zum Hinterschneiden der Stiele -1- und -3- oder zum teilweisen Freilegen dieser Stiele, benutzen Sie - wenn Sie kein verkehrt gekröpftes Flacheisen besitzen - Ihr gebogenes Hohleisen und Ihr flaches Blumeneisen. Das schräge Balleisen und die beiden schräg angeschliffenen und gekröpften Flacheisen geben Ihnen gute Hilfestellungen (Beitelführung **1**, **2** und **5**). Verbinden Sie dann evtl. auf gleicher Ebene die strukturierte Fläche

Bild Nr. 192   **Bild Nr. 193**
Linkes Bild: *Die Blattrippen und -adern sind markiert.*
Rechtes Bild: *Die Blattrippen und -adern sind getreu den Aufzeichnungen ausgeschnitten. Auf den Blüten sind dekorativ Blütenblätter stilisiert eingeschnitzt.*

unter dem freigeschnittenen Stiel. Für einen solchen Freischnitt öffnen Sie keinen *<allzugrossen Bogen>*.

Vorsicht:
Wenn Sie die strukturierte Fläche nicht rundum auf gleichmäßiger Ebene haben, dann durchbrechen Sie unter dem Stiel nicht. Die unterschiedlich hoch (oder tief) liegenden Grundflächen geben sonst den Eindruck von *<krumm, schief, verworfen>*. Wenn Sie sich nicht sicher sind, schneiden Sie also den Stiel nicht frei, sondern hinterschneiden ihn nur leicht.

Auf der Blattoberfläche schneiden Sie dann wieder in feinen Einkerbungen die vorher aufgezeichneten Blattrippen und Verästelungen. Lassen Sie bei den Blättern die Stiele wieder leicht unterhalb der Blattoberfläche einmünden. Am unteren Ende der Stiele geben Sie wieder <viel Bewegung>. Schneiden Sie schräg von oben und etwas schräg zur Längsachse, leicht konkav (gehöhlt) bis zur Grundlinie ab. An den Blatträndern schneiden Sie wieder mit dem Gaißfuß kleine, nebeneinander liegende Kerben.

4.4 Dekorierung der Blüten

Teilen Sie den Rand der großen Blüte in ca. **18** mm breite gleiche Abschnitte. Bei der rechte Blüte sollten diese Abstände ca. **14** mm und bei der kleinsten Blüte ca. **12** mm breit sein. Wenn diese Maße auf dem Umfang nicht aufgehen, dann vermitteln Sie etwas.

Mitten in diesen ausgemessenen Feldern schneiden Sie mit dem **25** mm breiten Hohleisen vom Rand aus gleichmäßig breite und tiefe Schnitte bis an den Rand der runden Innendekoration. Setzen Sie das Hohleisen außen auf dem Rand an und schneiden Sie dabei einen Teil des Randes mit (Beitelführung-**4**-). Bei den kleineren Blüten nehmen Sie vorteilhafter das **14** mm breite, gebogene Hohleisen.

Am Rand der Blüte ist durch diese Technik auf der Schnittkante eine Spitze stehen geblieben. Mit einem hervorragend angeschärften Gaißfuß schneiden Sie diese Spitze in einer Neigung von ca. **45** Grad weg nach außen . Die Kerbe soll **2 - 3** mm breit sein und kann auch - sicherer - mit dem schrägen Balleisen ausgeschnitten werden. Dazu schneiden Sie vorsichtig einmal von links schräg ein wenig ein, dann von rechts schräg das gleiche.

Wenn Sie - bei entsprechendem Holzfaserverlauf - alles mit den beiden Schnitten herausholen wollen, kann es zum Ausbrechen weiterer Kantenteile kommen. Lernen Sie zuerst das besondere Gefühl *"vor einem möglichen Bruch"* kennen, dann wagen Sie sich mehr in solchen Situationen alles mit einem oder zwei Schnitten klar zu machen. Im vorliegenden Fall schneiden Sie lieber mehrere Male <ein bißchen>.

Die nun geschaffene Kerbe verlängern Sie mit einem feinen, schmalen Schnitt Richtung Kreismittelpunkt, bis zur inneren Blütendekoration. Den Gaißfuß setzen Sie dafür in der Kerbe auf dem Rand an - der Schnitt verläuft dann technisch auf der <Schnittkante> zwischen zwei großen Schnitten des Hohleisens. Bei den kleineren Blüten sollte die Kerbe so fein wie möglich ausgebildet sein. Unsauberkeiten, die durch den Kerbschnitt am Blütenmittelteil entstehen, entfernen Sie wieder mit dem schrägen Balleisen (Beitelführung **2**).

So wie der Hohlschnitt in den Blüteninnenteil hineinläuft, <stechen> Sie mit dem gleichen Beitel, von der gleichen Stelle auf dem Rand ausgehendend, außen senkrecht bis auf die Grundlinie ab. Spandicke und Schnittbreite sind gleich denen im Innenteil der Blüte. Danach verlängern Sie auch, wie innen, die Kerbe mit dem Gaißfuß auf der Schnittkante bis zur Grundlinie. Ausgangspunkt ist wieder die vom Gaißfuß geschaffene Kerbe auf dem Blütenrand. Das saubere Abtrennen der Späne auf der Grundlinie besorgen Sie wieder mit den schräg angeschliffenen, gekröpften Werkzeugen.

Jetzt folgt die Dekoration auf dem gewölbten Innenteil der Blüte. Zeichnen Sie sich ein Rautenmuster. Die parallelen Linien schneiden sich mit ca. **60** Grad und sind **5** bis **8** mm voneinander entfernt. Je enger sie zusammenstehen, desto feiner und dekorativer wird die Arbeit.

Die markierten Linien werden dann mit dem Gaißfuß ausgeschnitten. Ganz fein - nach Möglichkeit. Setzen Sie in der Mitte an und schneiden Sie stets nach außen zum Rand. An gewissen Kreuzungsstellen kann es, besonders wenn der Beitel nicht wirklich scharf ist, zu kleineren Ausbrüchen von Holzteilen kommen. An diesen empfindlichen Stellen empfielt es sich statt des Gaißfußes das schräge Balleisen zu nutzen.

Mit diesem können Sie, mittels zweier schräger, zueinanderführenden Schnitten eine feine Kerbe gefahrlos ausheben. Es geht zwar langsamer, dafür aber sicherer. Und die Arbeit ist immer eleganter, sauberer und wertvoller (Beitelführung -**2**- oder -**6**-). Spänereste in den tiefen Kanten schneiden Sie sowieso mit dem schrägen Balleisen nach.

Bild Nr. 194

Links: Gesamtansicht der dekorierten Blüten.

Mitte: Die fertig dekorierten Blätter - ihre Formen und verschiedene Schnitzarten für die Blattrippen und -adern.

Unten: Detailansicht der fertig dekorierten Blüten.

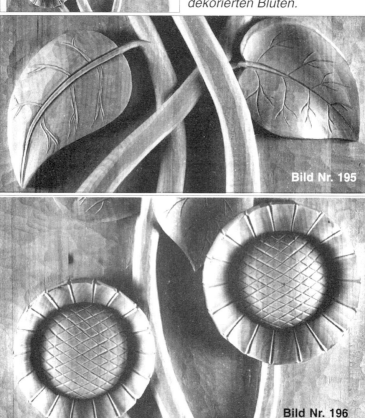

Bild Nr. 195

Bild Nr. 196

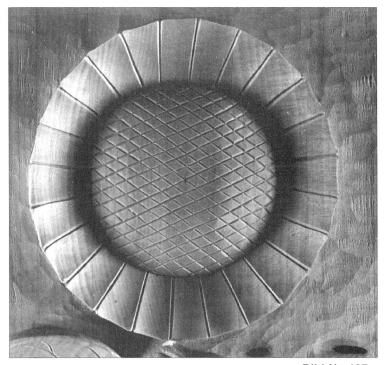

Bild Nr. 197
Die große Blüte mit ihrer Dekoration.

Die Kerbe mit dem schrägen Balleisen sollte weder zu flach noch zu steil geschnitten sein. Den einen Einstich im unterschiedlichen Winkel zum Anderen zu legen, kann zwar einen recht interessanten Aspekt bringen, Sie sollten es hier aber vermeiden. Beide schräge, zueinandergerichteten Schnitte sollten im Winkel von ca. **30** bis **35** Grad eingeschnitten werden. Die saubere, nicht zerschnittene Innenkante ist immer qualitativ hochwertiger, technisch sauberer und künstlerisch perfekter.

Jetzt verbleibt noch die Randstrukturierung. Nehmen Sie dazu wieder das breite Hohleisen so wie beim **2.** Übungsstück, der kleinen Blume.

Ein erster Rückblick:
Inzwischen haben Sie Erfahrungen sammeln können und sind

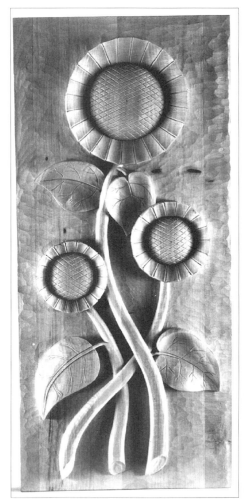

Bild Nr. 198

So sollte auch Ihre 3. Übungsaufgabe nach der Fertigstellung aussehen. Achten Sie auf die Art und Weise wie die Stiele abgeschnitten sind. Wiederholen Sie die Arbeit. Sie werden die Fehler der Erstarbeit vermeiden und aus der Erfahrung lernen.

(wahrscheinlich) doch nicht ganz mit Ihrer Arbeit zufrieden. Das wäre normal, denn Sie haben Fehler gemacht - machen müssen - aus denen Sie viel lernen und gelernt haben. Bitte - nutzen Sie diesen Effekt jetzt aus und machen Sie so bald wie möglich mindestens noch einmal diese Blumen. Nicht lange warten, nichts Anderes dazwischen machen. Die beste Erfahrung haben wir gemacht bei Hobbyschnitzern die die Blumen dreimal gemacht haben, dann waren sie perfekt und der "*Lehrling*" zufrieden.

Es ist kein Zeitverlust, wenn Sie diesem meinem Vorschlag folgen. Und anders gesehen ist es auch kein Verlust, denn Sie können diese Arbeiten immer als gern gesehenes Geschenk, zumindest innerhalb der Familie weitergeben. Tun Sie sich nach Möglichkeit diesen Gefallen.

Sicher sind Sie jetzt auch so weit, daß Sie (fast genau) wissen wo Ihnen ein besser geformtes Messer, ein anders dimensionierter Beitel oder ein besser angepaßtes Werkzeug bessere Dienste leisten würde. Wenn Sie mehr darüber wissen möchten, schreiben Sie uns oder rufen Sie uns an. Wir werden Sie bei jedem Zweifel korrekt beraten und - ich habe es schon betont - nicht ein einziges Werkzeug zu viel "*unterjubeln*".

Dann noch ein Wort zu dem <*zuständigen*> Video-Film **GRUNDKURS**. Er ist selbstverständlich eine große Hilfe und Sie haben wirklich damit Ihren Lehrer bei sich. Wenn Sie es sich leisten können sollten Sie darauf zurückgreifen. Aber am meisten lernen Sie, wenn Sie mal für einen echten **LERNKURS** in mein Schnitzerzentrum kommen. Da kann ich Ihnen natürlich garantieren, daß Sie es wirklich lernen, so wie Sie es gerne möchten.

Richten Sie es einmal ein und kommen Sie zu einem Besuch bei uns vorbei. Ich versichere Ihnen, daß wir uns darüber immer wieder freuen. Und Sie können sich einen Überblick über unsere Leistungsfähigkeit verschaffen, Gleichgesinnte treffen oder sich von meinen Fachkräften über alles Interessante informieren lassen. "Schnuppern Sie <*Schnitzkursluft*>" lassen Sie sich den Ablauf erklären und zeigen. -- Meine Mitarbeiter und ich freuen uns auf Ihren Besuch.

5.0 Rückblick

Im Rückblick mag es vielleicht Manchem übertrieben vorgekommen sein, mit welcher Ausführlichkeit zu Beginn der Arbeiten Details beschrieben werden oder gar wiederholt wurden. Einschlägige berufliche Vorbelastung kann dabei allerdings etwas den Blick für die Hintergründe verstellen.

Ich möchte aber **j e d e m** die gleiche Chance geben **d a s** mitzubekommen oder aufzuholen, was Sie vielleicht schon durch Ihren beruflichen Werdegang hinter sich gebracht haben. So braucht ein Hobbyschnitzer mit mehr kaufmännischer oder nichtpraktischer Vorbildung eine längere Anlaufstrecke. Diese Beobachtung ergibt sich auch aufgrund meiner jahrelangen Unterrichtserfahrung. Das heißt aber noch lange nicht, daß die einschlägige Holz-Berufserfahrung auf Dauer tatsächlich von Vorteil ist. Grundsätzlich ist jeder - Frau oder Mann - mit gesundem Menschenverstand in der Lage meinem Kurs zu folgen. Eine besondere schulische Vorbildung ist ebenfalls nicht Voraussetzung.

5.1 Vorgefräste Schnitzarbeiten

Den folgenden Ratschlag werde ich auch an anderer Stelle noch wiederholen. Kaufen Sie sich keine "*Rohlinge*" die eigentlich keine mehr sind. Keine Solchen die vor dem Beizen höchstens noch Schmirgelpapier brauchen oder nach kurzem Kratzen oder Schaben der Umwelt als (sogenannte) Fertigprodukte präsentiert werden können. Das wären schnell vorübergehende Freuden und lernen würden Sie auch nichts dabei. Das Geld für Ihre Werkzeuge wäre hinausgeworfenes Geld. Schmirgelpapier und Muttis Staubsauger wären als Ausrüstung ausreichend.

Die Rohlinge, die wir anbieten sind gut ausgearbeitet. Im Fertigprodukt wird aber immer Ihre persönliche Note erkennbar bleiben. Sie mögen vielleicht den einen oder anderen Gesichtsausdruck nicht voll zu Ihrer Zufriedenheit hinbekommen haben, aber *S i e* haben ihn erarbeitet und *S i e* wissen schon, wie es beim nächsten Mal besser werden wird. Das können Sie bei einem "*supervorgefertigten*" Werkstück nicht mehr. Sie müssen den vorgesetzten Ausdruck übernehmen ob er Ihnen gefällt oder nicht. Und bitte keine Augenwischerei: Tatsache ist, daß Andere dies über kurz oder lang auch erkennen werden. Sie würden sich also selbst in jeder Hinsicht einen Bärendienst erweisen.

Wer will schon Erfüllungsgehilfe eines Schnitz-Computers sein?

****

Hobby-Schnitzer-Club eV.

An dieser Stelle möchte ich Sie mit dem
Hobby-Schnitzer-Club
D-67685 EULENBIS, Steineck 36
und den Vorteilen bekannt machen, die eine Mitgliedschaft bringt.

Jedes Mitglied erhält:
<> Kostenlose technische Informationen und die neuesten Angebote aus "der Welt des Schnitzens"
<> Eine Club-eigene Fachzeitschrift **"Das Schnitzer-Kolleg"**, 3 mal pro Jahr kostenlos und verbilligt jede weitere Ausgabe.
<> Verbilligten Einkauf für alle Bücher, Videos, die Technik zum Schnitzen, für Werkzeuge und alle Schnitzartikel bis 15%
<> Fortlaufend neue <Modellangebote> mit limitierten und stark verbilligten Einführungspreisen.
<> Informationen über spezielle Schnitzkurse in audio-visueller Lern-Methode mit Schwerpunktthemen z.B. Gesichter, Hände und Füße schnitzen oder Modelle ausarbeiten.
<> Traditionelles Schnitzer-Familientreffen (Club-Fest) jedes Jahr Ende Mai in Verbindung mit der Jahreshauptversammlung.
<> Parallel zum Club-Fest findet eine Ausstellung statt, bei der jedes Club-Mitglied mit eigenen Ausstellungsstücken teilnehmen kann. Interessante Preise werden verteilt.
<> Das Club-Mitglied kann seine Schnitzarbeiten mit einem Zertifikat versehen, das der Club zur Verfügung stellt.
<> Die Clubleitung fördert den Zusammenschluß von Gleichgesinnten beim Bilden von regionalen "*Schnitzzirkeln*".

Schließlich auch die Pflichten des CLUB-MITGLIEDES:
<> Bei Eintritt wird eine Aufnahmegebühr fällig.
<> Der Jahresbeitrag beträgt z. Zt. **DM 36,oo**

Wie können Sie Mitglied werden:
<> Fordern Sie formlos den Aufnahmeantrag an; schreiben Sie direkt an den Verlag - Adresse auf den ersten Buchseiten. Wir leiten Ihren Antrag an die richtige Stelle weiter.
<> Der Vorstand entscheidet und schickt die Mitgliedskarte.

Ziel das Vereins ist:
Jedem in allem beim Schnitzen zu helfen, zu unterstützen, Fachwissen und Kenntnisse zu vermitteln, das Schnitzen zu fördern, Verbindungen zu pflegen, Erfahrungen austauschen. Fordern Sie kostenlose Informationen zum SCHNITZER-CLUB an.

6. KAPITEL
Oberflächenbehandlung

1.0 Allgemeine Betrachtungen

<Beizen> ist eine chemische Oberflächenveränderung des Holzes mit dem Ziel, einerseits einen dauerhaften Schutz, andererseits eine Verschönerung bzw. Hervorhebung der Oberflächenstruktur zu erreichen.

Unter dem Begriff "*Beizen*" versteht man allerdings eine ganze Reihe von oft stark voneinander abweichenden Verfahren. Allerdings ist <beizen> nur ein kleiner Bereich des Hauptbegriffs *"Oberflächenbehandlung des Holzes"*. Besonders in den letzten Jahrzehnten hat die Chemie ein breitgefächertes Sortiment von neuartigen Produkten auf den Markt gebracht, obgleich in den vergangenen Jahrhunderten schon eine fast unüberschaubare Anzahl von Verfahrenskenntnissen zusammengekommen war.

Schließlich ist Holz einer der ältesten Werkstoffe, die dem Menschen zur Verfügung standen. Das Problem der Konservierung - letztendlich aber auch das der Pflege und Verschönerung - stellte sich von Anfang an. Eigene Verfahren wurden in kleinen Zirkeln entwickelt und oft eifersüchtig darüber gewacht, daß sie "*Betriebsgeheimnis*" blieben. Oftmals waren es <*die Erfolgsrezepte*> oder Verfahren die ein Überleben im Wettbewerb sicherten. Um nur ein berühmtes Beispiel zu nennen: Erinnern wir uns an den geheimnisumwitterten Überzug, der gewissen Geigen den besonderen Klang verleihen soll.

Die derzeitigen Mittel und Wege der Chemie zur Konservierung und Verschönerung wurden differenzierter, z.T. einfacher oder auf ganz bestimmte Anwendungsbereiche abgestimmt. Darüber gibt es umfangreiche Fachliteratur und auch langatmige Anwendungshinweise der Hersteller. Das hat u.a. seine gesetzliche Notwendigkeit, da wir es oft mit starken Giften zu tun haben. Bisweilen sind diese Gifte für Umwelt und Menschen schädlicher als alles, was damit auf der anderen Seite "*gutgemacht*" werden soll.

Da die Natur die Grundbaustoffe des Werkstoffes Holz so bald wie möglich wieder in ihrem Kreislauf haben möchte, ist es in unseren Augen recht vergänglich. Wir suchen also nach Wirkstoffen, die als Schutzmittel dem Holz, auch unter extremen Einsatzbedingungen, eine gewünschte Lebensdauer oder relativ dauerhafte Widerstandsfähigkeit geben sollen. Diese "*Schutz-Stoffe*" müssen dann sowohl den Umweltbedingungen - wie z.B. Sonne, Frost, Wind, Sand, Wasser usw. - oder auch mechanischen Beanspruchungen standhaft entgegenwirken.

Bakterien, Pilzen und Insekten muß sozusagen der Appetit genommen werden. Ihre Arbeit der Umwandlung und Rückführung der Bestandteile des Holzes in den natürlichen Kreislauf, soll wenigstens vorübergehend aufgehalten, gehemmt, erschwert oder verlangsamt werden. Diese Konservierungsmittel sollen dabei, zumindest an den optisch hervorragenden Stellen, für das menschliche Auge auch verschönernd wirken.

2.0 Die Beize - Ihre Wirkungsweise

In die Vorgänge und Abläufe beim Beizen möchte ich einen kurzen Einblick geben. Das Verständnis , besonders für die chemischen Abläufe bei der Oberflächenbehandlung mit Beizen, soll dazu beitragen, Fehlerquellen auszuschalten oder sie zumindest zu erkennen. Somit können Sie Wiederholungsfehler ausschließen und Lernprozesse in Ihre praktischen Erfahrungen einfließen lassen.

Leider wird im allgemeinen Sprachgebrauch zwischen dem chemisch wirkenden beizen und dem "*Beizen*" mit Farbstofflösungen kein Unterschied gemacht. An sich haben beide Verfahren ein gleiches Ziel, nämlich die natürliche Farbe des Holzes durch farberzeugende Flüssigkeiten oder auch Gase zu verändern. Ich möchte der Einfachheit halber beide Verfahren auseinanderhalten und die auf chemischem Wege in der Holzfaser bewirkte Farbänderung als <*BEIZEN*> bezeichnen. Für die Farbgebung, mittels wasserlöslicher Farbstoffe dagegen, soll der Begriff <*FÄRBEN*> benutzt werden.

Beim <FÄRBEN> bleiben nach dem Verdunsten des Wassers eingelagerte Farbkörper in der Holzfaser zurück und vermitteln uns den Eindruck der <Einfärbung>.

Beim <BEIZEN> ergibt sich eine Veränderung des Holzfarbtones durch eine chemische Verbindung zwischen Alkalien oder Metallsalzen mit den im Holz enthaltenen Gerbstoffen. Das bedeutet eine farbige Veränderung in den Holzfasern; die Struktur bleibt weitgehend erhalten. Andere Bestandteile, wie Mineralien oder Metalle im Holz, können die Farbveränderungen begrenzt beeinflussen.

Schwach gerbstoffhaltige Hölzer verändern demnach auch nur wenig ihre Farbe, stark Gerbstoffhaltige dagegen mehr.

Dadurch können wir den Grundsatz ableiten, daß die gleiche Beizung auf unterschiedlichem Holz verschiedene Beiztöne ergibt. Chemisch gebeizte Hölzer unterscheiden sich in mehreren Merkmalen durchaus positiv von den <gefärbten> Hölzern. Während bei den gebeizten Hölzern das Oberflächenbild, der natürliche und positive Charakter beibehalten wird, ändern sich bei der "*Einfärbung*", besonders bei Nadelhölzern, der positive Charakter zum Negativen.

Das ist einfach erklärbar, denn weiche Jahresringe, saugen die Farbflüssigkeit stärker als die harten Teile auf. Sie werden also dunkler, oftmals sogar dunkler als der natürliche dunklere Spätholzanteil. Beim Beizen reagieren die stärker Gerbsäure enthaltenden Spätholzanteile wesentlich mehr als die Frühholzanteile, bleiben also in ihrer natürlichen Struktur erhalten.

DIE WIDERSTANDSFÄHIGKEIT gebeizter Flächen gegenüber äußeren Einflüssen ergibt sich automatisch durch die chemische Veränderung der Oberfläche, während bei "*eingefärbtem*" Holz durchaus Farbpigmente unter Wassereinfluss ausgewaschen werden können. Die Lichtechtheit ist dagegen mehr oder weniger gleichwertig einzustufen.

Vorwiegend bei harten Laubhölzern können durch eine Mischung aus Beizen und Farbstofflösungen gewünschte Eigenschaften leichter erreicht werden. Bei meinen weiteren Beschreibungen werde ich mich jedoch vorwiegend mit den hauptsächlich zum Schnitzen verwendeten Hölzern - in erster Linie dem Lindenholz - befassen.

Lasurbeizen, Terpentinbeizen, Spiritusbeizen, Esterlösliche Beizen, Fixierbeizen, Lösungsmittelbeizen und dergleichen, diese im Einzelnen zu beschreiben überlasse ich den Fachbüchern. Gerne gebe ich darüber so weit möglich Bescheid.

Was uns Schnitzer am meisten interessiert, sind die "*Wachsbeizen*". Sie sind die ideale Behandlung für unsere **"INNENDEKORATIONEN AUS GESCHNITZTEM HOLZ"** - so die offizielle Zoll-Bezeichnung. Die chemische Charakterisierung der Flüssigkeit wird folgendermaßen beschrieben: *<Emulsion von Wachsen in Wasser, die Erdfarben oder Pigmente und Ammoniak (unter 1%) enthält.>* Die Wachszusetzungen sind so dosiert, daß bei sachgemässer Anwendung nach dem Trocknen durch Überbürsten ein seidenweicher, matter Glanz entsteht. Diese Oberfläche kann nachträglich nicht mehr lackiert werden; der Lack haftet nicht auf der Wachsschicht.

Gerne komme ich all jenen entgegen die sich - wie ich auch - eine gesunde Natur wünschen und auch Näheres darüber wissen möchten, wie sich die Beize dazu verhält. Nachstehend alle relevanten Daten aus dem entsprechenden <DIN-Sicherheitsblatt mit Datum vom 3/92.>

Geruch: *<Nach Ammoniak>*
Löslichkeit in Wasser: *<unbegrenzt>*
Flammpunkt:*<nicht brennbar>*
Thermische Zersetzung: *<keine>*.
Gefährliche Reaktionen: *<keine>*.
Zum Transport: *<Kein gefährliches Gut im Sinne der Vorschriften>*.
Vorschriften: *<Wachsbeize ist aufgrund uns vorliegender Daten keine gefährliche Zubereitung im Sinne der Gefahrstoffverordnung vom 16. 12. 1987. Die beim Umgang mit Chemikalien üblichen Vorsichtsmaßregeln sind jedoch zu beachten>*.
Schutzmassnahmen, Lagerung und Handhabung: <Behälter

nach jeder Entnahme verschließen>.
Arbeitshygiene: *<Bei der Arbeit nicht essen und trinken>.*
Brand- und Explosionsschutz: *<entfällt>.*
Entsorgung: *<Kann mit Hausmüll deponiert werden>.*
Maßnahmen bei Bränden und Unfällen: *<Ausgelaufene Wachsbeize mit Sägemehl oder ähnlichem aufnehmen>.*
Erste Hilfe: *<Bei Spritzern in die Augen mit viel Wasser auswaschen evtl. Arzt aufsuchen>.*

2.1 Chemische Beizen

Sie erzeugen die gewünschte Farbeigenschaft durch Reaktion der Metallsalz- oder Alkalilösungen mit der Gerbsäure im Holz.

2.2 Gerbsäuren

Gerbsäuren sind in unterschiedlicher Konzentration in den verschiedenen Holzarten enthalten. Sie betimmen durch ihre Intensität auch die Farbintensität der Beizung.

Innerhalb eines Holzes kann der Gerbstoffgehalt ebenfalls unterschiedlich sein, so z.B. zwischen Kern- und Splintholz. So hat Eiche im Kern eine starke Gerbstoffkonzentration, während der Splint nur einen sehr geringen oder gar keinen Gerbsäureanteil besitzt. Beide Holzanteile zusammen zu beizen, erbringt eine unterschiedliche Reaktion und bisweilen stark abweichende Ergebnisse.

Eine Gleichmäßigkeit in der Beizung erreicht man über verschiedene Wege, z.B. auch durch die Beachtung des Grundsatzes, bei bestimmten Hölzern kein Splintholz zu verarbeiten. Ist trotzdem Splintholz dabei, dann ist das Stück *<farbmäßig>* besser mit Wasserbeize zu behandeln. Sie können aber auch den Spätholzanteil künstlich mit Gerbsäure weiter anreichern. Danach können Sie relativ normal beizen.

2.3 Farbstoff-Beizen

Hier dreht es sich einfach um "*Färben*" und nicht um Beizen.

2.4 Beizproben

Wenn Sie eine genaue Vorstellung, einen festen Wunsch für

einen festen Beizton haben, dann müssen Sie Beizproben machen. Der Aufdruck auf einer Flasche, z.B. "*NUSSBAUM MITTEL*" besagt recht wenig (Wird meist auf der Basis <*Fichte*> ermittelt). Wie ich schon dargelegt habe, kommt es bei der Farbentwicklung und bei der Farbintensität entscheidend auf den Gerbstoffgehalt des Holzes an. So können Sie auch innerhalb des gleichen Holzes Farbunterschiede bekommen.

Zu berücksichtigen wären dann noch die Verhaltensweisen exotischer Hölzer aus anderen Klimazonen. Da können Sie dann die "*reinsten Wunder*" erleben. Da kann u.U. aus einer Beize <*Eiche dunkel*> ein Violett werden. Beizproben sind unerläßlich.

Zu den behandelten wichtigen Komponenten, die eine Beizung beeinflussen (können), kommen noch andere hinzu, wie z.B. Feuchtigkeitsgrad des Holzes, Umgebungstemperatur, Alter der Beize usw.

Halten Sie sich an folgende Regeln:
- Beize öfters durchschütteln bzw. -rühren, damit der Wachsanteil gleichmäßig durchmischt bleibt.
- Die Beizprobe muß immer unter den gleichen Bedingungen und mit dem gleichen Holz gemacht werden, d.h. die Oberfläche des Probeholzes muß, wie die Schnitzarbeit, geschnitten - beschnitzt - nicht geschliffen sein.
- Auch die Trocknung muß, unter den gleichen Voraussetzungen stattfinden.
- Die Trocknung der Beizprobe darf unter keinen Umständen mittels Wärmequellen beschleunigt werden (Ofen,Lampe,Sonne usw.)
- Beizen sind nur begrenzt haltbar, die Qualität läßt nach Monaten nach. (Lassen Sie sich meine Infos schicken - auch in meiner Zeitschrift "Der Holzschnitzer" Nr. 1 und 2)
- Zum erzielen neuer Farbtöne können meine Wachsbeizen untereinander gemischt werden.
- Auf keinen Fall nachbehandeln, solange noch das geringste Anzeichen von Feuchtigkeit vorhanden ist.
- Halten Sie Wachsbeizen gut verschlossen. Drücken Sie die Luft aus den Behältern vor dem Verschliessen. Meine Flaschen aus flexiblem Plastik mit Schraubverschluß sind bestens dafür

geeignet. Keinesfalls Behälter mit metallischem Verschluss verwenden - auch keinen mit irgendwelchen metallischen Teilen.
- Die Trockenzeit nach einer Beizung beträgt zwischen **4** und **20** Stunden. Farbstofflösungen trocknen wesentlich schneller - chemische Reaktionen mit Gerbsäuren brauchen länger. Letztere können äußerlich trocken erscheinen, obwohl die chemische Reaktion noch nicht abgeschlossen ist. Warten Sie lieber etwas länger, es lohnt sich.
- Keinen Schwamm verwenden. Verbleibende Reste wirken sich ungünstig auf folgende Arbeitsgänge aus.
- Flache Beizstücke zum Trocknen nicht unbelüftet auf eine Fläche legen. Achten Sie bei der "*Ablage*" darauf, daß keine Kratzer oder Beschädigungen auftreten können.
- Zwischendurch die Beize immer wieder durchrühren.

3.0 *Wir* beizen mit Wachsbeize

Ich biete Ihnen aus eigenem Sortiment Wachsbeizen an. Die Oberfläche wird damit echt gebeizt und nicht gefärbt. Durch die Beize wird ein wirklicher Oberflächenschutz gegen Bakterien, Pilze und Ungeziefer erreicht. Mit der gleichen Beize wird gleichzeitig Wachs aufgetragen. Wenn die Beize abgetrocknet ist, kann man mit einer Bürste oder einem Baumwollappen Glanz erzielen. Das Bürsten und Reiben ergibt einen seidenweichen Glanzeffekt. Wenn ein stärkerer Oberflächenglanz erreicht werden soll, kann man entweder zwei- bis dreimal beizen - was auch einen satteren Farbton bewirkt - oder einfach mit anderen geeigneten Wachsen nachbehandeln.

Zusätzlich mit einem Pinsel oder Lappen aufgetragenes Wachs können Sie nach ca. **10** min glänzend bürsten oder reiben. Das Auftragen von zusätzlichem Wachs darf in keinem Fall vor dem vollständigen Austrocknen der Beize geschehen.

Es gibt allerdings kaum eine Alternative, wenn Sie einen unübertroffenen, seidenweichen und in der Tönung effektvoll abgestuften Beizeffekt erzielen möchten. Dazu zählt auch eine Tiefenwirkung; je nach dem Winkel des Lichteinfalles ergibt sich ein sehr erlebnisreiches und lebendiges Licht- und Schattenspiel. Dazu <*müssen*> Sie allerdings in allen Einzelheiten meine Beizanleitungen befolgen. Wie gesagt: Es gibt dazu kaum Alternativen und ich kann Ihnen dazu wirklich den gewünschten Erfolg garantieren.

Es hat sich immer wieder erwiesen, daß auftretende Fehler auf die (hier wirklich wichtige) nicht buchstabengetreue Befolgung meiner Anleitungen zurückzuführen waren. Mit meinen Mitarbeitern haben wir wirklich lange experimentiert, um dieses optimale Ergebnis für alle unsere Schnitzerfreunde zu erzielen. In keinem Lehrbuch war es so begründet und fundiert zu finden. Wenn Sie ganz sicher gehen wollen, holen Sie sich meinen entsprechenden **Video-Film, 60 Minuten**, der mit allen Darstellungen und in ungekürzter Form das Beizen von Figuren und Reliefs zeigt.

3.1 Die Beizvorbereitungen - Grundsätze für den Arbeitsablauf

Eine Plastikschüssel zur Aufnahme der Beizflüssigkeit ist ideal. Die Größe hängt von dem Schnitzstück ab. Schütteln bzw. mischen Sie die Beize gut durch. Bereiten Sie möglichst nicht viel mehr Beize vor, als Sie für den vorgesehenen Beizvorgang benötigen. Auch wenn Sie mehrere Stücke haben, bereiten Sie nur das vor, was Sie in ca. einer halben Stunde bis höchstens einer Stunde verbrauchen. Bei warmer Witterung weniger Beize vorbereiten. Bei kühler Witterung dickt die Beize weniger schnell ein; sie ist länger verarbeitungsfähig. Alle zu beizenden Holzoberflächen müssen von jedem Schmutz, von Staub, Fett und überhaupt von jeder Verunreinigung befreit sein.

Ziehen Sie sich Gummihandschuhe über. Tropfen auf der Haut abwaschen. Tragen Sie mit einem nicht zu kleinen Pinsel Beize satt auf. Ihre Beizarbeit muss zunächst von Beize triefen. Rundum muß die Beizflüssigkeit auf dem Holz noch sichtbar sein, also nicht an einigen Stellen oder gar überall vom Holz aufgesogen sein. Dort immer wieder nachtragen wo sie schneller eintrocknen will. Da der <Befeuchtungsvorgang>, also das Auftragen der Beize, so rasch wie möglich geschehen soll, eben um dem Ausbilden von Fleckenzonen entgegenzuwirken, sollten sie bei größeren Werkstücken mit zwei Personen einbeizen - bei ganz großen mit noch mehr Hilfskräften.

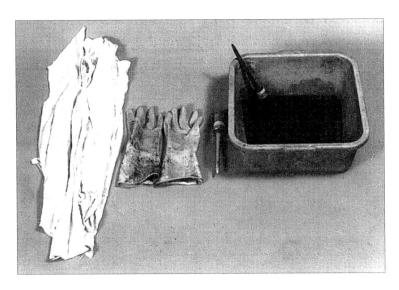

Bild Nr. 199
Eine normale Ausrüstung zum Beizen: Links der saubere Baumwollappen, daneben die Gummihandschuhe, dann ein Pinsel zum Auftragen von Wachs, schließlich der Plastikbehälter mit Beize und einem Beizpinsel.

Die Beizung, das Auftragen von Beizflüssigkeit, erfolgt immer von <unten nach oben> um Tropfflecken zu vermeiden. Ablaufende Tropfen bilden nämlich Ränder aus die sich besonders intensiv, auch nach dem neuerlichen darüberbeizen, aus der Umgebung abheben und häßlichen Flecken ähneln.

Lassen Sie die Beize höchstens 5 Minuten einwirken - weniger Zeit bei warmer Witterung, oder auch stark beheizten Räumen und vorgewärmtem Werkstück. Beginnen Sie danach umgehend mit einem sauberen Baumwollappen alle verbliebenen Beizreste wegzuwischen <die Sie erwischen können>.

Vergeuden Sie keine Zeit damit, eventuelle Beizreste aus Innenkanten und Vertiefungen herauszuwischen oder -saugen. Jetzt sollten Sie AUF DEN ABGERIEBENEN FLÄCHEN keine Beizflüssigkeit mehr <sitzen> haben. Nur in den Vertiefungen und Innenkanten ist es noch feucht oder naß. Das ist Absicht. Das brauchen Sie für einen sehr schönen Farbeffekt.

Ohne weitere Unterbrechung nehmen Sie jetzt einen Pinsel und tupfen - besser *SIE STOSSEN* - die Flüssigkeitsreste heraus und verteilen sie in der unmittelbaren Nachbarschaft auf dem Werkstück. Diesen Vorgang rundum oder auf der gesamten Fläche immer wiederholen, bis die gesamte Oberfläche gleichmäßig feucht verbleibt. Wenn der Pinsel jetzt noch relativ heil ist, dann haben Sie nicht mit der richtigen Zielstrebigkeit und Intensität gearbeitet. Durch das Stoßen in die Innenkanten müssen die Pinselhaare leiden. Nach mehreren gebeizten Stücken ist es also natürlich, daß so ein Pinsel *<den Geist aufgibt>*. Sie brauchen einen Neuen.

Verwenden Sie keinen Pinsel der irgendwo auch nur ein metallenes Teil besitzt. In meinem Sortiment finden Sie das Richtige.

Wenn Ihr Beizstück flach ist, z.B. ein Relief, dann halten Sie es senkrecht - leicht schräg - und beginnen Sie immer *<**von unten nach oben**>* mit dem Auftragen von Beize. Nochmals erinnere ich an das Gebot der *SAUBERKEIT*: Beizstück, Beize, der Pinsel,der Baumwollappen und Ihre Gummihandschuhe müssen sauber sein. Waschen Sie nach dem Abschluß der Beizarbeiten alle wiederverwertbaren Hilfsmittel gut aus - kaltes Wasser genügt. Auch die Baumwollappen müssen gut ausgewaschen werden.

Nach längerer Trockenzeit - sicherheitshalber bis zu 24 Stunden - können Sie glänzend reiben. Ein Lappen ist unzureichend. Eine Bürste ist besser, am Besten ist meine dafür speziell entwickelte Topfbürste. Sie kann in einer Bohrmaschine betrieben werden und bringt auch die entlegendsten Vertiefungen glänzend. (In meinem Technik-Angebot.)

3.1.1 Mögliche Fehlerquellen beim Beizen
Der Hersteller der Beize garantiert die Haltbarkeit bis zu **3** Monaten. Zum Wegschmeißen ist sie dennoch oft zu schade
Ausgangslage: Die Beize ist ca. **6** oder auch **12** Monate alt. Laut Hersteller ist sie nun *"alt"* - was tun?
Ratschlag: Machen Sie Beizproben unter den gleichen Voraussetzungen wie Sie das Schnitzstück beizen möchten. Doch vielleicht sehen Sie der Beize vor der Probe bereits Veränderun-

gen an die Sie an einem guten Ergebnis zweifeln lassen. Da wäre mal die hellgraue Schicht die möglicherweise auf der Beize schwimmt. Da können Erscheinungen in der Beize auftreten die Sie an Sauermilch denken lassen - schwebende Partikel z.B. Da könnte die Beize Eigenschaften haben wie "*dickflüssig*" oder einfach andere Aspekte aufzeigen die Sie nicht kennen, die Sie ratlos lassen.

Zunächst: Versuchen Sie nach dem üblichen Schütteln trotzdem die Probe. Können Sie nicht zufrieden sein, dann versuchen Sie bei der Beize zu retten was evtl. zu retten ist. Nachstehend mögliche Fehlerquellen und meine Lösungsvorschläge.

Ausgangslage: In der Beize schwimmen Partikel, die bei dunkler Beize als graues Gebröckel sichtbar sind.

Möglicher Fehler:
1. *Die Beize ist zu lange gelagert worden, sie ist zu alt.*
2. *Im Behälter war, zusammen mit der Beize, zu viel Luft.*
3. *Die Beize war bei Temperaturen <unter Null> gelagert.*
4. *Die Beize war mit Metallen in Berührung.*

Die dritte Möglichkeit ist die Wahrscheinlichere. Verschiedene Faktoren können aber auch zusammen gewirkt haben. Doch Sie haben eine Chance die Beize noch verwenden zu können.

Lösungsvorschlag: Vorausgesetzt, die Beize ist noch recht dünnflüssig, dann schütteln Sie anhaltend. Wenn sich aber nach ca. **6 - 8** Minuten die *"Schwebe-Partikel"* nicht gelöst haben, dann ist sie wirklich unbrauchbar.

Wenn Ihre Beize aber nicht gefroren war, aber das gleiche Aussehen hat, dann geben Sie im Verhältnis **2:1** Wasser und Salmiakgeist hinzu. Durch kräftiges Schütteln kann die Beize wieder verwertbar werden. Wenn sich aber auf dem Boden des Behälters zusätzlich noch Farbpigmente abgesetzt haben, dann dürfte die Beize zerstört sein.

Weiterer Befund: Im Behälter ist Luft und auf der Beize schwimmt eine fettige Schicht. Diese hebt sich zudem farblich - grau bis braungrau - von der Beizfarbe ab.

Die Erklärung: Das mit der Beizflüssigkeit verseifte Paraffin hat sich gelöst und schwimmt, weil leichter, obenauf. Die einzelnen Partikel haben sich zu einer fettigen Masse verbunden.

Lösungsvorschlag: Es wird Ihnen fast immer gelingen, durch anhaltendes Schütteln, die Schicht aufzulösen und mit der Flüssigkeit wieder gut zu vermischen. Wenn es schwierig ist, kann

eine kleine Zugabe von Salmiakgeist weiterhelfen.
Weiterer Befund: Die Beize ist dickflüssig, sie tropft nicht mehr. Beim Auftragen zeigen sich Striefen. Nach kurzer Trokkenzeit verbleiben in den Vertiefungen schmutzig aussehende Rückstände.
Mögliche Ursachen: Wenn der Behälter nicht gut verschlossen war, konnte es zur Verdunstung des leicht flüchtigen Salmiakgeistes gekommen sein. Wahrscheinlicher ist aber, daß der Anwender stets weitaus mehr Beize ausgegossen hatte, als zum Beizen seiner Arbeit gerade erforderlich gewesen wäre. Vielleicht ließ er auch nach dem Beizen die Restbeize noch für einige Zeit in seinem offenen Beizbehälter. Besonders in der warmen Jahreszeit bzw. Wärme allgemein, dickt diese dann durch Verdunstung rasch ein. Die Sparsamkeit am falschen Platz und unrechten Moment veranlaßt den Anwender den Beizrest in die Flasche zurückzugießen. Nach einigen Wiederholungen kommt es schließlich zur beachtlichen Eindickung der nicht flüchtigen Bestandteile.
Lösungsvorschlag: Eine Beimischung von Wasser/ Salmiakgeist kann die Beize wieder verwendbar machen. Wenn sich allerdings auf dem Boden des Behälters bereits eine beträchtliche Menge dunkler Besatz angesammelt hat, dann können Sie die Beize besser "*vergessen*".
Befund: Nach dem Trocknen der Beize bilden sich abgesetzte Ränder, *"Höfe" oder ringförmige Flecken mit unterschiedlicher "Einfärbung".*
Lösungsvorschlag: Was da mit der Chemie auch immer geschenen sein mag - der empfehlenswert bessere und sichere Weg ist die Beize nicht mehr zu verwenden.
Noch ein Ratschlag: Legen Sie sich keine zu großen Vorräte an und bestellen Sie bei uns entsprechend Ihrem möglichen, alsbaldigen Verbrauch.

3.2 Figuren beizen

Beize gut schütteln! - Unter strenger Beachtung der Sauberkeitsregeln tragen Sie mit einem größeren Pinsel die Beize <satt auf>. Die Figur soll triefen. Achten Sie darauf, daß keine Stelle schon ausgetrocknet ist, während Sie noch nicht alle Stellen benetzt haben. Halten Sie also jede bereits eingepinselte Stelle gut naß. Sie können während des Beizens jede Stelle gefahrlos

Bild Nr. 200
Eine kleine Skulptur wird mit Beize "eingepinselt".

mehrere Male einpinseln. Wichtig ist, daß die Figur rundherum triefend naß gehalten wird. Verlieren Sie sich nicht in Einzelheiten - das komplette <Einpinseln> muß ohne jeden Zeitverlust, so schnell wie möglich abgeschlossen werden.

Nun folgt der nächste Schritt: Lassen Sie die Figur jetzt kurz abtropfen - bis ca. eine Minute. Achten Sie darauf, daß auch aus den Vertiefungen, zumindest der Grossteil der Beizansammlung herausgelaufen ist. Drehen Sie während des Abtropfens die Figur entsprechend.

Der nun folgende Schritt enscheidet wieder ganz wesentlich über die endgültige Qualität Ihrer Beizung:

Mit einem Baumwollappen reiben Sie so fest es eben geht die Figur rundherum ab. Legen Sie die Figur auf eine feste Stoff- oder weiche Plastikunterlage, damit Sie kräftiger reiben können. Geben Sie sich besondere Mühe mit dem Gesicht der Figur - fest überreiben. Machen Sie auf keinen Fall den Fehler, die Beize aus den Vertiefungen und Innenkanten herauszureiben oder diese auszutrocknen.

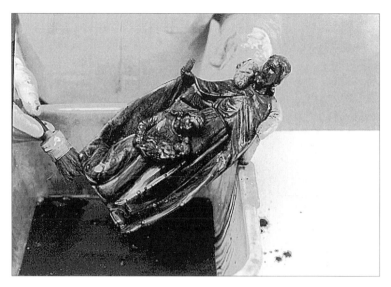

Bild Nr. 201
Die kleine Skulptur ist tropfnass mit Beizflüssigkeit eingepinselt.

Konzentrieren Sie Ihre Bemühungen auf die erhabenen Stellen, ob nun an der Kleidung oder im Gesicht. Selbstredend können empfindliche Stellen wie Finger, abstehende Hände der Figur usw. nur sehr umsichtig abgerieben werden.

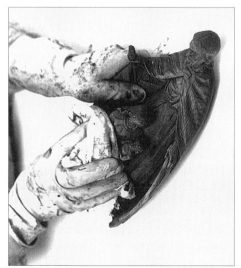

Mit dem Baumwollappen wird die überschüssige Beize abgewischt.

Bild Nr. 202

Alle nun so abgeriebenen Stellen sind nun bedeutend heller. In den Vertiefungen hat sich noch Feuchtigkeit gehalten, zumindest andeutungsweise. Sie garantiert uns diese wunderbare, weiche Abtönung zwischen den erhabenen und den letztendlich natürlich dunkleren Stellen.

Gleich - und so schnell es eben geht - tupfen und stoßen Sie diese mit einem sauberen, kräftigen Pinsel heraus. Die so aufgesaugte <Restbeize> verteilen Sie auf dem Umfeld, auch auf den bereits mit dem Baumwollappen abgeriebenen Stellen.

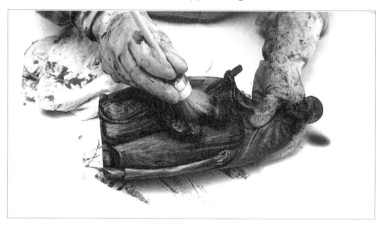

Bild Nr. 203
Mit dem Beizpinsel werden die letzten Reste Beizflüssigkeit aus den Vertiefungen herausgestossen und verteilt.

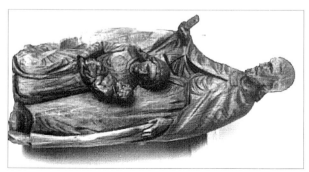

Bild Nr. 204

Die kleine Skulptur liegt zum Trocknen auf dem Rücken.

Bei größeren Figuren tauschen Sie zwischendurch den Pinsel gegen einen frischen, trockenen aus - wenn denn mal seine Aufnahmefähigkeit erschöpft sein sollte. Es ist in jedem Fall empfehlenswert einen oder mehrere Pinsel in Reserve zuhaben.

Achten Sie bei GUTEM LICHT peinlich auf verbliebene Restfeuchtigkeit in den Vertiefungen. Feuchtigkeitsreste, z.B. in scharf geschnittenen Innenkanten, ergeben Flecken, also fehlerhafte Arbeit. **STOSSEN** Sie in diese Stellen so lange mit dem Pinsel hinein, bis jede Stelle *AUSGETROCKNET ERSCHEINT.*

Beim Befeuchten, dem Einpinseln, könnten sich Bläschen gebildet haben unter denen die Beize nicht eingewirkt hat. Tupfen Sie einen Tropfen Beize nach und verteilen Sie mit dem Pinsel gleich die Restfeuchte. Wenn an anderen Stellen nach dem Beizen helle Flecken oder Streifen verbleiben, die auch nach dem Nachtupfen keine andere Tönung aufweisen, dann kann das in der Regel von Leimflecken oder fettigen Verunreinigungen herrühren. Schneiden Sie - soweit möglich - mit einem scharfen Schnitzbeitel eine dünne Schicht ab und tragen Sie sofort wieder Beize auf. Meist ist dann der Fleck vollkommen weg.

Wenn die Figur groß ist und Sie laufen Gefahr, daß trotz Ihrer Bemühungen und Eile schon einige Stellen antrocknen, während Sie noch nicht überall fertig sind, dann arbeiten Sie mit Hilfskräften. In diesem Fall sprechen Sie sich vorher ab und teilen Sie sich die Arbeit, beginnen jedoch an der gleichen Stelle. Die Arbeit zu zweit ist dann besonders wichtig beim Austupfen und Verteilen der Restbeize in den Vertiefungen und Schnittkanten bevor diese eintrocknen kann. Schließlich legen Sie die Figur zum vollkommenen Austrocknen immer <*auf den Rücken*>. Das Gesicht soll möglichst geradewegs "*himmelwärts*" gerichtet sein.

3.3 Reliefs beizen

Grundsätzlich verfahren Sie wie bei der Figur. Legen Sie das Relief nicht flach, sondern halten Sie es hochkant, beinahe senkrecht. Beginnen Sie beim Auftragen der Beize immer von unten nach oben. Wenn Sie oben beginnen gibt es unvermeidbare Flecken die von ablaufenden Tropfen herrühren. Besonders an den Stirnseiten, aber nicht nur dort, führt es zu häßlichen, farblich anders getönten Streifen, die auch durch wiederholtes Überbeizen nicht mehr wegzubekommen sind.

An den Stirnseiten des Reliefs kann es trotz aller Vorsicht zum verlaufen von Beizflüssigkeit kommen - die Folgen sind Unregelmäßigkeiten. Diese können Sie weitgehend vermeiden, wenn Sie kurz vor Beizbeginn diese Stirnholzflächen mit gut handwarmem Wasser einpinseln. Dadurch nimmt auch diese Fläche weniger Beize auf und hebt sich in der endgültigen Tönung nicht allzustark ab.

Größere Flächen sollten Sie wieder zu zweit angehen, sowohl beim Auftragen der Beize, als auch - ja und dann ganz besonders - beim Abreiben und Verteilen.

Zum Trocknen legen Sie das Bild - wie bei der Figur das *<Gesicht>* - mit der beschnitzten Seite nach oben. Lassen Sie aber auf keinen Fall das Bild mit der Rückseite flach aufliegen. Auch das würde zu Flecken führen. Die trocknende Luft muß auch die Rückseite bestreichen können.

3.4 Zweimal beizen

Sie erhalten dadurch eine weitaus kräftigere Abtönung, ja sogar eine farbgesättigte Oberfläche, wenn Sie nach dem *<vollständigen Austrocknen>* des Stückes die gleiche Prozedur wiederholen. Jetzt haben Sie auch eine wesentlich intensivere Beschichtung mit dem in der Beize enthaltenen Wachs. Beim Polieren erzielen Sie einen kräftigeren Glanz.

3.5 Nachwachsen

Entspricht der matte Glanz, der nach einmaligem Beizen erzielt wird nicht Ihren Vorstellungen, dann können Sie das leicht nachbessern. Sie können hierzu ein neuartiges Flüssigwachs aus meinem technischen Angebot verwenden. Damit ist es auch möglich eine mit Wachsbeize behandelte Oberfläche Spritzwasserfest zu machen, ohne daß der angenehme, seidenmatte Glanz irgendwie verändert oder beeinträchtigt wird. Ohne diesen Schutz kann jeder Wassertropfen Flecken hervorrufen.

Weitere Vorteile: Auch auf einer bereits gebürsteten und polierten Oberfläche tritt durch Nachwachsen mit meinem Flüssigwachs keine Farbveränderung mehr auf. Auch eine Nachbehandlung ist nicht mehr erfoderlich. Durch leichtes Nachbürsten können Sie aber trotzdem noch eine Glanzintensivierung erzielen.

Das Flüssigwachs kann mit einem Pinsel, mit einem Lappen aufgetragen oder auch aufgespritzt werden. Auch ungebeiztes, naturhelles Holz kann damit behandelt werden. Zum Versiegeln der Poren sollte dann schon mindestens drei Mal aufgetragen werden. Voraussetzung ist auch hier, daß die Oberfläche trocken und sauber ist.

3.6 Helles beizen

Ich biete Ihnen aus meinem Sortiment auch eine <helle Beize> an. Damit können Sie alle anderen dunkleren Beizen aufhellen. Allerdings hier meine Empfehlung aus der Praxis: Die meisten Holzschnitzarbeiten wirken erst richtig, wenn sie mindestens <mittel> oder eben auch dunkler gebeizt sind. Das muß nicht gleich <schwarz> bedeuten. Eine schöne <Nußbaum-Mittel-Tönung> ist immer eine warme Tönung der man nicht "müde wird".

Mittel bis dunkel gebeizt stellen sich die gewünschten Kontraste besser ein. Es ist eine unbestrittene Tatsache, dass jede Schnitzarbeit für sich eine Dekoration ist und zwar durchaus unabhängig vom übrigen Mobiliar bzw. Innenausstattung. Sie sollte sich nicht der Umgebung anpassen, sondern sich von ihr abheben, herausragen, eine <angenehme Ausnahme> sein. Ich muß strikt davon abraten, den gleichen Farbton wie die Möbelausstattung anzustreben.

3.7 Sondereffekte

Durch den Gebrauch des Baumwollappens, zum Abreiben der erhöhten Stellen der Schnitzarbeiten, wird eine <Art Patinieren> erzielt. Es entsteht der Eindruck als wären diese Stellen <im Laufe der Zeit abgegriffen>, vom <Zahn der Zeit ehrfürchtig angenagt>. Andererseits gibt diese Behandlungsmethode der Schnitzarbeit eine ganz besondere Plastizität, eine stark erhöhte Ausdruckskraft, ein <eigenes Leben>. Die Ausstrahlung der

Schnitzarbeit stellt sich aus den unterschiedlichen Blickwinkeln äußerst lebhaft und wechselhaft dar. Sie verändert ihre Ausstrahlung durch verschiedenen Lichteinfall.

4.0 Probleme der Qualitätseinbußen

An dieser Stelle möchte ich nochmals eine Zusammenfassung der möglichen Fehlerquellen geben, die zu Qualitätseinbußen führen.

4.1 WIMMERWUCHS

Der Wimmerwuchs kommt hauptsächlich bei der Birke, dem Birnbaum und dem Ahorn vor. Durch den besonders unregelmäßigen Holzfaserverlauf ergibt sich auf dem Schnitt in rascher Folge Hirnholz, quer und längs liegende Fasern. Jede Lage saugt unterschiedlich intensiv Beizflüssigkeit auf. Wo natürlich mehr Beizflüssigkeit aufgesaugt wird gibt es auch eine intensivere Reaktion. Diese Stellen entwickeln sich dunkler. Allerdings ist diese Eigenschaft beim *<Beizen>* weniger stark ausgeprägt als beim *<Färben>*. Sie können gegensteuern, den Effekt mindern oder ausschalten, indem Sie vor dem Beizen das Holz mit warmen Wasser anfeuchten.

4.2 Alte Beize

Nach einigen Monaten Lagerung der Wachsbeize, tritt ein deutlicher Qualitätsverlust ein. Die chemische Reaktionsfähigkeit wird stark herabgesetzt. Die Flüssigkeit dickt merklich ein. Nach der Anwendung können sich Streifen an den Stellen zeigen, wo normalerweise eine gleichmässße Farbverteilung vorliegen müßte.

Besonders in den Innenkanten setzen sich dann Rückstände ab die nach Kaffeesatz aussehen. Das allgemeine Bild sieht nach "*Schmieren*" und nicht nach Beizen aus.

4.3. Der Leim beim Beizvorgang

Leim auf der Holzoberfläche verhindert den Kontakt der Beize zum Holz. Zudem quillt oftmals der bis dahin unsichtbare Leim durch die Flüssigkeit leicht auf und wird milchig weiß. Er hebt sich dann extrem von der Beizfläche ab.

Sie können diesen Leimfleck oder Leimdurchschlag mit einer Hartgrundverdünnung oder Azeton auswaschen. Der leichtere Weg ist jedoch die Stelle einfach zu überschneiden und leicht nachzubeizen.

4.4 Der Pilzbefall

Verstocktes Holz - es leidet unter Pilzbefall - hat seine natürlichen Eigenschaften eingebüßt. Da diese <*Verstockung*> meist nur teilweise im Holz vorkommt und diese Stellen auch ganz anders als gesundes Holz auf die Beize reagieren, gibt es zwangsläufig Flecken, die nicht zu beheben sind.

BLÄUE - ebenfalls ein Zeichen von Pilzbefall - beeinträchtigt hingegen erfahrungsgemäß nur im extremen Fall die Beizung. Eine sehr helle Beizung wird davon aber immer negativ beeinflußt.

4.5 Harzflecken

Harz kommt nur bei Nadelhölzern vor. Es muß vor dem Beizen sauber entfernt werden. Es nimmt keine Beize auf.

4.6 Stahlwolle

Nach einer Behandlung mit Stahlwolle, muß das Holz porentief und sehr grnüdlich gereinigt werden. Mikroskopisch feine abgeriebene Stahlteile oder auch Metalloxyde können abgelagert sein. In Verbindung mit Beize treten dann punktartige Farbveränderungen, evtl. mit Rändern auf. Gegen die Anwendung der Stahlwolle nach dem Beizen ist nichts einzuwenden.

4.7 Starker Gerbstoffgehalt

Hölzer mit starkem Gerbstoffgehalt können schon bei Berührung mit Metall - in Verbindung mit Feuchtigkeit - Flecken bilden. Dies ebenfalls beim Arbeiten mit schweißtreibenden Händen.

4.8 Druckstellen und Stapelflecken

Durch unsachgemäße Lagerung des Holzes können sich an den Druckstellen sogenannte Wasserflecken, Stapelflecken und Einläufe bilden.

5.0 Möglichkeiten, Ergänzungen und Risiken

Oft kann durch eine einfache Behandlung des Holzes ein späterer Schaden vermieden werden. Einige Beispiele:

5.1 Wässern

Holz kann durch mechanische Einflüsse, z.B. Druckstellen durch Zwingen, ungleich zusammengepreßt sein. Kommt es zum Beizen quillt diese Stelle durch Feuchtigkeitsaufnahme auf. Dieses Quellen kann oftmals über das Maß seines ursprünglichen Zustandes hinausgehen und leicht häßliche Stellen hinterlassen.

Dagegen hilft Wasser vor dem Beizen. Geben Sie der Holzoberfläche reichlich Wasser, evtl. verschiedene Male. Die Druckstellen quellen hervor. Nach dem Trocknen schneiden Sie diese Stellen nach. Danach kann gefahrlos gebeizt werden.

Übrigens kann eine Druckstelle auch durch einen Stoß, durch Herabfallen oder Aufdrücken auf eine unsaubere Tischunterlage auftreten. Diese - vielleicht kleine *<Eindruckstelle>* - sollten Sie bereinigen, indem Sie Wasser gezielt aufträufeln und einziehen lassen.

Durch die Bewegung einer geschnitzten Fläche wechseln sich rasch Stirnholzflächen mit Längsfaserverlauf ab. Stirnflächen nehmen immer stärker Beizflüssigkeit auf, als der Faserverlauf der Länge nach. Stirnflächen werden demnach dunkler. Normalerweise stört dies die Qualität einer Arbeit nicht. Im Gegenteil, der Effekt erhöht die plastische Darstellung. Soll aber eine mehr gleichförmige Farbtönung erreicht werden, wird das Stück *<gewässert>*. Besprühen Sie es ausgiebig und allseitig unter der Dusche. Nach dem Abtropfen wird normal gebeizt. Bei Benutzung von lauwarmem Wasser wird das angestrebte Ziel noch sicherer erreicht.

5.2 Beizen mit der Spritzpistole

Sicher soll es das auch geben. Es ist aber unbedingt darauf zu achten, daß die Beizflüssigkeit an keiner Stelle mit Metall zusammenkommt.

5.3 Bleichen

Bei Schnitzarbeiten kann man darauf durchaus verzichten. Das Holz verliert durch diesen Prozeß seine natürliche Schönheit; es wirkt fad. Die Oberflächenstruktur wird nachteilig beeinflußt. Man kann es als Notbehelf bezeichnen. Durch andere Methoden kann man schönere Effekte erzielen.

Zum Bleichen wird vorwiegend *WASSERSTOFFSUPEROXYD* verwendet. Es kann beim Kontakt mit Textilien nach einiger Zeit unerwünschte Nachbleichungen verursachen. Um dies weitgehend auszuschließen, sollte man 2 - 10% Salmiakgeist zusetzen. Die gebleichten Stücke sollte man mit heißem Wasser gut nachwaschen. Je länger man eine Nachtrocknung einbezieht, um so geringer wird die Gefahr einer Fleckenbildung.

Andere Bleichmittel sind verschiedene Säuren, z.B. Essigsäure, Zitronensäure, Salzsäure, Boraxlösungen usw.

Eine Bleichung mit Wasserstoffsuperoxyd zur Erzielung hellerer Beiztöne bei von Natur aus dunkleren Hölzern ist wenig reizvoll, wenn man anschließend eine chemische Beize verwenden will. Alle chemischen Beizen sind gegen Wasserstoffsuperoxyd empfindlich. Es können auch nachträgliche Schäden auftreten.

5.4 Patinieren

Damit will man erreichen, daß auf Erhöhungen des bearbeiteten Holzes ein Effekt auftritt, der ein altes, gebrauchtes Aussehen verleiht. Es hat den Anschein, dass auf den erhabenen Stellen die Farbe abgenutzt ist, während in den mehr geschützten Vertiefungen noch die ursprüngliche Beiztönung verblieb. Einen ähnlichen Effekt erreichen wir durch das Abreiben der nassen Beize mit einem Baumwollappen.

6.0 Ausbessern

Reparaturarbeiten gebeizter Oberflächen kommen immer wieder vor. Der Handel bietet vielfältige Mittelchen. Das *"Ei des Kolumbus"* ist es aber nicht. Am Schönsten wäre es natürlich das ungebeizte Stück sach- und fachgerecht *"zu flicken"*, darüber zu beizen und alles ist vergeben und vergessen!? Doch wie Sie mittlerweile wissen, hat jedes Holz so *"seine Eigenheiten"*, wenn es an die Reaktion mit den Beizen geht. Um so mehr, wenn da *"künstlich geschaffene Mittelchen"* mit einem Stück Holz harmonieren sollen.

6.1 "Flüssiges Holz"

"Flüssiges Holz" sollte man unbedingt in Anführungszeichen setzen. Es dreht sich dabei um Holzstaub, der in einem Gemisch mit Nitrolacken in Pastenform angeboten wird. Diese Paste kann in Farben getönt sein. Sollte man es fertig bringen im ersten Moment ein tragbares Ergebnis zu erzielen, dann stellen sich doch mit der Zeit unvermeidbar Farbunterschiede ein. Eine andere Möglichkeit: Reparieren, beizen und retuschieren.

6.2 Kitten

Kitte nehmen entweder keine oder sehr verschieden die Beize auf. Auch wenn man momentan die gleiche Färbung erzielt, so ergibt sich doch im Laufe der Zeit eine starke Nachdunklung.

6.3 Hartwachs

Es ist in vielen Farbtönen erhältlich und untereinander mischbar. Leicht angewärmt, läßt es sich im Farbton gut abstimmen. Man trägt ihn mit einem spitzen Messer auf bzw. in die Schadstelle ein. Nachbesserungen sind jederzeit möglich.

7.0 Andere Oberflächenbehandlungen

7.1 Brennen

Man benutzt einen Schweißbrenner oder eine Lötlampe um eine Holzoberfläche bis in eine gewünschte Tiefe zu verkohlen. Die verkohlten Teilchen werden anschließend mit einer Metallbürste entfernt. Da das weiche Frühholz stärker verkohlt und dadurch tiefer herausgearbeitet werden kann, als das Spätholz - das nur in geringem Umfang verkohlt - entsteht, entsprechend der Jahresringzeichnung des Holzes, eine beeindruckend, plastische Wirkung. Oft treten die Spätholzzonen durch die Einwirkung des Feuers dunkelbraun bis schwarz hervor. Das Verfahren eignet sich besonders für Nadelhölzer.

Auf eine gleichmässige Brenneinwirkung muß bei dieser Arbeit besonders geachtet werden. Die Holzoberfläche erhält eine erhöhte Widerstandsfähigkeit, kein langlebiger Schutz.

7.2 Bürsten
Damit soll eine stark plastische Wirkung der Jahresringzeichnung erzielt werden, ohne dauernden Fremdeinfluß. Mechanisch werden mit Messing-, Stahl- oder auch Kunststoffbürsten die Frühholzteile eines Jahresrings ausgebürstet. Es entsteht eine ähnlich plastische Wirkung wie beim *<brennen>*, aber ohne Farbveränderung.

Aus meinem Angebot "*TECHNIK*" kann ich Ihnen eine sehr vorteilhafte *<Pinsel-Zopf-Bürste>* anbieten. Sie erspart das bei Metall- und Kunststoffbürsten erforderliche Nachpolieren. Die Oberfläche bleibt sofort sauber und matt glänzend.

7.3 Sandstrahlen
Bei diesem Verfahren wird mit einem kräftigen Gebläse feiner Quarzsand auf eine Holzoberfläche geschleudert. Auch bei diesem Verfahren werden vorwiegend die weichen Jahresringteile herausgelöst. Die Jahresringzeichnung wird damit stark betont. Im Vergleich mit meiner Pinsel-Zopf-Bürste arbeiten sie beim Sandstrahlen wesentlich aufwendiger. Die Qualität ist nicht höher.

ACHTUNG: Quarzsand kann metallische Verunreinigungen enthalten. Vor dem Beizen sollte die Oberfläche mit Wasser und Bürste nachbearbeitet werden, damit eine Fleckenbildung vermieden wird.

7.4 Stahlwolle
Sehr feine Stahlwolle nach der Beizung eingesetzt kann sehr reizvolle Effekte erzeugen. Vor der Beizung ist sie, wegen der möglichen Fleckenbildung, ein Problem.

7.5 Räuchern

Dabei wird in einer Art chemischen Beizens (stark gerbstoffhaltiges Holz) Eichenholz in einem luftdicht verschlossenen Raum oder Behälter 10 - 12 Stunden den Dämpfen von hochprozentigem Salmiakgeist ausgesetzt.

Vorteile: Die Oberfläche wird nicht aufgerauht. Die Poren werden gut gebeizt. Die Spiegel erhalten einen schönen postiven Farbton.

7.6 Polieren, Lackieren und Mattieren

Ohne in dieses umfangreiche Spezialgebiet detailliert einzudringen, gebe ich eine grundsätzliche Zusammenfassung: Bei unseren normalen Holzschnitzarbeiten, den <*Innendekorationen aus geschnitztem Holz*>, finden diese Verfahren praktisch keine Anwendung. Sie geben dem Schnitzstück oft ein kunststoffartiges Aussehen. Lackierungen und Mattierungen werden geschliffen. Beim Lackieren und Polieren werden die Poren verschlossen; beim Mattieren bleiben sie offen.

7.7 Lasieren und Grundieren

Für den Gebrauch der Schnitzarbeiten im Außenbereich - bei <*Wind und Wetter*> - ist eine angepaßte Behandlung erforderlich. Die Poren sollen einerseits nicht total verschlossen werden, sollen aber andererseits verhindern, daß Wasser allzu freigiebig einzudringen vermag. Ebenso soll den klassischen *"Umsetzern der Holzmasse"* der Apetit genommen werden.

8.0 Unfallschutz - besondere Vorsichtsmaßnahmen

Beachten Sie stets genau die Anwendungsvorschriften und die Hinweise zur Unfallverhütung auf den Lieferantenpackungen.

Bei Anwendung meiner Wachsbeizen ist es ratsam Gummihandschuhe und Schutzbrille zu tragen. Beizgebinde sind vor Kindern sicher aufzubewahren. Bei Augenkontakt mit viel Wasser ausspülen und Augenarzt aufsuchen. Für weitere spezielle Auskünfte stehen meine kompetenten Mitarbeiter und ich jederzeit zur Verfügung. Fragen Sie unverbindlich nach.

Ein Anhang!
Noch eine Anmerkung zum Thema <Beizen>.

Nicht immer ist die Beize schuld, wenn als Ergebnis Ihrer Bemühungen Flecken auftreten. Stumpfe Werkzeuge tragen weit häufiger die Schuld bei solchen Mißgeschicken.

Flecken können aber auch auf zerdrückten Faserpartien auf dem Holz auftreten. Ränder und Flecken an Stellen, an denen Sie sie natürlich nicht brauchen können und auch gar nicht wissen warum jetzt ausgerechnet hier und jetzt. Die Fehlerquellen können allen möglichen Umständen angelastet werden.

Eines möchte ich deshalb nochmals ganz <warm ans Herz legen>: Achten Sie peinlich genau auf die Einhaltung meiner Regeln, dann geht es gut. Meine Mitarbeiter wissen <ein Lied> davon zu singen, wenn frustrierte Schnitzbegeisterte mit ihren Beizproblemen zu uns kommen. Es liegt fast zu 100 % daran, daß die Regeln nicht praktisch buchstabengetreu eingehalten wurden. Eine Unachtsamkeit oder eine zu lasche Auslegung dessen was ich Ihnen beschrieben habe, und schon hat man sich die Selbstbestätigung, den Abschluß der Arbeit vers...t.

Es ist klar, daß Sie beim Schnitzen mit zunehmender Erfahrung auch außerhalb der Regeln erfolgreich sein können, vielleicht sogar Vorteile erzielen. Beim Beizen gibt es kein <Pardon>. Wenn Sie <vom Pfad der Tugend abweichen> geht irgendetwas <in die Hose>. Befolgen Sie also die Vorgaben genau.

Liebe Schnitzerfreundinnen und Schnitzerfreunde,

ich habe es geschafft mit dem Schreiben des Buches und Sie hier und jetzt mit dem Lesen. Ich brauche Ihnen nicht zu sagen, daß es natürlich mit dem Lesen nicht getan ist, daß Sie üben müssen, genausowenig wie es bei mir jetzt und hier den Abschluß gibt. Ich stehe Ihnen, soweit es meine Zeit erlaubt (und ich nicht gerade wieder an einem wichtigen Kapitel eines Buches arbeite) jederzeit telefonisch oder bei Ihrem Besuch in meinem Hause zu Diensten.

Ansonsten kann ich mich auf meine fachkundigen Mitarbeiter verlassen, die mich zum Teil seit den ersten Tagen - seit der Gründung des KOCH-Schnitzsystems begleiten.

Sie aber, wie Sie und ich, sind Menschen und da kommen Fehler vor. Wenn Sie denn einen solchen gleich wie und unter welchen Umständen auch immer sehen, fühlen, entdecken usw., bitte ich Sie, nicht *"zu schweigen oder IHN zu schlucken"*. Teilen Sie sich mit, uns mit, und wir werden Ihnen allen dankbar sein.

Nur mit Ihnen und über Sie können wir lernen noch besser zu werden. Und das wollen wir immer, denn stehen bleiben bedeutet Rückschritt. Das wollen und müssen wir aber vermeiden und die *<Nase immer weit vorne im Wind haben>*. Zu Ihrem Vorteil und dem Vorteil aller zukünftigen Schnitzerfreunde.

In diesem Sinne verbleibe ich mit Grüßen und den besten Wünschen

Ihr
Kurt Koch

*Hinweise auf weitere Unterrichts-
mittel und Schnitzerhilfen
auf den nächsten Seiten*

Mein Fachbuchangebot
Das komplette KOCH-Schnitzsystem.

Das erste und einzige komplette Lernsystem zum Schnitzen lernen

Das Schnitzerbuch <GRUNDKURS>
Ca. 250 Seiten, mehr als 200 Bilder, 1 Beilage mit Zeichenvorlagen.
Themen: Einführung in das KOCH-Schnitzsystem, Holzkunde, Schnitzwerkkzeuge, Beitel und Messer schleifen und schärfen, grundsätzliche Beitelführungen, drei praktische Grundübungen für den Einstieg ins Schnitzen, Oberflächenbehandlung - Beizen.
Aus dem Inhalt: Genaue Anleitungen mit Begründungen zu: Die Erstausstattung mit Werkzeugen, Werkzeugformen und -größen, technische Ausrüstung, Unfallverhütung, Unsere Betreuung - wie-wo-wann-wieviel, aus dem <Vollen> arbeiten, Modelle und Rohlinge erstellen - Ihre Kreativität. Holz: Begriffe und Fachausdrücke, Anatomie des Holzes, Holzlagerung und -Trocknung, Stabilisierung der Holzform, verleimen, Holzerkennung, Schneidwerkzeuge, Schleifwerkzeuge, die Einspannsysteme, der Werktisch, das richtige Licht. Wie werden Werkzeuge gemacht und gehärtet, mögliche und erforderliche Haltungen und Führungen der Werkzeuge, Arbeiten mit dem Klüpfel, Messerauswahl, die genaue Schnitt-für-Schnitt-Anleitung für die drei GRUND-Übungsstücke, Die Beize und ihre Wirkung, wir beizen mit Wachsbeize, Probleme und Qualitätseinbußen, Möglichkeiten, Ergänzungen und Risiken, Ausbessern und Reparieren, Weitere Oberflächenbehandlungen. Originalgroße Zeichenvorlagen für Übungsstücke.

Das Schnitzerbuch <FORTGESCHRITTENENKURS>
Ca. 272 Seiten, mehr als 204 Bilder
Themen: Grundbegriffe und Empfehlungen, Anleitungen zum Bilderschnitzen, Kerbschnitzen, Buchstaben und Schriften schnitzen, Ornamente und Verzierungen schnitzen, Reliefs schnitzen.
Aus dem Inhalt: *Kerbschnitzen* mit seinen Regeln, Eigenheiten, Holzauswahl, Aufrisse und Zeichnungen, Anwendungsbeispiele, Messerhaltungen und -führungen beim Kerbschnitzen, praktische Übungen. *Buchstaben und Schriften:* Technik und Planung, Technik des Ausschneidens, vertiefte und erhabene Schrift. *Ornamente*: 9 Praktische Übungen, Erkennung und Unterscheidung. *Reliefs*: Einordnung der Reliefarbeit, Übungen "Weinranke", "Herbst", "Rosen", "Wappen", "Verzierte Wanderstöcke", Relief "Die Saujagt", Relief " Der Stammtisch".

Das Schnitzerbuch <EXPERTENKURS>
250 Seiten, 200 Bilder
Themen: Voraussetzung zum Schnitzerfolg, "Holzgeschnitzt", Tradition der Bildhauerei, Größenverhältnisse des menschlichen Körpers unter besonderer Berücksichtigung der Ausbildung des Gesichtes, Übungsbeispiele mit Bildserien.
Aus dem Inhalt: Technische Voraussetzungen zum Schnitzerfolg. "Fantasie-Garantiebezeichnungen z.B. "garantiert echtes Holz", spanlose Formgebung durch Pressen, Schäumen, Gießen, usw. Entstehung eines Modells, das Unikat, die

vorgefräste Schnitzarbeit, die Kopierfräse - Technik und Arbeitsablauf, Schnitzautomaten, Erkennung der Maschinenarbeit, fassen und bemalen, Importe aus exotischem Holz, die großen Meister - ihre Technik. Traditionen der Holzbildhauerei, Arbeitsvergleiche Eiche/Linde. der Flügelaltar, Sinnlichkeit der Bilddarstellungen, Kunst und Markt, Zünfte, Rationalisierung in einer Holzbildhauerwerkstatt am Beispiel Riemenschneiders. Eine Schnitzanleitung. Größenverhältnisse des menschlichen Körpers, "Goldener Schnitt", der Kopf, das Gesicht/Größenverhältnisse, Gesichtseinteilung, Größenverhältnisse beim Körperaufbau, die Acht-Kopf-Teilung, Einteilung des Körpers in <Zehntelmaße>, Einteilung der Hand, des Fußes, "Auge in Auge" mit der Skulptur. Praktische Übungen mit Gesichtern, Händen und Füßen, der Faltenwurf. Übungsbeispiele mit Bilderserie: Beispiel Madonna und Beispiel Männergesicht.

Das Schnitzerbuch <MEISTERLICHE ÜBUNGEN>
Ca. 430 Seiten, über 800 Abbildungen.

Themen: Detaillierte Übungsbeispiele zum perfekten Ausarbeiten des Gesichtes, Einzelausarbeitungen ausdrucksvoller Augen, wie wird das Haar und die Barttracht geschnitzt, Fotoserien mit Schritt-für-Schritt Ausarbeitung verschiedener charakteristischer Gesichter, wie entsteht das Ornament, das Ausarbeiten von Figuren aus dem "Vollen" am Beispiel von acht verschiedenen Modellen mit vielen Fotos zum Arbeitsablauf und allen technischen Angaben. Erstellung einer Maske, Funktionsbeschreibung mit über 60 Fotos für die Punktiermaschine, arbeiten mit der Modellpuppe und andere Übungen.

Aus dem Inhalt: Teil <**A**>:"Übungselemente, Beispiele und Schritt-für-Schritt-Übungsvorlagen zur Ausarbeitung eines Gesichtes - Kopfes: Das lebendige Auge, das "Normauge", Bedeutungen und Veränderungen im Umfeld des Auges, die praktische Ausarbeitung, Techniken beim Darstellen von Iris und Pupille, die Lage beider Augen. Der Mund wird geschnitzt, der Mund im Gesichtsausdruck, Aufbau und Abweichungen. Die Nase entsteht, Das Ohr entsteht, Das Gesicht entsteht, Die Haartracht entsteht, Die Ausarbeitung der Haare mit Hohlbeiteln, Der Vollbart entsteht. Teil <**B**>:Übungsstücke mit Vorgaben: Wo starte ich die Arbeit bei einem Rohling, Die Schnittführung zur sauberen Kante. Übungsprogramm GHF: Kindergesicht, Büste Mann ca. 50 Jahre, Mann mit Bart, zorniger junger Mann, freundlicher Herr, traurig-erschöpft, Kinderhand, geöffnete Hand, verschlungene Hände, Kinderfuß, Fuß Erwachsener. Teil <**C**>:Das Ornament: freigestellte Eckverzierung, Ornament in Hochrelief auf Hintergrund. Übungsstücke: <Madonna Lourdes>, <der Tippelbruder>, <Christus auferstanden>, <Heiliger Michael>, <Heilige Elisabeth>, <Biblische Gestalt>, <David mit der Schleuder>, <Der Stukkateur>, <Masken und Karikaturen>. Teil <**D**>: Übertragungs- und Montagetechniken, die Punktiermaschine, Arbeitsablauf mit der Punktiermaschine im Detail, Montageanleitung für Corpus mit ausgestreckten Armen, die Modell-Gliederpuppe. Teil <**E**>:Anatomie. Teil <**F**>:Wissenswertes und Anregungen: Verwirklichung eines Kunstwerkes, der Bewegungsablauf einer Figur, die Reparatur: verschiedene Methoden - Vor- und Nachteile. Merkmale zum Unterscheiden von Handschnitzarbeit, Qualität eines Rohlings. Wissenswertes aus der Technik: Zusammenfassung.

Das Schnitzerbuch <ORNAMENTE UND VERZIERUNGEN>

Buch in Großformat, 37 x 28 cm, mit mehr als **500** Zeichnungen als Vorlagen in Originalgröße verwendbar. Das Vorlagenbuch gibt hnen Hilfestellungen und Anleitungen, große Ausklapptafeln.

Aus dem Inhalt: Runde Rosetten, Ovale Rosetten, Viereckige Rosetten, Türverzierungen, Füllungen, Symmetrische Eckenverzierungen, Asymmetrische Eckenverzierungen, Zierstäbe, Geschnitzte Auflagen für Schubladen, Muscheln, Kapitäle, Sprossen, Nischen, Blenden, Lisenen, Kleinornamente einzeln und kontinuierlich, Kombinationen für Bilderrahmen und Verzierungen aller Anwendungsbereiche.

Das Schnitzerbuch < BUCHSTABEN UND SCHRIFTEN>

25 verschiedene Schriftvorlagen mit Groß- und Kleinbuchstaben, Zahlen und Zeichen (ca. 8 000), alle in zwei gebräuchlichen kopierfähigen Größen - ca. 35 mm und ca. 50 mm groß - mit technischen Angaben für das Ausarbeiten von Schriften in Holz und Stein.

Aus dem Inhalt: Einführung in die Technik der Schrift: Das Schriftbild, Betonungen u.Hervorhebungen im Schriftbild, Versalien und Minuskeln, Schrifteneigenschaften und Buchstabenformen, Schriftentwicklung und Stil, Begriffe, Bezeichnungen und Erläuterungen, Praxis und Technik beim Ausarbeiten von Schriften, Hilfslinien, Abstände, Platzbedarf, vertiefte und erhabene Schrift. Zu allen Schriftenmuster gibt es eine tabellarische Auflistung mit folgenden Angaben: Abstand zwischen Buchstaben - größer/kleiner, Abstand zwischen Wörtern, Abstand zwischen den Zeilen, Lesbarkeit der Kleinbuchstaben, Lesbarkeit nur Versalien, Einzelbuchstaben und Monogramme, Möglichkeiten bei der Bildhauerarbeit, Platzeinteilung.

Das Schnitzerbuch <TECHNIK UND KUNST FÜR SCHRIFTEN IN HOLZ>

98 Seiten, 85 Abbildungen

Themen: Das Buch vermittelt bis in Einzelheiten Kenntnisse, Erfahrungen und Techniken, wie eine geschnitzte Schrift eindrucksvoll und ausdruckskräftig dargestellt wird. Anhand von Beispielen und Anleitungen können Sie es spielend zur technischen Perfektion bringen; die künstlerische Präsentation gelingt Ihnen zweifelsfrei, wenn Sie die ausführlichen Anleitungen und Betrachtungen befolgen. Alles gelingt Ihnen dann künstlerisch/profihaft.

Aus dem Inhalt: Wenn alles so einfach wäre wie das Schriften schnitzen - hat sich schon so mancher gedacht. Die Ergebnisse kann man allenthalben an vielen Ortseingängen, auf öffentlichen Plätzen wie im Wald und Feld, in der Kirche und auf dem Friedhof, an öffentlichen Gebäuden ebenso wie bei stolzen Privatbesitzern nicht gerade selten bemitleiden. UND Sie dachten ich würde schreiben: "bewundern". Hätte ich gerne, aber die Wirklichkeit ist eher trist und nicht erfreulich. Schriften schnitzen erfordert die Beachtung vieler kleiner technisch/künstlerischer Details. Wenn nicht alles harmonisch zusammenpaßt, dann ergibt das Ganze kein BILD; KEIN Schriftenbild. Damit alles stimmt gibt es Regeln die ausführlich bebildert und beschrieben sind. Wegen der Nichtbeachtung von ein paar Bruchteilen von Zentimetern hier und da und schon haben Sie sich Widersprüchlichkeiten aufgebaut und das Ganze <läuft nicht mehr>. Dem hilft das Buch ab. Alles was wichtig ist, ist da, wird gezeigt, erklärt, bebildert usw. Jeder Platzbedarf, jeder Buchstabenabstand, der Zeilenabstand, die flatternden oder festen Ränder, die Aufteilung, die Wahl vertieft oder erhaben, kursiv wie und wann, Schattenschrift, die Schnittkantenverbindungen, Ableitungen aus der Hauptschreibbreite, Oberlängen und Unterlängen, Begrenzungen, Strukturieren usw., alles ist beschrieben und bebildert. Jedes Schriftbild gelingt Ihnen, wenn Sie sich nur an die klaren und einfachen Vorgaben/Regeln halten.

Das Schnitzerbuch
<MODELLE UND ROHLINGE SELBST GEMACHT>
120 Seiten, 167 Fotos und Abbildungen

Themen: Anleitungen und Beispiele derart, daß Sie sich selbst Ihre Modelle erstellen können. Sie brauchen keine größeren Fertigkeiten - schon nach einigen Übungen gelingt es Ihnen selbst, Figuren <*aus dem Vollen*> auszuarbeiten. Sie brauchen keinen großen Maschinenpark - ja Sie können es geradezu mit "Hausmittelchen" schaffen. Die dargestellte Technik ist leicht nachvollziehbar vom Entwurf bis zum maßstabgerechten Modell. Ein Weg zum Erfolg für jeden mit dem *<KOCH-Lehrpfad>*.

Aus dem Inhalt: Ein neuer Schnitz-Lehrpfad von KOCH, zwei prinzipielle technische Verfahren die zum gleichen Ziel - dem eigenen Modell führen. Das Rundum-Ausschneiden des Rohlings mit der Bandsäge. Die Variante nach dem KOCH-Lehrpfad: der KOCH-ROHSCHNITT. Grafische Darstellungen mit verschiedenen Modellen zum Lehrpfad KOCH. 1. Übungsbeispiel: <Unser Junge, der Eislutscher>, 2. Übungsbeispiel <Der Gendarm>, 3. Übungsbeispiel < Madonna Barock>, 4. Übungsbeispiel < Nachtwächter>, 5. Übungsbeispiel < Hans im Glück>, 6. Übungsbeispiel < Madonna Lourdes>. Alle Übungsbeispiele sind so ausgelegt, das Sie Schritt-für-Schritt auch von Ihnen nachvollzogen werden können. Das Ganze ist ein hervorragendes System um auf dem kürzesten Weg zur Eigengestaltung von Modellen zu gelangen. Mein SCHNITZERZENTRUM steht Ihnen mit allen erforderlichen Hilfs-Möglichkeiten jederzeit zur Seite. Zum Buch gehören auf Anforderung Serien von Zeichnungen, Fotos, Abdrücke, usw.

Beachten Sie in diesem Zusammenhang auch mein Fach-Angebot
<Das Schnitzer-Kolleg>.

Das Schnitzerbuch <ANFÄNGERKURS>
88 Seiten, 53 Fotos, 72 Zeichnungen, 1 Originalvorlage

Themen: Eine neue, eine alternative Startmethode im KOCH-SCHNITZSYSTEM, für alle die gern mit sämtlichen technisch-organisatorischen Mittel versorgt an´s Schnitzen gehen. Nichts ist dem Zufall überlassen, alles ist für Sie vorgeplant, durchdacht und verwirklicht. Sie vollziehen nach!

Aus dem Inhalt: Programmübersicht zum Schnitzenlernen, Übungsstücke aus dem Schnitzkoffer Nr.<1>, Werkzeuge, Werkzeugqualität, Werkzeugschärfe, die <Eule> als Übungsstück - der Arbeitsablauf Schritt für Schritt und Schnitt für Schnitt. Werkzeugführungen, Grundhaltungen zum Beitelführen, das Ausschneiden der vorgearbeiteten EULE, das Ausschneiden der EULE aus dem Massivholzblock, und viele andere Details.

Das Schnitzerbuch -
Meisterliche Übungen II ©

In der außergewöhnlichen Serie der KOCH-Schnitz-Lehrbücher ein außergewöhnliches Buch.

Es ist:
1. Ein Lehrbuch
2. Ein Vorlagenbuch zum Lernen
3. Ein hochmoderner Katalog
4. Gutschrift zur Rückerstattung des Kaufpreises

Eine Erklärung:
1. Das Lehrbuch *erklärt wie Sie die unterschiedlichsten Gesichter ausschnitzen können.*
2. Das Vorlagenbuch *gibt Ihnen 100 verschiedene Gesichter mit mehr als 2000 Fotos.*
3. Der Katalog *informiert über 100 verschiedene Schnitzmodelle zwischen 18 cm und 100 cm Größe.*
4. Gutscheine *im Wert von DM 100,oo garantieren Ihnen mehr Geld zurück als Sie für den Katalog zahlen.*

Das Lehrbuch:
Sie erfahren intime Details zum Ausschnitzen so unterschiedlichsterer Charaktergesichter wie "das Jesuskind in der Krippe (mit einem wirklichen Kindergesicht und keinem vorzeitig gealterten Knaben), Nachtwächter bis 100 cm Größe, den konzentriert arbeitenden Handwerker, ein leidendes und ein triumphierendes Gesicht des Gekreuzigten, fröhliche Kindergesichter im schönsten Alter, ernste und sorgenvolle Gesichter aus dem harten Leben, Engel und Putten wie sie wirklich sein sollen, und selbstverständlich Madonnen mit und ohne Kind und vieles andere mehr.

Das Vorlagenbuch:
Keines gibt so viel, vergessen Sie alles was Sie bisher kennengelernt haben. Jedes Gesicht wird auf bis zu 21 (einundzwanzig) Fotos gezeigt, 21 Mal aus verschiedenen

Blickwinkeln, kein Detail ist versteckt, klar und deutlich zu erkennen auch die intimste Falte, das Gesicht wird so wie Sie es sich vorstellen - wie wir es Ihnen zeigen, jedes für sich ein Meisterstück. Alle Gesichter mit glasklarem Blick, wie es nur bei KOCH so üblich ist.

Der Katalog:

Er zeigt Ihnen jeweils auf einer Doppelseite die geschnitzte Skulptur in der Hauptansicht. Eine Preisliste gibt über die Preise als Rohling und Fertiggeschnitzt Auskunft. Die Größe wird nicht vergessen und auch nicht die bekannten "Schwierigkeitsgrade nach KOCH zum selbst fertig schnitzen", damit Sie sich selbst einschätzen können. Eine besondere Rubrik informiert Sie über Besonderheiten, sowohl der Skulptur, als auch über das besondere Schnitzerlebnis.

Die Gutscheine:

Sie sind ein besonderer Leckerbissen! 10 Gutscheine zu je DM 10,oo können Sie beim Einkauf bei KOCH einlösen und nicht nur sparen, sondern sogar bis zu DM 20,oo gewinnen. Denn: Das Buch kostet DM 80,oo und für DM 100,oo liegen jedem Buch Gutscheine bei.

Ein Buch der Superlative, es ist:

***Ein Katalog mit ca. 250 Seiten
***Ein Buch mit Lernvorgaben zum Schnitzen
***Ein Buch mit anatomischen Studien
***Ein Buch mit ca. 2000 (zweitausend) Klassefotos mit stets unterschiedlichen Ansichten zu Gesichtern
***Ein Buch zum Preis von DM 80,oo, und Sie erhalten DM 100,oo wieder zurück - also mehr als Sie dafür ausgeben.

Bestellen Sie es bei Ihrem Fachhändler oder bei Ihrem Buchhändler.
Sie können auch direkt bei mir im Verlag bestellen - telefonisch, per Telefax, schriftlich, oder Sie kommen bei uns im Hause vorbei, um sich ein Musterbuch einmal in aller Ruhe anzusehen, sich zu begeistern (wie andere auch), und Sie können es sofort mitnehmen. Nebenbei zeigen wir Ihnen alles, was wir für Schnitzerfreunde noch bieten. ©

Mein Video-Angebot

Das komplette KOCH-Schnitzsystem auf über 30 Stunden Film

Das erste und einzigartige komplette Lernsystem zum Schnitzen lernen

Schnitzen <GRUNDKURS>

Laufzeit ca. 180 Minuten

Themen: Einführung in die Schnitzkunst, Wissenswertes über Holz - Schneidwerkzeuge - Technik und Zubehör - Beitel und Messer schleifen und schärfen - Grundsätzliche Beitel- und Messerhaltungen bzw. -führungen, Beizen, Wachsen und die Bearbeitung der drei ausgeklügelten <Grundübungsstücke>.

Aus dem Inhalt: Einführung und Hinführung zum Schnitzen, Betrachtungen zum Holz, seine Möglichkeiten, Fähigkeiten und sein Charakter. Werkzeugausstattungen, Erklärungen zu den Werkzeugen, Bezeichnungen und technische Kriterien, die Ausrüstung allgemein, Schnittvorführungen, Erläuterungen und Möglichkeiten, Anatomie des Holzes, Schädliches und Nützliches fürs Holz, Lagerung und Trocknung, Verleimen. Schneidwerkzeuge - die Pflege, Lagerung und Transport, schleifen und schärfen - mit was und wie: genaue und zeitgleiche Demonstrationen, Tricks und Kniffe wie sie nur im Video-Film bei 10-facher Vergrößerung gezeigt werden können. Das Arbeiten mit dem Klüpfel, Werkzeugauswahl und Behandlung. Schließlich genaue Schnitt-für-Schnitt Vorführungen der drei GRUND-Übungsstücke und in Großaufnahmen. Kein wichtiges Detail ist ausgelassen, alle Details sind erläutert und kommentiert. Die Beize und ihre Behandlung bzw. richtige Mischung. Wirkung, Probleme, Möglichkeiten, Ergänzungen und mögliche Qualitätseinbußen und die Ursachen. An alles ist gedacht, damit Sie einen erstklassigen Start zum Schnitzen erreichen. Ein Schnitzkurs nach Ihrem Geschmack und erfolgreich.

Schnitzen <FORTGESCHRITTENEN-KURS 1>

Laufzeit ca. 180 Minuten

Themen: Kompletter Schnitzkurs zum Erlernen der Ornament-Schnitzerei für Türen, Möbel, Rahmen, Konsolen, Friesen, Kapitäle usw.

Aus dem Inhalt: Von Grund auf - mit Basisübungen wird in "die Welt der Ornamentrschnitzerei" gestartet. Ausgeklügelte Übungsstücke erleichtern den Einstieg und bereiten immer schwierigere und kompliziertere Arbeitszusammenhänge vor, so daß diese wie eine einfache logische Fortsetzung des bereits Erlernten empfunden und erkannt werden. Schnitt-für-Schnitt und Schritt-für-Schritt wird die Entwicklung jeder Arbeit bis in die Einzelheiten in Großaufnahme - ca.. 10-fache Vergrößerung auf Ihrem Bildschirm - aufgezeigt. Vor- und Nachteile bei verschiedenen Hölzern werden demonstriert. Gerade was beim Ornamentenschnitzen so immens wichtig ist, nämlich der Einsatz unterschiedlichster Werkzeuge wird besonders geübt. Auf die evtl. erforderlichen Unterschiede bei der anzuschleifenden Form wird verwiesen. Auf- und Einspannmöglichkeiten praktisch vorgeführt. Besondere Schwerpunkte sind der <Bewegung> der einzelnen Elemente sowie dem Gesamtzusammenhang des <Bildes> gewidmet. Viele andere Details erfahren Sie in den über 2 Std. Kommentaren und Erklärungen. Eine immense Anstrengung ergab schließlich dieses erstklassige Audio-Visuelle Lernmittel.

Schnitzen <FORGESCHRITTENEN-KURS 2>
Laufzeit ca. 180 Minuten

Themen: Der erste Teil dieses Films ist auch eine Fortsetzung des Films <FORGESCHRITTENEN-KURS 1>, eine kunstvolle Vollendung mit höchstem Schwierigkeitsgrad im Bereich der ORNAMENTSCHNITZEREI. Der zweite Teil des Films ist eine Einführung in die Kunst der Schnitzerei mit Reliefs und Bildern

Aus dem Inhalt: Am Beispiel eines durchbrochenen Ornaments in Eichenholz wird das gezeigt und vorgeführt was Sie brauchen um die kunstvollsten Bilderrahmen schnitzen zu können. Auch die kleinsten Einzelheiten sind auf Ihrem Bildschirm in sehr stark vergößerter Arbeitsweise klar zu erkennen. Sie sehen den Ablauf der praktischen Arbeit in Wirklichkeit besser als der Schnitzer selbst. Kein Detail kann Ihnen entgehen. Sie kommen nicht umhin: Sie müssen es lernen weil es so perfekt vorgeführt, dokumentiert und erklärt ist. Im zweiten Teil des Films werden die Grundlagen für die Reliefschnitzerei gelegt. In einem weiteren Film (er wird die Bezeichnung FORTGESCHRITTENEN-KURS 4 tragen) wird eine neue vollendete Technik dieser Schnitzerlinie gezeigt und für jedermann nachvollziehbar gemacht.

Schnitzen <FORTGESCHRITTENEN-KURS 3>
Laufzeit ca. 180 Minuten

Themen: Alle Bereiche des Kerbschnitzens im ersten Teil des Films und im zweiten Teil die hohe Kunst der Buchstaben und Schriften schnitzen in Holz. Künstlerisch eindrucksvoll und technisch perfekt werden Übungsbeispiele aus den altdeutschen bis zu modernen Schriften in allen Variationen vorgeführt.

Aus dem Inhalt: Kerbschnitzen ist für sich ja ebenfalls eine komplette Disziplin auf dem weiten Künstlergebiet des Schnitzens. Ich zeige Ihnen wie Sie die vielfältigsten Variationen, Möglichkeiten, traditionell begründeten Motive und Vorlagen systematisch einordnen und untereinander kombinieren können. Selbstverständlich kommt die Technik der Aus- und Einarbeitung nicht zu kurz. Empfehlungen aus der Erfahrung stehen zu Ihrer Verfügung und können zeitsparend und qualitätssteigernd genutzt werden. Praktisch - mit kleiner Überleitung - kommen Sie in den zweiten Teil des Films und zu den Buchstaben und Schriften. Ein sehr faszinierender Teil, gerade weil man ohne die entsprechende Ausbildung und Erfahrung nur unzulängliche Schriftenbilder erstellen kann. Hier erfahren Sie in Theorie und Praxis alles was Sie brauchen um künstlerisch und technisch einwandfreie Werke schaffen zu können. Es sind oft nur Kleinigkeiten die den Pfuscher vom Profi und Künstler trennen und in diesem Film können Sie alles erfahren und verwerten um vollendet in allen Belangen jeder Kritik standhalten zu können. Schriften<bilder> zu schnitzen kann man erst lieben und schätzen lernen, wenn man die gesamte Technik und Kunst zur Ausführung beherrscht. Der Film gibt Ihnen alle Möglichkeiten.

Schnitzen <EXPERTENKURS 1>

Laufzeit ca. 180 Minuten

Themen: Einzig und allein das menschliche Gesicht mit allen Details - Augen, Nase, Ohren, Mund, Haare, werden gezeigt.

Aus dem Inhalt: Das menschliche Auge ist das erste und wichtigste Thema und die nobelste Aufgabe beim Schnitzen von Figuren. Dementsprechend wird es in vielen Variationen gezeigt und einmal in der wirklich anfallenden Zeit, die man zum Schnitzen eines Auges benötigt, mit allen Schnitten und Kunstgriffen vorgeführt. Wirklich Schnitt-für-Schnitt können Sie mehr als <hautnah>, nämlich in weit überlebensgroß mitverfolgen und nachvollziehen wie ein ausdruckskräftiges Auge (das Fenster zur Seele) in Holz geschnitzt wird. Das Gleiche läuft dann nochmals in beschleunigter Form aber immer in didaktisch erstklassiger Art ab. Alles was in Theorie und Praxis zum Ausschnitzen eines Auges gehört erfahren Sie über die Kommentare und sehen Sie in bewegenden Bildern. In der gleichen Art und Weise können Sie die Ausbildung des Mundes und vielfältige Möglichkeiten der Gestaltung erfahren-sehen-nachahmen. Die Nase ist gar nicht so einfach wie man das sich auf den ersten Blick <selbst erklärt> - doch im Film sieht das alles ganz einfach aus und ist es auch schließlich für Sie, wenn Sie die richtigen Schnitte zur rechten Zeit am rechten Platz kennen. Und das erfahren Sie perfekt ebenfalls in diesem Film. Schließlich ist auch das Ohr noch in der gleichen Technik ausgeschnitzt. Zuletzt aber kommt die große Stunde (die letzten 60 Minuten) dann wird nämlich alles was wir bisher in Einzelheiten aus dem Gesicht behandelt haben <*zusammengesetzt*>. Das Gesicht entsteht und Sie können es wieder in allen Detailbereichen mitverfolgen und lernen. Alles was gezeigt wird in diesem Film wird aus dem Vollen (nicht vorgefrästen) Holz und Übungsleisten herausgearbeitet - also von der <Anlage> bis zum letzten Stich eine echte kreative Schnitzarbeit mit allen Schwierigkeitsgraden.

Schnitzen <EXPERTENKURS 2>

Laufzeit ca. 180 Minuten

Themen: In diesem Film zeige ich Ihnen achtmal wie Gesichter fertig geschnitzt werden. Achtmal aber nicht nur solche bei denen nur noch <der Staub abzublasen ist> Viermal sind die Herren der Schöpfung und viermal die besseren Hälften die Ojekte.

Aus dem Inhalt: Von der Anlage bis zum jeweils fertigen und ausdruckskräftigen Gesicht können Sie acht Mal verfolgen wie *DAS* gemacht wird. Die Gesichter sind aus allen Altersgruppen sowohl bei <Männlein> als auch <Weiblein> ausgewählt. Wieder können Sie im KOCH-Schnitzsystem Schnitt-für-Schnitt verfolgen wie in logischer Abfolge schließlich *DAS* Gesicht entsteht dem man in die Augen schauen kann, mit dem man sich (beinahe) unterhalten kann - also ein "lebendiges" Gesicht. Sie erhalten wieder alle Informationen zu den gebräuchlichen und tatsächlich benötigten Beiteln. Sie können wieder in Großaufnahmen mitverfolgen wie die Schnitte und Stiche gesichert und gesteuert werden. Alle Bereiche des Films sind kommentiert und erklärt, jetzt bedarf es noch Ihrer Aufmerksamkeit. Und wieder ist Ihr <Lehrmeister> vor der Kamera unermüdlich bereit - zu jeder Tages- und Nachtzeit - für Sie da zu sein. Alles was Sie brauchen ist ein Video-Gerät und einen Fernseher. (Na ja, Strom brauchen Sie ja auch noch.) Und das Video-Band zum Gesichter schnitzen lernen. Das bekommen Sie von mir oder über Ihren Fachhändler.

Schnitzen <EXPERTENKURS 3>
Laufzeit ca. 180 Minuten

Themen: Maßstabgerechte Modellübertragung mittels Punktiermaschine, Entwurf und Herstellung eines eigenen Rohlings - eines eigenen Modells. Anatomie allgemein.

Aus dem Inhalt: Das Arbeiten mit der Punktiermaschine gibt dem Unerfahrenen noch viele Rätsel auf. Zumal der Arbeitsablauf nicht unbedingt identisch ist mit dem des Steinmetzen. Der benutzt viel öfter dieses altherbegrachte Hilfsmittel. Ich zeige Ihnen in dem Film in allen Einzelheiten wie Sie das Modell einer großen und kompliziert gestalteten Madonna übertragen können. Alle weiteren technischen Hilfsmittel lernen Sie dabei kennen. Ein Mythos wird zur Routine, wenn Sie die Anleitungen befolgen. Ebenso zeige ich Ihnen wie Sie sich ohne große Hilfsmittel ein eigenes Modell erstellen können. Das Ausarbeiten muß kein unüberwindliches Hindernis sein, Sie können sich wirklich, einfachen Regeln folgend, Ihr Modell nach eigenen oder fremden Vorlagen erstellen - wem das Nachschnitzen der Rohlinge keine Erfüllung mehr bringt, nun gut der erstellt sie sich nach diesem KOCH-Lehrpfad selbst.

Schnitzen <WERKZEUGE SCHÄRFEN>
Laufzeit ca.120 Minuten

Themen: Das korrekte Anschleifen und schärfen (abziehen) der Schneidwerkzeuge aller zum Schnitzen benötigten Schneidwerkzeuge. Und auch anderer Schneidwerkzeuge.

Aus dem Inhalt: Es gibt zwar mehr als 1000 in Form und Abmessung verschiedene Schnitzwerkzeuge und alle kann ich Ihnen in 2 Stunden nicht vorführen. Aber alle auf die es ankommt, *DIE* sind in dem Film vorgeführt. Sie sind in der wirklich benötigten Zeit - ohne Unterbrechung vorgeführt, sowohl der Schleifvorgang als auch der anschließende Schärfvorgang. (Das was man mit vergangenen Methoden als Abziehen bezeichnet hat.) Sie werden mitverfolgen und erlernen wie man auch die kompliziertest geformten Werkzeugformen in nur Sekunden wirklich rasiermesserscharf bekommt ohne *<wenn>* und *<aber>* und vor allem ohne **JEDE GEFAHR** des Ausglühens und ohne jemals auf der Innenseite der Schneide nachzuarbeiten, einen Grat zu entfernen oder sonstwie daran zu "kratzen". Alle Abläufe sind komplett und verständlich kommentiert - jedermann kann mit diesem KOCH-System leichtes, skundenschnelles, rasiermesserscharfes und sicheres Schärfen aller Schnitzwerkzeuge erlernen. Ich garantiere es Ihnen!

Schnitzen <BEIZEN>
Laufzeit ca. 60 Minuten

Themen: Das Beizen von geschnitzen Figuren und Reliefs.

Aus dem Inhalt: Wir zeigen Ihnen zunächst wie die Beize behandelt wird, welche Eigenschaften sie besitzt die für den Holzbildhauer wichtig sind, Mischungsmöglichkeiten, die Wichtigkeit der Beizprobe, Das Auftragen der Beize bei kleineren und bei großen Figuren, schließlich das Beizen von Reliefs und Bildern, das Verteilen der Beize, Den wichtigen Trockenvorgang, die Erzielung von plastischen Effekten, die Wirkung für den Lichteinfall, Fleckenbeseitigung bzw. Vermeidung ist ein wichtigges Thema und die Nachbehandlung mit Wachsen oder wasserabweisenden Schutzmitteln.

Schnitzen <ANFÄNGERKURS>

Laufzeit ca. 120 Minuten

Thema: Den Inhalt des gleichnamigen Buches begleiten. Sie erhalten darin die ersten Anleitungen zum freien, künstlerischen Schaffen.

Aus dem Inhalt: Grundsätze werden festgezurrt, Fundamente zur Schnitzerei allgemein gelegt. Da geht es zunächst um die richtige Führung und Handhabung der Werkzeuge und die Erkennung bzw. die Unterscheidung. Der winkelgenaue Schliff und das folgende Schärfen ist in den Grundsätzen vorgeführt. Regeln zur Schnittführung und zu den wichtigsten Grundelementen der Schnitzerei sind in die praktischen Übungsarbeiten eingebaut. Die Übungsstücke selbst sind in allen Phasen übersichtlich vorgeführt. Kein wichtiger Schnitt ist ausgelassen, das <warum> und <wieso> wird ausführlich kommentiert und besprochen. Das doppelte Übungsstück EULE wird zunächst als vorgefertigtes Stück und dann in Form und Umfang gleich aus dem <Vollen> ausgearbeitet. Hinweise auf die perfekte Oberflächenbeschaffenheit fehlen ebensowenig wie auf den vorsorgenden Unfallschutz.

Drechseln <GRUNDKURS>

Laufzeit ca. 120 Minuten

Thema: Die Grundbegriffe des Drechselns vermitteln.

Aus dem Inhalt: Nach dem KOCH-Schnitzsystem wird hier ein DRECHSEL-System aufgebaut. Nicht daß dies alles auch noch von mir wäre - nein für diese kunsthandwerkliche Richtung habe ich mich mit einem der namhaftesten Künstler aus Frankreich zusammengetan. Dies ist der erste von mehreren vorgesehenen Lernfilmen und er gibt nach der Methode wie Sie bei und mit KOCH schnitzen lernen können realistische Chancen ohne Angst und in logischer Abfolge das Drechseln zu lernen. Grundbegriffe stehen voran so wie die Grundhaltungen bei den verschiedenen Arbeitsabläufen. Es wird nicht nur gezeigt wie es gemacht wird sondern auch warum es so gemacht wird. Werkzeugerkennung und -unterscheidung gehört ebenso dazu wie die korrekte Führung und Anschleifen mit Abziehen. Die Behandlung der Maschine mit ihren Möglichkeiten, das Ausmessen des Holzes vor Arbeitsbeginn, das richtige Einspannen, die korrekten Justierungen von Auflagen und Führungen werden neben vielen <Kleinigkeiten> ernsthaft und zweifelsfrei gezeigt und selbstverständlich auch erklärt. Ein bestimmtes Grundübungsprogramm ist bis in Einzelheiten durchdacht und bildet die Grundlage für weiterführende Kurse. So werden alle auf der Welle vorkommenden Formen derart durchgeübt, daß Sie, ohne es zu merken schließlich gar keinen Fehler mehr machen sollten. Einhaken oder Einreißen steht dann überhaupt nicht mehr zur Debatte, die Oberfläche präsentiert sich nach der Methode auch ohne schleifen spiegelglatt und sauber. Sie können schließlich selbst nur noch von einem Erfolgserlebnis sprechen, wenn Sie ernsthaft dieses lehrreiche Video-Band durchgearbeitet haben.

Selbstverständlich stehen meine Mitarbeiter und ich Ihnen jederzeit für weitere Auskünfte zur Verfügung. Verlangen Sie jedes Jahr unsere neuesten technischen Unterlagen.

Das Schnitzer-Kolleg
Exklusiv aus dem Schnitzer-Zentrum KOCH.

In der außergewöhnlichen Serie der KOCH-Schnitz-Lernmethoden ein außergewöhnliches System

Das *Schnitzer-Kolleg* ist in Zeitschriftenformat:
Jede *Schnitzer-Kolleg* Ausgabe ist für sich abgeschlossen eine komplette Lernmethode.

In jeder *Schnitzer-Kolleg* Ausgabe wird ein komplettes Thema, oder zusammehängend mehrere Themen aus der Holzbildhauerei behandelt.

Jedes Thema wird bis in kleinste Arbeitsschritte unterteilt.

Jeder Arbeitsschritt ist im *Schnitzer-Kolleg* fortlaufend auf professionellen Fotos dargestellt, dazu ausreichend beschrieben und kommentiert.

Zu jedem Arbeitsschritt werden im *Schnitzer-Kolleg* die bestgeeigneten Werkzeuge aufgelistet.

Zu dem Motiv - dem Thema - jeder Ausgabe werden die Zeichnungen sowie alle möglichen Hilfsmittel angeboten.

Je nach Thema können im *Schnitzer-Kolleg* auf bis über 350 Fotos die einzelnen Arbeitsschritte dargestellt werden.

Jede *Schnitzer-Kolleg* Ausgabe ist mit Ringheftung versehen derart, daß sie als Vorlage auch hängend verwendet werden kann.

Jede *Schnitzer-Kolleg* Ausgabe wird auf extra dickem, festem und strapazierfähigem Papier gedruckt - Praxisgerecht!

Sie finden weiter im *Schnitzer-Kolleg:* Informationen zu den neuesten technischen Entwicklungen rund um das Schnitzen.

Die *Schnitzer-Kolleg* Ausgaben sind in der Regel nicht gleich im Umfang. Im Schnitt werden Sie zwischen 28 und 40 Seiten aufweisen. Dem Umfang entsprechend errechnet sich der individuelle Verkaufspreis. Damit kommen wir praktisch mit jeweils einem kompletten Schnitzkurs zu Ihnen nach Hause.

Sie können das *Schnitzer-Kolleg* abonnieren.

Sie können sich jede bereits erschienene *Schnitzer-Kolleg* Ausgabe ab unserem Lager jederzeit nachschicken lassen.

Fordern Sie von uns Infos über die *erschienenen* *Schnitzer-Kolleg* Ausgaben.

Bisher sind folgende Ausgaben des *<Schnitzer-Kollegs>* erschienen:

Nr. 1
Arbeitsvorlage
"Hochrelief Pferdekopf"
Seitenzahl: 16
Anzahl der Abbildungen:
69 Fotos und Zeichnungen
Preis: DM 15,oo

In diesem Heft wird sehr praxisnah, in kleinen Arbeitsschritten, gezeigt, wie aus einem Holzblock ein sehr schöner Pferdekopf ausgearbeitet wird. Jeder neue Arbeitsabschnitt ist zunächst markiert und wird nach seiner Vollendung konkret dargestellt.

Nr. 2
Arbeitsvorlage
"Zimmerer beim Richtspruch"
Seitenzahl: 32
Anzahl der Abbildungen:
133 Fotos und Zeichnungen
Preis: DM 28,oo

Der Zimmerer in traditioneller Kleidung, so wie er hoch oben, vom frisch aufgeschlagenen Gebälk, seinen Richtspruch aus dem schlauen Buch zu den geladenen Gästen spricht. In der rechten Hand hat er das mit gutem Wein gefüllte Glas, um dem Bauherrn Glück zu wünschen. Locker und leicht, mit sehr realistischem und doch markantem Faltenwurf zeigt er sich "von seiner besten Seite".

Ein Abonnement für das *"Schnitzer-Kolleg"*

Sicher können Sie nur sein, jede Ausgabe, jede Nummer des "Schnitzer-Kollegs" zu erhalten, wenn Sie ein Abonnement mit uns vereinbaren. Sie erhalten dann jede Nummer unaufgefordert frei Haus.

Abonnement für "Club-Mitglieder":Wenn Sie ein Abonnement mit uns vereinbaren, erhalten Sie automatisch und kostenlos drei Ausgaben pro Jahr kostenlos. Alle anderen weiteren Hefte schicken wir Ihnen mit Rechnung zu.

Nr. 3
Arbeitsvorlage *"Häns´chen Klein"*
Seitenzahl: 28
Anzahl der Abbildungen:
145 Fotos, Preis DM 28,oo

Klein aber sprichwörtlich fein, mit höchstens 22 cm Größe ist er ein Riese an fein abgestimmtem Bewegungsablauf. Beinahe in nostalgischer Zuneigung darf er sich von uns als *"Häns´chen Klein, der Lausbub auf Schusters Rappen"* nennen lassen. Frech und doch unübersehbar sympatisch wird es schwierig sein, ihn nicht als *"Trophäe"* einmal geschnitzt zu haben.

Nr. 4"
Arbeitsvorlage
"Barockmadonna mit Kind und Blumen"
Seitenzahl 36
Anzahl der Abbildungen:
Mehr als 200, Preis DM 28,oo

Eine sehr schöne Madonna als Arbeits-Thema. Die anspruchsvolle Arbeit ist in einem aufwendigen Barockstil mit sehr gut ausgeglichenen Faltenausbildungen herausgearbeitet. In mehr als 200 Einzeldarstellungen ist die Arbeit äußerst fein und einfühlsam aufgegliedert. Es wird zwar kein Kinderspiel sein sie nachzuempfinden, aber die Herausforderung wird sich lohnen, wenn nach allen Regeln der Kunst die Arbeit erst einmal gelungen ist.
Die Abbildung ist ein Schritt-Beispiel aus dem "Kolleg".

Etwa die Hälfte der <Schnitzer-Kolleg> Ausgaben werden International in vier Sprachen veröffentlicht. Neben Deutsch werden alle Angaben auch in Französisch, Spanisch und selbstverständlich auch in Englisch geschrieben sein. Sichern Sie sich Ihr Abonnement.

Nr. 5
internationale ausgabe inter
Arbeitsvorlagen für:
"Hände schnitzen"
Seitenzahl: 44 Seiten
Abbildungen: über 350 Fotos
Preis DM 36,oo

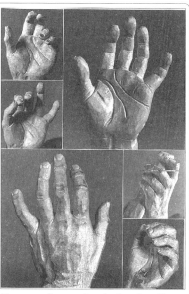

Anatomie in lebendiger Darstellung: 7 Hände in 7 verschiedenen Haltungen/Bewegungen
In Perfekt aufgegliederten Arbeitsschritten sehen Sie optisch problemlos dargestellt und didaktisch einwandfrei ausgearbeitet, wie 7 verschieden geformte Hände, Schritt für Schritt bis zur Perfektion, und bis zum letzten Detail ausgeschnitzt werden.

Ein besonderes "Bonbon": Der Kommentar erstmals in vier Sprachen, um dem großen, weltweiten Interesse an meinem Schnitzsystem nachzukommen.

Nr. 6

32 Seiten
66 Abbildungen

Lernprogramm für Anfänger

Nr. 1

Preise:
DM 28,oo - sfr 28,oo
fFs. 98,oo - öS 195,oo
£ 11,15 - US$ 20,oo

Die Ausgaben *<Das Schnitzer-Kolleg>* Nr. **6** und Nr. **7** enthalten **13 Übungsaufgaben.** Damit ist es für jeden am Schnitzen Interessierten möglich, sich sehr gute Grundkenntnisse anzueignen. In idealer Weise sind diese Übungen, als gut aufgegliedertes Lernprogramm, für **10** bis **15**-jährige geeignet.

Jede Übung ist in kleine, und oft in kleinste Arbeitsschritte unterteilt. Jeder Schritt ist ausführlich beschrieben und bebildert.
Ebenso sind bei jedem Arbeitsschritt die benötigten bzw. empfohlenen Werkzeuge aufgeführt.
Zur Werkzeugführung sind wieder präzise Angaben gemacht.
Sie können besonders Wissenswertes über die Mechanik und Eigenheiten allgemein des Holzes lernen.
Eine Werkzeugkunde ist ebenfalls Bestandteil der Broschüre. Stichbilder und Werkzeugformen werden leicht verständlich dargestellt. Auch über die wirkliche Schärfe der Werkzeuge sind präzise Angaben gemacht.
Als abschließende Übung, in Heft Nr. 7 - -2. Teil -, gilt es eine Eule aus dem vollen Holz auszuarbeiten.

Nr. 7

44 Seiten
106 Abbildungen

Lernprogramm für Anfänger

Nr. 2

Preise:
DM 36,oo - sfr 36,oo
fFs. 126,oo - öS 250,oo
£ 15,50 - US$ 24,70

Nr. 8

48 Seiten
425 Abbildungen
ca. 20 cm
*6 x der kleine Clown,
6 x verschieden.*

Preise:
DM 36,oo - sfr 36,oo
fFs. 130,oo - öS 260,oo
£ 14,50 - US$ 24,oo

Nr. 10

40 Seiten
370 Abbildungen
ca. 12 bis 20 cm Größe

3 verschiedene Gesichter

Preise:
DM 32,oo - sfr 32,oo
fFs. 118,oo - öS 225,oo
£ 13,90 - US$ 19,75

Nr. 10 Internationale Ausgabe in 4 Sprachen

Nr. 11

36 Seiten
251 Abbildungen
Die Wasserträgerin
50, 65 oder 100 cm groß

Preise:
DM 32,oo - sfr 32,oo
fFs. 118,oo - öS 225,oo
£ 13,90 - US$ 19,75

Vorschau auf weitere internationale<Schnitzer-Kolleg> Ausgaben: Weitere Gesichterstudien, und in gleicher Weise werden auch detailliert 7 verschiedene Füße gezeigt, ca. 350 Bilder, jeweils ca. 40 Seiten.

Reservieren bzw. bestellen Sie sich die *<Schnitzer-Kolleg>* Ausgaben direkt beim Verlag (Anschrift letzte Seite) oder bei Ihrem Fachhändler bzw. Buchfachhandel. Lassen Sie sich bei Ihrem Buchhändler auch mal im Computer zeigen, was KOCH noch so alles an Lernmittel zum Thema Schnitzen bietet.

Sichern Sie sich die außergewöhnlichen Auflagen durch ein Abonnement. Änderungen vorbehalten.

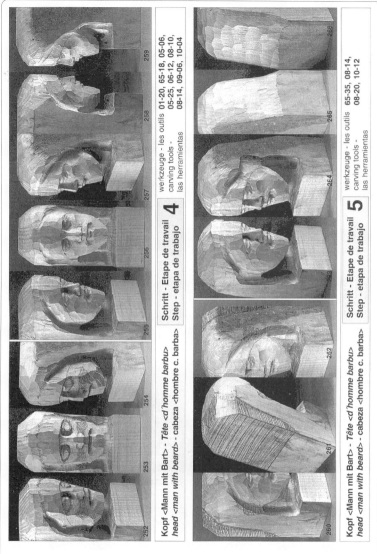

Faksimile einer Seite aus dem <Schnitzer-Kolleg> Nr. 10. Die Arbeitsschritte Nr. 4 und Nr. 5 sind dargestellt. Links sind die vorgesehenen, nächsten Arbeitsschritte markiert - rechts ist dann die durchgeführte Arbeit in unterschiedlichen Blickwinkeln gezeigt. Links stehen die Werkzeugbezeichnungen.

Nr. 12

Lern-
programm
für Gesichter

Preise:
DM 36,oo
sfr 36,oo
ffs. 126,oo
öS 250,oo
£ 15,50
US$ 24,oo

44 Seiten
500 Abbildungen

Nr. 13

Der
Kamin-
feger

Preise:
DM 28,oo
sfr 28,oo
Frs. 105,oo
öS 195,oo
£ 12,15 -
US$ 20,oo

32 Seiten
320 Abbildungen

Nr. 14

2 x Relief
Schmied
Kellermei-
ster

Preise:
DM 32,oo -
sfr 32,oo
ffs. 118,oo -
öS 225,oo
£ 13,90 -
US$ 22,oo

40 Seiten
224 Abbildungen

Nr. 15

Traditio-
neller
Nacht-
wächter

Preise:
DM 36,oo
sfr 36,oo
ffs. 130,oo -
öS 260,oo
£ 13,90 -
US$ 23,oo

32 Seiten
320 Abbildungen

Die <Schnitzer-Kollegs>,
die Ausgaben Nr. 1 bis Nr. 14 sind jederzeit lieferbar.
Die Ausgaben Nr. 5, 10, 12 und Nr. 14 sind mehrsprachige, internationale Ausgaben.
Auch andere Ausgaben sind z. T. in Französisch und Englisch lieferbar.
Fragen Sie bei mir nach den Themen, die Sie interessieren an. Das Sortiment wird ständig ergänzt.
Die im Buch vorgestellten Ausgaben entsprechen dem Stand 1996.
Buchen Sie ein Abonnement, dann erhalten Sie regelmäßig alle neuen Ausgaben.

Für Ihre Notizen:

Für Ihre Notizen: